外教社跨文化交际丛书

跨文化外语教学设计与实践

DESIGNING AND PRACTICING
INTERCULTURAL
FOREIGN LANGUAGE TEACHING

■ 张红玲 等 ⊙ 著

上海外语教育出版社
外教社 SHANGHAI FOREIGN LANGUAGE EDUCATION PRESS

图书在版编目（CIP）数据

跨文化外语教学设计与实践 / 张红玲等著. -- 上海：上海外语教育出版社，2021（2023重印）
（外教社跨文化交际丛书）
ISBN 978-7-5446-7015-9

Ⅰ.①跨… Ⅱ.①张… Ⅲ.①英语—外语教学—教学设计 Ⅳ.①H319.3

中国版本图书馆CIP数据核字(2021)第225602号

出版发行：**上海外语教育出版社**
（上海外国语大学内） 邮编：200083
电　　话：021-65425300（总机）
电子邮箱：bookinfo@sflep.com.cn
网　　址：http://www.sflep.com
责任编辑：奚玲燕

印　　刷：上海宝山译文印刷厂有限公司
开　　本：850×1168　1/32　印张 11.5　字数 297千字
版　　次：2022年9月第1版　2023年6月第2次印刷

书　　号：ISBN 978-7-5446-7015-9
定　　价：42.00元

本版图书如有印装质量问题，可向本社调换
质量服务热线：4008-213-263

《外教社跨文化交际丛书》编委会

主　　任：胡文仲（北京外国语大学）
　　　　　　贾玉新（哈尔滨工业大学）
副主任：Bates Hoffer（三一大学）
　　　　　　Nobuyki Honna（青山学院大学）
　　　　　　Steve Kulich（上海外国语大学）
　　　　　　陈　凌（香港浸会大学）
　　　　　　高一虹（北京大学）
委　　员：
Andy Kirkpatrick（科廷大学）
Michael Byram（杜伦大学）
Michael Prosser（上海外国语大学）
Richard Wiseman（加州州立大学福勒顿分校）
Robert N. St. Clair（路易斯维尔大学）
陈国明（罗得岛大学）
顾嘉祖（南京师范大学）
林大津（福建师范大学）
申惠中（悉尼大学）
宋　莉（哈尔滨工业大学）
孙有中（北京外国语大学）
许力生（浙江大学）
张红玲（上海外国语大学）
张惠晶（伊利诺伊大学芝加哥分校）
庄恩平（上海大学）
庄智象（上海外国语大学）

总　序

跨文化交际学是一门在传播学等学科理论的基础上,与人类学、心理学、语言学、文化学以及社会学等相互交叉而发展起来的学科。其实,不同文化间的交流古已有之,但是真正将文化交流进行理论研究进而发展成"跨文化交际学",还只是近四五十年间的事情。想要深入探究这门学科,我们首先要了解它的起源。

20世纪60年代是信息技术和交通技术高度发展的年代。随着科技的进步,空间距离大大缩短,各种文化间的交流日益频繁。但是空间距离的缩小并不意味着人们之间的文化距离或是心理距离可以瞬间缩短。与之相反的是,人们不能再用旧有的文化观念和思维方式来理解和解释日新月异的世界里出现的各种新问题。同时,文化差异滋生众多的交际失误、矛盾和冲突,反而使人们的心理距离加大。矛盾和冲突的背后不仅仅是利益或者领土的争夺,也不仅仅是政治和意识形态的分歧,而更多的是文化和价值观念上的巨大隔阂———正是这些隔阂使"地球村"中的人们虽然身在"咫尺"之间,却有如隔天涯之感。

美国作为一个多民族、多种族的国家自然而然成为跨文化交际研究的兴起之地，其中以美国人类学家Edward T. Hall 为代表的一些学者在前人研究成果的基础上提出了跨文化交际的理论，现在学界也一致将他的著作 The Silent Language（Anchor Books, 1959）当作是这一学科的奠基之作。

到了20世纪七八十年代，学者们把研究重点逐渐从对比和分析不同文化交际中的差异（Cross-cultural Communication）转到研究跨文化交际动态多变的过程（Intercultural Communication）中去。以此为基点，William B. Gudykunst 等一批学者建构了动态的跨文化交际理论。理论的突破带来了学科的快速发展，跨文化交际研究所涉及的学科越来越多，研究的内容更加丰富，研究方法日益科学。学科的发展引起了世界各国学者空前广泛的关注，跨文化交际学被引进大学课堂，相关的研究学会和专业学刊相继出现，各种国际学术研讨会也定期举行。现在只要在网上简单查询一下相关书目，我们就会发现此类专著多达几百种，在刊物上发表的论文更是不胜枚举。William B. Gudykunst 曾在其著作 Cross-cultural and Intercultural Communication（Sage Publications, 2003）一书中总结了15种不同的跨文化交际理论。理论研究和探索上的巨大进步标志着跨文化交际学的学科发展日臻成熟。

进入新世纪，"地球村"每个角落的每个公民都不同程度地被卷入了经济一体化和全球化的浪潮。同时，人们清楚地意识到全球化不等于一元化。在多元文化并存的时代中，个人之间、社会全体之间、民族之间乃至国家之间，无不存在着文化差异甚至文化沟壑。培养对文化差异的敏感性，缩短文化距离，发展跨文化交际能力，已经成为新时代的迫切需求。由此，我们不难预见到跨文化交际研究会在21世纪被逐步推向高潮。

在关注国际学科发展趋势的同时，让我们把目光转向中国。虽然我国历史上早有注重语言与文化、语言与社会研究的传统，但是现代的跨文化交际研究在我国的起步还要追溯至20世纪的80年代。当时随着国内学界对于语言学和文化研究的不断重视，在"文化热"和"反思热"的影响下，语言研究入文化成为新的热点，这无疑为跨文化交际研究的兴起奠定了基础。改革开放扩大了国际间的学术交往，外语界的学者和教师成为国内首先接触到跨文化交际研究的一批人，他们理所当然地成了这一学科的研究主力。我们可以这么说：20世纪80年代是跨文化交际学诞生、成长和发展的关键十年。一方面，海外归来的学者把西方有关跨文化交际理论、研究方法和教学实践介绍和引进到中国；另一方面，国内研究者在学习和借鉴的同时，在继承前人成果的基础上，结合中国实际，多方位、多角度地探索和开发我国跨文化交际的学科外延，开创了初步繁荣的研究局面。

外语教师和对外汉语教师是我国跨文化交际研究领域的主力军。他们在教学的过程中认识到跨文化交际能力的培养应当成为外语教育的重要内容，外语教学必须与文化相结合。在20世纪80年代末，国内一部分外语院校首先推出了跨文化交际学课程。时至今日，我国已有几十所大学的外语院系开设了这门课程。

1995年，首届中国跨文化交际国际研讨会在哈尔滨召开，来自世界20多个国家和地区的几百名学者进行了学术交流与探讨。中国跨文化交际研究会也在这次会议中正式成立———这标志着跨文化交际研究在中国迎来了一个新纪元。自学会成立以来，已定期组织了6次国际研讨会。同时有些院校也多次组织大型研讨会，广泛开展国内不同地区间和国际间的学术交流，跨文化交际研究得到了空前迅速的发展。

广大教师、语言学者们兼收并蓄，著书立说，撰写论文，编写教材。据不完全统计，目前出版的专著和教材多达几十本，发表的论文也有2000篇以上。他们研究和探讨的内容丰富多样，涵盖范围广泛；有些学者和教师的研究更是对西方学者的某些理论提出质疑，提出了自己的视角独特的观点。

由于学科性质所决定，跨文化交际研究比其他学科更需要不同文化间的交流。实际上，中国跨文化交际研究会已成为国际大家庭的一部分，并为推动跨文化交际研究在世界范围上的发展做出了应有的贡献。我们的研究会中有不少教师学者同时也是国际学会会员，他们或在国际学会组织和国际学刊中承担重要工作，或是经常受邀参加在海外举行的学术会议，在会上交流论文。不少论文受到国际学界的好评，并在国际学刊上发表。我国的跨文化交际研究学者也在国外出版他们的专著，传播中国在这一领域的研究成果。

回顾这20余年的学科发展，我们也应清楚地意识到前进路上存在着的诸多问题。首先，在理论研究方面，正如王宗炎先生所指出的，"收集采购之功多，提炼转化之功少"，我们还没有形成具有中国文化特点的理论。William B. Gudykunst教授也曾指出亚洲学者需要创建适合自己文化的交际理论。只有学习和借鉴而没有发展和改造，没有结合自己文化特点的理论，是不可能把跨文化交际研究建成一门适合中国国情的学科的。其次，由于理论指导不足，我们的研究多集中在文化对比方面，对动态多变的交际过程的研究和探讨不够，在研究方法和研究内容上尚需要更多的探索和拓展，这些都影响了我们在这一领域的进一步发展。

在新的世纪，我们需要进一步开阔视野，发展我国的跨文化交际研究，推动此领域的学科建设，加强此领域的教学和教材建设，以满足广大教师、研究生以及各方面读者的需要。上海外语教育出版社出于推动我国跨文化交际研究的考虑，决定推出"外教社跨文化交际丛书"。丛书既引进国外权威力作，也出版我国学者的著述，还有中外专家的合力之作。我国读者可以通过这套丛书学习和借鉴来自不同文化背景的学者的真知灼见，在领略我国学者和专家的新思维和新成果的同时，还可以欣赏各种文化交流的结晶。我们相信"外教社跨文化交际丛书"对于今后我国跨文化交际学的发展将会起到极为重要的作用。在此，我们代表丛书编委会对上海外语教育出版社的大力支持表示诚挚的谢意。

胡文仲
北京外国语大学
贾玉新
哈尔滨工业大学
2006年4月

前　言

2020年初，COVID-19新冠肺炎疫情席卷全球，不仅夺去了成千上万条生命，让数十万患者及其家庭承受痛苦煎熬，更令人猝不及防的是，疫情防控对人员流动的限制和加强隔离的需要，改变了人们的生活方式，影响了经济活动，还导致世界各地很多严重歧视和冲突事件的发生。疫情的全球蔓延、医疗救治及疫情防控的国际合作有力证明了全球化时代构建人类命运共同体的重要意义。构建人类命运共同体的关键在人，培养具有同理心、善于进行跨文化沟通的全球公民应该成为当前世界各国教育的一个重要目标和价值追求。

在我国，自改革开放以来，外语一直是学校教育中与语文、数学并列的三门核心课程之一。近年来，围绕外语高考改革以及外语教育的价值和有效性问题，国内出现了两种对立的声音：一方认为外语学习占用学生太多时间，影响了语文教育，应该退出高考，甚至可以废弃；另一方主张外语应该作为国家战略资源，通过教育改革得到强化。对于这些纷争，如果单从工具性角度考量外语教育的价值，的确无须人人学外语。然而，语言是交际的工具，也是知识的工具，更是思想和价值的载体，语言教育具有鲜明的人文属性。外语教学中，学生在学习外国语言的同时，接触不同文化的生活方式和价值观念，有利于增强他们对世界文化多样性的认识，形成多维、立体的思维习惯，培养与来自不同文化背景的人进行有效、恰当沟通的跨文化交际能力。同时，还能从他者视角出发，审视自己的文化，反思自己的文化行为，能够促进学生对本族文化的探究和认同，从而更好地服务人类命运共同体构建，服务国家发展战略，服务和谐社会建设，服务个人职业发展和家庭生活。

有学者认为，重视外语教育的人文教育价值，势必会弱化其作为语言工具的学习，结果会是本末倒置。如果按照传统的将外语词汇和语法知识以及听、说、读、写技能的学习与批判性思维和跨文化能力等人文素养的培养割裂开来的方法进行外语教学，那么这种担忧不无道理。然而，我们欣喜地看到，近二十年来外语教育发生了深刻的变革，以跨文化外语教育为代表的新时代外语教育理念，主张将其工具性和人文性统一、融合，两者互为目的和手段，促进语言技能学习和跨文化能力培养相互促进，共同发展。将外语教育与跨文化教育有机融合是外语学科推进新文科建设的一个实践路径。

随着大中小学新版英语课程标准和教学指南的相继颁布，外语教育助力学生核心素养发展和跨文化能力培养，已成为不争的事实。学界推出了大量有关跨文化外语教育理论阐述和实践探索的研究成果，外语教师在课堂教学中开展跨文化教学的意识日益增强，热情不断高涨。尽管如此，很多一线教师对于如何在日常教学中践行跨文化外语教育理念，特别是如何基于校本教材在常规课堂教学中设计和实施跨文化教学活动，经验不足。针对这一需求，上海外国语大学跨文化研究中心基于二十余年跨文化教育研究和实践经验，组织英语教师和硕博士研究生开展系列行动研究和教学实验，完成了本书。

本书从我国外语教学实情出发，运用跨文化外语教育理论，将语言教学与跨文化教学有机融合，进行跨文化教学设计，力求为广大外语教师的课堂教学实践提供可复制、可借鉴的参考。全书包含十七章，分为四个部分。

第一部分，跨文化外语教育的时代背景，由第一和第二章构成，从阐述新时代背景下外语教育的新任务和新目标入手，分析外语教育中跨文化教育的内涵定位，比较国内外跨文化外语教学研究和实践现状，明确不足和发展方向。本部分各章作者为：第一章，张红玲；第二章，张红玲。

第二部分，传统课堂的跨文化外语教学设计，主要针对我国高校现行英语教学课程设置，进行跨文化外语教学设计和实践探索。本部分共有六章，作者以授课教师的身份，分别对综合英语、英语阅读、英语听说、英语写作等课程开展跨文化外语教学的行动研究。此外，考虑到跨文化外语教学的阶段性和连续性，本部分还包括两章中学英语跨文化教学设计的内容。本部分各章作者为：第三章，付小秋、张红玲；第四章，杨桂华、赵智云；第五章，姚春雨；第六章，张红玲；第七章，吴诗沁、谭小燕；第八章，吴诗沁。

第三部分，跨文化外语教学的创新方法，一方面运用企业跨文化培训方法，如关键事件、模拟游戏、影视、话剧表演等，设计和实施跨文化外语课程教学；另一方面，探索将报刊阅读、民族志、慕课、文学作品等应用于跨文化外语教学实践。这些多元方法的运用能够更好地对接本书所倡导的认知理解－情感态度－行为技能三位一体培养跨文化能力的需求。本部分各章作者分别是：第九章，张红玲、赵涵；第十章，索格飞、迟若冰；第十一章，赵富霞；第十二章，颜静兰；第十三章，蔡巧娜；第十四章，李雅娟（Agota Revesz Dla，匈牙利籍）；第十五章，蒋璃、赵建英。

第四部分，拓展性跨文化外语教学设计，基于教育教学不仅限于课堂和教室的理念，将跨文化外语教学活动延伸到课外，拓展到校外，尝试对学生的海外留学和校园活动进行跨文化教学设计。本部分包括两章，作者分别为：第十六章，余敏婧；第十七章，沈兴涛。

总之，本书聚焦课程设计和活动设计，报告跨文化外语教学行动研究成果，希望对广大英语教师的教学实践有所启发。同时，我们期待更多对跨文化外语教学有兴趣、有想法的教师和学者加入我们的行列，积极开展行动研究，丰富教学实践成果，共同为培养具有中国情怀、国际视野和跨文化沟通能力的社会主义建设者和接班人，培养新时代人类命运共同体的建设者和推动者，贡献我们的力量。

本书是团队成员共同努力的结果，由于各项研究的设计和完成时间不尽相同，整个项目周期较长，可能存在文献资料未能更新的情况。另外，由于本人才疏学浅，统稿过程中难免出现疏漏和错误，希望读者不吝指正。

张红玲

2021 年 8 月 26 日

目 录

第一部分 跨文化外语教育的时代背景 ………… 1

第一章 新时期外语教育的价值目标与跨文化外语教育 3

一、新时代教育的发展趋势 …………………… 4
   1. 全球公民教育 …………………………… 4
   2. 跨文化教育 ……………………………… 5
   3. 核心素养教育 …………………………… 7

二、外语教育的价值目标 ……………………… 9
   1. 外语教育促进个人拓展学习，增强文化身份认同 ………………………………… 10
   2. 外语教育促进群体成员之间和谐相处与协同合作 ………………………………… 10
   3. 外语教育助力国家人文交流和公共外交 … 11
   4. 外语教育培养全球公民，促进世界和平与发展 …………………………………… 12

三、跨文化外语教育 …………………………… 12
   1. 国外相关研究 …………………………… 13
   2. 国内相关研究 …………………………… 14

参考文献 ………………………………………… 15

第二章 以跨文化教育为导向的外语教学综述 …… 17
  一、跨文化教育的历史渊源与内涵界定 …… 18
  二、外语教学的跨文化教育目标 …… 19
  三、国内外跨文化外语教学的现状 …… 22
  四、我国跨文化外语教学的研究方向 …… 25
  五、结语 …… 26
  参考文献 …… 26

第二部分 传统课堂的跨文化外语教学设计 … 29
第三章 综合英语课程的跨文化教学设计 …… 31
  一、跨文化培训的介绍 …… 32
    1. 跨文化培训的起源与发展 …… 32
    2. 培训与教学的对比 …… 33
    3. 跨文化培训的设计 …… 34
    4. 跨文化培训的内容与方法 …… 36
  二、跨文化培训与教学结合的探讨 …… 39
    1. 跨文化培训设计与教学设计的结合 …… 39
    2. 跨文化培训的内容和方法应用于跨文化教学 …… 40
  三、综合英语课程的跨文化教学设计与实践实例 …… 43
    1. 教学设计实例 …… 43
    2. 课堂教学实例 …… 45
  四、讨论 …… 46
  五、结语 …… 48
  参考文献 …… 48
第四章 英语阅读课程的跨文化教学设计 …… 52
  一、跨文化能力培养相关研究回顾 …… 53

  1. 跨文化能力培养模式研究 ·············· 53
  2. 语篇阅读教学中的跨文化能力培养研究 ··· 54
 二、基于 ESA 教学理论的语篇阅读教学 ····· 55
  1. ESA 教学理论 ························ 55
  2. 课堂教学行动方案设计与实施 ············ 56
 三、分析讨论 ···························· 58
  1. 语言知识和跨文化知识习得 ·············· 58
  2. 跨文化意识和态度培养 ·················· 59
  3. 跨文化技巧和行为能力提升 ·············· 60
 四、结语和建议 ·························· 60
 参考文献 ································ 61

第五章　英语听说课程的跨文化教学设计 ······ 63
 一、大学英语听说课与跨文化交际能力培养 ··· 63
 二、大学英语听说课的跨文化教学设计与实施 66
  1. 教学设计 ···························· 66
  2. 教学案例 ···························· 70
  3. 教学评价 ···························· 79
 三、结语 ································ 80
 参考文献 ································ 80

第六章　英语写作课程的跨文化教学设计 ······ 82
 一、写作和外语写作 ······················ 83
  1. 写作的本质 ·························· 83
  2. 外语写作的特点 ······················ 85
 二、外语写作教学的任务 ·················· 87
 三、跨文化外语写作交流项目产生的背景和
  意义 ·································· 88
  1. 外语写作教学方法概述 ·················· 88
  2. 中西方文化在思维模式上的差异及其
   对篇章结构的影响 ···················· 90

   3. 跨文化外语写作交流项目的目的和
    意义 ································· 91
  四、跨文化外语写作交流项目的具体实施 ······ 91
   1. 理论基础 ····························· 92
   2. 设计步骤 ····························· 94
   3. 教学过程 ····························· 95
 五、结语 ··································· 97
 参考文献 ································· 97

第七章 中学英语课程的跨文化教学设计 ········ 98
 一、中学英语课程标准对跨文化教学的要求 ··· 99
 二、中学英语跨文化教学设计的理论基础 ··· 100
   1. 跨文化英语教学的内涵及目标 ········ 100
   2. 跨文化英语教学的内容 ·············· 101
   3. 跨文化英语教学的方法 ·············· 102
 三、中学英语教材中的跨文化教学内容分析 104
   1. 内容的准确性 ······················· 107
   2. 文化敏感性的提升 ··················· 108
   3. 英语交际能力的提高 ················· 108
   4. 文化态度的培养 ····················· 109
 四、中学英语跨文化教学策略 ··············· 109
   1. 教学材料选择策略 ··················· 109
   2. 教学工具选择策略 ··················· 109
   3. 教学内容呈现策略 ··················· 110
   4. 教学活动安排策略 ··················· 112
   5. 课堂管理策略 ······················· 114
   6. 课下教学拓展策略 ··················· 115
 五、中学英语跨文化教学效果评价 ··········· 116
   1. 问卷调查结果及分析 ················· 116

  2. 情境问答结果及分析 ·············· 119
  3. 访谈反馈 ························ 121
 六、结语 ································ 121
 参考文献 ································ 122
第八章 中学英语拓展课程的跨文化教学设计 ········ 123
 一、中学英语跨文化教学的现状 ············ 123
  1. 中学英语课程标准对跨文化能力培养的要求 ························ 123
  2. 中学英语课堂教学实践中跨文化目标的弱化 ························ 125
  3. 中学英语跨文化教学实践指导的缺失 ··· 125
 二、中学英语拓展课程的跨文化教学设计 ··· 126
  1. 课程设计的理论基础 ·············· 127
  2. 课程目标设计 ···················· 131
  3. 课程内容设计 ···················· 134
  4. 课程教学模式设计 ················ 135
 三、中学英语拓展课程跨文化教学设计的实施与评价 ······················ 136
  1. 课程实施案例 ···················· 136
  2. 课程效果评价 ···················· 142
 四、结语 ································ 143
 参考文献 ································ 144

第三部分 跨文化外语教学的创新方法 ······ 147
第九章 民族志跨文化外语教学 ················ 149
 一、民族志跨文化外语教学法 ············· 150
  1. 从民族志研究法到民族志教学法 ······ 150
  2. 民族志跨文化外语教学法 ············ 151

二、民族志跨文化外语教学项目的设计与
　　　　实施 ·· 152
　　　　1. 项目参与者与材料 ·················· 153
　　　　2. 项目研究过程 ························ 153
　　三、项目实施效果分析 ······················· 155
　　　　1. 基于民族志报告的统计分析 ········ 155
　　　　2. 基于问卷和访谈的项目评估分析 ······· 160
　　四、结语与展望 ································· 162
　　参考文献 ·· 163

第十章　基于慕课的混合式跨文化外语教学 ············ 165
　　一、文献回顾 ··································· 166
　　　　1. 跨文化外语教学 ···················· 166
　　　　2. 混合式外语教学 ···················· 167
　　二、研究设计 ··································· 168
　　　　1. 研究问题 ···························· 168
　　　　2. 研究对象与材料 ···················· 168
　　　　3. 教学实施 ···························· 168
　　　　4. 数据收集与分析 ···················· 169
　　三、研究结果与讨论 ·························· 170
　　　　1. 跨文化交际能力 ···················· 171
　　　　2. 英语应用能力 ······················ 174
　　　　3. 整体教学效果评价 ················· 175
　　四、结语与建议 ································· 176
　　参考文献 ·· 176

第十一章　电影在课堂跨文化外语教学中的应用 ······ 180
　　一、电影作为教学资源用于外语教学的特
　　　　点和优势 ···································· 181
　　　　1. 电影作为教学材料的功能和特点 ······· 181

2. 电影用于外语教学的意义与必要性 …… 183
　　　3. 电影作为跨文化教学手段的特点和优势　184
　二、在外语课堂使用电影进行文化教学的应
　　　用举例和教学设计 ………………………… 186
　　　1. 电影用于文化教学的实践和研究现状 … 186
　　　2. 跨文化题材电影用于外语课堂教学的
　　　　 尝试 …………………………………… 188
　三、讨论 ……………………………………… 193
　四、结语 ……………………………………… 196
　参考文献 …………………………………… 197

第十二章　基于英语报刊的跨文化外语教学 ……… 199
　一、跨文化教育与英语报刊课程 ……………… 200
　二、英语报刊公选课的教学目的与原则 …… 202
　三、英语报刊公选课的教学活动设计与
　　　实施 ……………………………………… 203
　　　1. 教学活动设计 ……………………… 203
　　　2. 教学资源选择和使用 ……………… 204
　　　3. 教学方法和手段 …………………… 205
　四、结语 …………………………………… 207
　参考文献 ………………………………… 208

第十三章　关键事件在跨文化外语教学中的应用 …… 211
　一、关键事件概述及其应用于外语教学的
　　　可行性分析 ……………………………… 211
　　　1. 关键事件概述 ……………………… 211
　　　2. 关键事件应用于外语教学的可行性分析　212
　二、在外语课堂应用关键事件的教学设计 … 219
　三、结语 …………………………………… 243
　参考文献 ………………………………… 244

　　　　　附录 ·················· 245
第十四章　基于话剧表演的跨文化外语教学 ·········· 247
　　　　　I.　Terminology ················ 249
　　　　　II.　Desired Objective ············· 250
　　　　　III.　Why theatre? ··············· 251
　　　　　IV.　Then why non-contemporary scripts? ····· 253
　　　　　V.　A Possible Road of Exploration: Games
　　　　　　　with Classics ················ 256
　　　　　　　1.　Textual analysis ············· 256
　　　　　　　2.　Performance analysis ··········· 257
　　　　　　　3.　Create your own script ········· 257
　　　　　　　4.　Create your own stage version ······· 258
　　　　　VI.　Summary ················· 259
　　　　　References ·················· 260
第十五章　基于文学作品的跨文化外语教学 ·········· 262
　　　　　一、文学作品在跨文化外语教学中的价值 ··· 263
　　　　　二、运用文学作品进行跨文化外语教学的
　　　　　　　研究现状 ················ 266
　　　　　三、基于文学作品的跨文化外语教学设计 ·· 271
　　　　　　　1.　教学设计的理论基础 ············ 271
　　　　　　　2.　案例课堂 ················· 273
　　　　　　　3.　教学评价 ················· 278
　　　　　四、结语 ···················· 284
　　　　　参考文献 ···················· 285

第四部分　拓展性跨文化外语教学设计 ······ 291
第十六章　短期海外留学的跨文化教学设计 ·········· 293
　　　　　一、短期海外留学与跨文化能力 ········· 294

   1. 跨文化能力 …………………………… 294
   2. 海外留学与跨文化教育 ……………… 296
   3. 海外留学与跨文化能力 ……………… 297
   4. 荣誉学院 ……………………………… 300
  二、短期海外留学的跨文化教学设计 ……… 301
   1. 短期海外留学前的跨文化教学设计 …… 302
   2. 短期海外留学中的跨文化教学设计 …… 306
   3. 短期海外留学后的跨文化教学设计 …… 308
   4. 短期海外留学的跨文化教学设计评价 …… 313
  三、分析与讨论 ……………………………… 314
  四、结语 ……………………………………… 315
  参考文献 ……………………………………… 315

第十七章 校园第二课堂活动的跨文化教学设计 …… 330

  一、外语第二课堂活动跨文化教学设计的
   研究背景 ………………………………… 330
  二、外语第二课堂活动的跨文化教育功能 … 331
  三、外语第二课堂活动研究现状分析 ……… 333
   1. 论述第二课堂在外语教学中的地位和作用 … 333
   2. 试图构建外语第二课堂理论体系的研究 … 333
   3. 结合研究者的校本实践，介绍外语第二
    课堂在各高校的开展方式以及对教学的
    启示 …………………………………… 334
  四、外语第二课堂活动的跨文化教学设计
   目标和原则 ……………………………… 335
   1. 活动目标 ……………………………… 335
   2. 活动原则 ……………………………… 336
  五、外语第二课堂跨文化教学设计案例 …… 337
  六、结语 ……………………………………… 339
  参考文献 ……………………………………… 340

第一部分

跨文化外语教育的时代背景

第一章

新时期外语教育的价值目标与跨文化外语教育

进入21世纪，外语教育作为人才培养和科学研究的一个重要领域，其内涵定位和发展方向成为世界各国政府和学界热烈讨论和探究的课题。外语教育与其他传统学科相比，其时代性、社会性更强，外语教学的目标、内容和方法应该与时俱进，满足社会和经济发展的需求（Stern, 1983）。当今世界正面临百年未有之大变局，世界多极化、经济全球化、文化多样化和社会信息化深入发展，各国间的相互联系和依存日益加深，"地球村"的概念成为现实。同时，中国与世界的关系也在发生历史性的变化，中国通过"一带一路"倡议和构建人类命运共同体理念引领全球化和全球治理，践行世界和平的建设者、全球发展的贡献者、国际秩序的维护者的使命，体现了中国作为负责任大国的担当。

世界进入深度全球化阶段，中国发展成为国际型大国，多元文化成为每个人的生活工作环境。面对这样的时代背景，外语教育的价值目标需要重新定位和界定。

一、新时代教育的发展趋势

教育是促进人的全面发展和人类社会进步的重要力量。新时代对于人的发展和人才需求的变化决定教育出现新的发展趋势，其中全球公民教育、跨文化教育以及核心素养教育具有特别重要的时代意义，且与外语教育密切相关。

1. 全球公民教育

"全球公民教育就是培养具有全球意识并愿意为全球和人类的发展而积极行动的负责任的公民的教育。"（冯建军，2014）"全球公民"（Global Citizenship）的概念并非人类进入全球化时代的产物，也不是 M. Mcluhan 在 20 世纪 60 年代预测"世界将缩小成为一个地球村"后逐步形成的一个概念。实际上，早在公元前 4 世纪，希腊哲学家 Diogenes 就宣称自己是个全球公民，一个四海为家的全球人（Cosmopolitan）。1795 年，I. Kant 在他的"Perpetual Peace: A Philosophical Sketch"一文中，明确提出了"全球公民"的概念，他指出：当世界上相距甚远的人们相互接触，就会形成全球公民的格局，他主要从维护人权与和平的角度看待全球公民的意义。此后，包括爱因斯坦、Jürgen Habermas、Martha Nussbaum 等科学家和哲学家纷纷对跨越国界的全球公民思想进行了丰富和拓展（Schattle, 2008）。

进入全球化时代，全球公民的内涵和外延都发生了变化。虽然来自哲学、政治学、社会学、经济学等不同学科领域的学者从不同视角、出于不同研究目的，对"全球公民"的理解和定义各不相同，但综合各家理论和视角，全球公民的内涵主要包括三个主题层面：社会责任、全球胜任力和全球公民参与（Schattle, 2008）。社会责任是对他人、对社会、对环境的关心和关注；全球胜任力指的是具有开放的胸怀，以积极的态度去理解他人的文化价值与规范，与来自不同文化背景的人有效沟通、交流与合作；

全球公民参与是指对地区、国家和全球公共事务的关注和参与，具有志愿者精神，是政治活动和社区活动积极分子。三个层面的内容相辅相成，共同构成全球公民的核心内涵。

经过数年的研究和开发，经济合作与发展组织（Organization for Economic Cooperation and Development，OECD）于2018年发布了一份重要报告，详细解读了"全球胜任力"的概念及其测评方法，为全球公民教育提供了理论支撑。根据该报告，全球胜任力包括三个维度：从多元化视角对全球和跨文化问题进行批判性分析的能力；对差异如何影响自我和他人的感知、判断和思想的理解力；与不同文化背景的人们在共同尊重人格基础上进行开放、恰当和有效交流的能力。基于这一理论，笔者提出全球公民和全球胜任力的培养应该由社会、学校和家庭共同承担，应该创建一个社会教育、学校教育和家庭教育三位一体的全球公民教育体系。在这个体系中，学校作为人才培养的主阵地，起着至关重要的作用。外语学科因其人文教育的本质和以语言文化为主要内容的特点，理应成为全球公民教育和全球能力培养的重要平台。

2. 跨文化教育

跨文化教育起源于20世纪50年代美国的多元文化教育，后经欧盟一体化进程下的教育行动得以迅猛发展。其间，UNESCO（联合国教科文组织）通过组织研讨会、发布教育行动方案，大力倡导学校关注跨文化教育，将跨文化教育纳入学校教育体系，并在全世界开展多个跨文化教育项目，UNESCO因此成为跨文化教育的主要推动者。早期的跨文化教育大都以帮助移民和少数族裔更快融入主流社会和文化为目的，隐含消极的一面，因为它强调对少数民族文化的理解，强调少数民族文化被主流文化包容和接纳，强调少数民族文化对主流文化和主流社会的适应。从这个意义上看，非主流文化就是一种消极的被动性共存。随着世界文化多样性日益得到重视，跨文化教育开始转向，主张通过教育促进对人类间差异的理解，重视人权，尊重差异，承认文化差异的价值，理解对生活方式的选择，强调和谐共处，关注多种文化之间的相互关系和相互作用。与早期多元文化教育的被动性共存不同，跨文化教育是一种主动的互动式教育，也就是要在教育中关注不同文化的差异，研究不同文化对学生的影响，使来自不同文化的学生能够相互交流、相互理解、相互学习。

在全球化、国际化和多元化作为时代特征的21世纪，跨文化教育已成为教育的发展趋势，成为学校教育中与学科教学平行的、核心素养教育的重要内容，各国都在以不同方式予以推进。就中国而言，虽然以跨文化教育为标识的学校教育活动并不多见，但与其理念和目标契合的相关教育项目不少，特别是在当前我国大力推进学生核心素养教育和立德树人教育政策的形势下，有关学校教育如何培养包括跨文化沟通能力在内的学生核心素养，已成为教育界普遍关心的课题。

鲁子问（2005）认为，跨文化教育是对呈现某一文化的人类群体的受教育者进行关于其他人类群体的文化教育活动，以引导这些受教育者获得丰富的跨文化知识，养成尊重、宽容、平等、开放的跨文化心态和客观、无偏见的跨文化观念与世界意识，并形成有效的跨文化交往、理解、比较、参照、摄取、舍弃、合作和传播的能力，从而通过教育层面的努力，消减跨文化冲突，构建和谐的跨文化社会，促进整个人类社会的发展。根据我国国情和学生特点，笔者对"跨文化教育"的定义是：一项由学校通过培养目标的确定、课程的设置、教学内容和材料的选择、教学理念的更新、教学方法和教学活动的设计以及学校教育与社会实践有机结合等途径，进行的关于个人世界观、价值观、身份认同与跨文化意识和能力的教育活动（张红玲，2012）。跨文化教育的目标是：

（1）增强学生的跨文化意识和敏感性，帮助他们用跨文化的视角去看待、分析和解决问题；

（2）培养学生对不同文化和个人尊重、包容、理解和欣赏的态度；

（3）丰富学生的文化知识，包括本族文化知识和外国文化知识，帮助他们增强中国文化身份认同，建立全球视野；

（4）增强学生的跨文化交际能力，使他们能够根据不同语境灵活调整自己的文化参考框架，以保证交际的有效性和恰当性；

（5）培养学生在多元文化环境中与人交流与合作的能力；

（6）提高学生应对冲突和不确定因素的能力，鼓励他们敢于冒险、敢于创新的精神。

学校是实现上述跨文化教育目标的主要阵地。跨文化教育具有鲜明的人文色彩，因此人文学科具有跨文化教育的内涵和可能，应该在学校的各个学科教育中，全面倡导跨文化教育思想，明确在不同学科开展跨文化教育的具体目标，特别要加强外语、历史、社会、艺术和科学等学科的跨文化教育。社会教育是学校教育的补充，我们要有意识地把社会生活纳入学校的跨文化教育中，强化社会教育的有利因素，稀释社会教育中的不利因素，同时，充分发挥媒体的宣传教育功能和影响力，组织开展综合性主题实践活动。

3. 核心素养教育

自 2013 年以来，UNESCO 亚太地区教育局一直倡导在学校教育中加强对学生横向能力（transversal competencies）的培养。所谓"横向能力"，是指与常规学科知识并行的非学术能力（non-academic skills），主要包括批判性和创新性思维、全球公民意识、人际交往技能、媒体和咨询素养与内在个人技能等内容。横向能力也被称为"21 世纪技能"（Yoko, 2015），已被纳入很多国家的教育政策和课程体系。

UNESCO 提出的横向能力教育与很多国家近年推进的学生发展核心素养教育在目的和内容层面基本一致。中国教育部在 2014

年发布的《关于全面深化课程改革 落实立德树人根本任务的意见》中明确提出:"要研究制定学生发展核心素养体系和学业质量标准,依据学生发展核心素养体系先行修订高中课程方案和课程标准。"可见,培养学生发展核心素养是落实立德树人根本任务的一项重要举措,也是适应世界教育改革发展趋势、提升我国教育国际竞争力的迫切需要。

简而言之,学生发展核心素养是指学生应具备的、能够适应终身发展和社会发展需要的必备品格和关键能力。中国学生发展核心素养,以科学性、时代性和民族性为基本原则,以培养全面发展的人为核心,分为文化基础、自主发展、社会参与三个层面,综合表现为人文底蕴、科学精神、学会学习、健康生活、责任担当、实践创新六大素养,具体细化为国家认同等18个基本要点(《中国学生发展核心素养》,2017)。以此为纲领,各个学科纷纷就具体的学科素养展开探究。

就外语学科而言,王蔷(2015)和程晓堂(2017)等提出的英语学科核心素养由语言能力、思维品质、文化意识和学习能力四方面构成。"学生以主题意义探究为目的,以语篇为载体,在理解和表达的语言实践活动中,融合知识学习和技能发展,通过感知、预测、获取、分析、概括、比较、评价、创新等思维活动,构建结构化知识,在分析问题和解决问题的过程中发展思维品质,形成文化理解,塑造学生正确的人生观和价值观,促进英语学科核心素养的形成和发展"(王蔷,2015),这充分体现了外语学科在培养新时代所需人才中的特色优势和重要作用。

综上所述,在以全球化、国际化、多元化、信息化为特色的21世纪,全球公民教育、跨文化教育和核心素养教育成为教育的重要发展趋势。外语作为一门融语言、社会、文化、思维为一体的学科,具有很强的人文特性,能较好对接全球公民教育、跨文化教育和学生核心素养教育的内涵需求,理应成为当今教育的开路先锋,可以承担起为国家立德树人的使命,应该将培养扎根中国、服务人类的全球公民作为一个重要目标。

二、外语教育的价值目标

自改革开放以来，外语一直是我国教育部确定的与语文和数学并列的一门核心课程。近年来，随着国际国内形势的变化，外语教育面临新的挑战，围绕外语高考改革以及外语教育的价值和有效性等问题，国内出现了两种对立的声音：一方认为外语教育应该退出高考，甚至可以废弃；另一方主张外语教育应该通过教育改革得到强化。面对这些纷争，学界展开了激烈的辩论和有益的探讨。

由上海外国语大学学报《外国语》联合相关高校主办的中国外语战略与外语教学改革高层论坛自2014年以来组织了四次高峰论坛，形成了很多有价值的学术观点和政策建议，其中胡壮麟提出的建议最具代表性和影响力。他认为，在中国崛起的国际化背景下，外语教育要从跨学科和超学科的观点，扩大视野；以国家语言政策为基准，引导讨论；坚持辩证分析方法，求同存异；讲究实事求是，避免概念模糊；注重实践，深入调查，及时总结经验（胡壮麟，2015：52）。张绍杰则强调对基础英语教育、英语专业教育和非英语专业教育要区别对待，分类研究。针对英语专业当前面临的问题，他提出要从学科定位、教育目的和培养目标三个方面入手，找准其学科发展方向，确定其专业发展定位，突出人才培养特色，面向多元社会需求和多元目标取向，培养"厚基础、强能力、高素质"的英语人才（张绍杰，2010）。沈骑以外语教育政策的价值取向为切入点，阐述新时代中国外语教育价值的困局与定位。他认为，现阶段要综合考虑外语教育的工具价值、融合价值、安全价值和公平价值，应将外语作为重要的语言资源加以规划，从国家战略、社会需求和个人发展等方面全面考虑中国外语教育政策的价值定位问题（沈骑，2017）。

基于以上论述，笔者认为，可以从全球、国家、集体和个人四个层面分析和界定当前外语教育的价值目标。

1. 外语教育促进个人拓展学习，增强文化身份认同

就个人而言，外语学习首先是学习不同于母语的另一个语言系统，掌握一个新的交际工具。运用这个工具，学习者能够与来自不同文化背景、有着不同经历的人们进行交流，相互学习，拓宽视野，丰富阅历。他们也可以运用这个语言工具，扩大阅读范围，获取更多前沿的学科知识，促进不同学科知识的贯通。同时，学习一门新的语言有利于增强学习者的文化身份认同，因为语言学习本质上也是文化学习，是对另一种思维方式和生活方式的认知理解。在外语学习过程中，学习者自然会将其接触到的外国文化行为与自己本族文化相对应的内容进行比较，原来司空见惯、习以为常的价值观念和规范习俗被拿出来进行比较、审视，学习者因此对自己的文化身份增强了意识，从而对于"我是谁""他是谁"之类的问题更加清晰，对文化差异更加敏感，因此视野也会更开阔，思考问题的角度更多维，在与他人相处和交流中，也会更加开放和包容。

2. 外语教育促进群体成员之间和谐相处与协同合作

每个人都是社会的人，属于各个社会群体，如家庭、学校、工作单位等。外语教育本质上是跨文化教育，学习者通过学习一种或多种外国语言，认识语言背后的文化，在此基础上增强跨文化意识，培养跨文化情感态度，提高跨文化交际能力。这样培养出来的人有一个共同特点：他们作为群体成员相比其他人能更好地做到与他人和谐相处，友好合作。举例来说，在一个多元文化社区，来自不同国家的人们在此生活，邻里之间和睦共处是大家共同的愿望；而在一个多元文化的跨国企业，来自不同国家的人组成一个项目团队，如何通过协同合作完成项目是大家共同的目标。通过外语学习培养的具有跨文化能力的人往往对文化差异更加敏感,能够从文化差异的角度去看待问题,分析问题,解决问题;他们更加开放、包容,具有尊重、理解他人的情感态度;具有更加丰富的文化知识;具有更加灵活、变通的交际风格和善于观察、讲述、比较、反思、总结和评价的能力。这样的人无论在多元文化社区与他人在生活中共处,还是在多元文化工作环境中与他人合作,都更能释放出正能量和凝聚力。因此,外语教育有利于和谐群体、和谐社会的建设,能够促进团队协同合作。

3. 外语教育助力国家人文交流和公共外交

外语教育是国家战略,关乎国家外语能力。当前,外语教育服务国家战略的一个重要落脚点是为中外人文交流和公共外交培养合格人才。中外人文交流和公共外交所需人才至少包括以下几个要素:国家认同、国际理解、交际沟通、学习创新(张红玲,2016)。这里特别强调的是国家认同。参与人文交流和公共外交的公民首先应该具有对祖国、对民族、对中华文化的热爱、认同和自豪感。其次,应该了解国情历史,理解和欣赏中华优秀传统文化。同时,还应对当代中国特色社会主义理念和中华民族伟大复兴的中国梦充满信心。只有这样,当他们与来自世界其他国家的人们进行交流互动时,才能够自信地讲述中国故事,传播中国文化。外语教育对于增强学生对中国文化和国家的认同具有不可替代的作用。就中国文化和国情教育而言,语文和思想政治等课程通常采用的是知识灌输的方法,外语课程则可以通过中外语言和文化教学的有机结合,采用比较、反思、探索的方法,因此外语教育不仅能起到补充的作用,它还是中外人文交流和公共外交人才培养不可替代的途径。

如果说国家认同是人文交流和公共外交的原动力,那么学习世界文化知识、增进国际理解是基础,培养跨文化交际能力和跨文化冲突管理能力是保障,增强学习创新能力是加速器(张红玲,

2016）。外语教育通过将语言教学与跨文化教育有机结合、改革教学模式、设计课堂教学活动、开发社会实践项目、推进学以致用等途径，能够满足人文交流和公共外交对公民的国家认同、国际理解、交流沟通和学习创新素养的需求，这是外语教育在国家层面的价值目标。

4. 外语教育培养全球公民，促进世界和平与发展

外语教育还应放眼世界，服务人类发展的需求。针对当今世界面临的政治、文化、经济、环境等冲突问题，习近平主席提出构建人类命运共同体的理念，主张文明之间、文化之间要交流互鉴，各国应共同呵护和发展世界文化多样性。培养全球公民的根本目的是唤醒世界各国人民关注全球性问题，以命运共同体的视角去分析和解决问题，呼吁大家积极参与。外语教育之所以具有培养全球公民的价值目标，也与其跨文化教育的本质密切相关。如前文所说，外语教育是跨文化教育的重要平台，通过语言教学与文化教学的有机结合，可以培养具有国际理解和跨文化交际能力的全球公民，促进世界和平与发展。

综上所述，外语教育对个人的发展和幸福感、对于群体的和谐与合作、对于国家的政治外交和经济发展、对于世界的和平与发展都具有重要的促进作用，这些内容构成外语教育的价值目标。如何实现这些价值目标，关键在于外语教育，包括教育理念、教学内容、教学模式、教学方法等的改进和设计。经过二十年左右的发展和实践，跨文化外语教育能够在很大程度上对接新时代外语教育价值目标。

三、跨文化外语教育

跨文化外语教育，简而言之就是将跨文化教育与外语教学有机结合，既提高学习者的外语能力，又培养他们的跨文化能力。

这一理念在我国正式提出并得以系统阐述是在笔者的《跨文化外语教学》一书（张红玲，2007）。该书包括十二章，从外语教学的时代背景出发，阐述了外语教育的文化教学潜力和文化学习的本质过程，并从理论基础、目标内容、教学大纲、各阶段教学特点、原则方法、教材编写、测试评价以及教师学生角色及培训等多个维度构建了跨文化外语教学理论体系。经过二十余年的发展，随着外语教育的国内外环境不断变化，跨文化外语教学理论得以丰富和拓展，不仅其目标范围涵盖更广泛、更全面，涉及个人、群体、国家和世界等各个层面，跨文化外语教学的模式也更加多元，教学方法更加丰富。

1. 国外相关研究

C. Kramsch、M. Byram 和 A. J. Liddicoat 是国外跨文化外语教育研究最具影响力的学者。Kramsch（1993, 1998）很早就指出，将母语使用者（native speaker）作为外语教育的目标既不合理、也无必要，培养跨文化的人（intercultural speaker）才是外语教育的目标定位。她认为，不同文化环境造就不同的听、说、读、写和看待世界的方式，为了达到跨文化理解的目的，我们必须在了解目的语文化和本族文化的基础上，比较两者的异同，既以圈内人的角度，又以局外人的角度理解文化现象，据此她提出了跨文化理解的四个步骤：（1）了解目的语文化如何表达和理解文本；（2）反思本族文化如何表达和理解同一文本；（3）分析本族文化和目的语文化之间如何相互理解；（4）进行跨文化对话，实现跨文化理解。Kramsch 的观点对于我们在外语教学中如何组织和实施文化教学，如何将两者有机结合具有很大的启示作用（Kramsch, 1993）。Byram 从 20 世纪 80 年代开始研究外语教育中的文化教学，不仅在课程开发、活动设计、教学方法和评价研究等跨文化外语教学相关环节都取得了开拓性的成果，他提出的外语交际能力与跨文化能力并重的跨文化交际能力模型更是成了当前应用最为广泛的理论模型之一,是跨文化外语教学实践的一个重要理论依据。

与 Kramsch 和 Byram 相比,Liddicoat 的贡献主要在于从语言、文化和二语习得的本质特点出发,阐述跨文化外语教学的内在必然性,并对以信息传递及知识传授为主的文化视角和以互动、对话、体验、反思为主要形式的跨文化视角进行了对比分析,提出了注意(noticing)– 比较(comparing)– 反思(reflecting)– 互动(interacting)的跨文化学习互动过程模型(Liddicoat, 2013),并应用此模型对跨文化外语教学活动、资源和评价等进行了微观层面的行动研究,由此形成的教学原则和经验值得借鉴。

2. 国内相关研究

我国外语教育领域有多位学者论证了文化教学和跨文化教育的必要性和可行性,提出了各自关于跨文化外语教学的思想和理论框架(胡文仲、高一虹,1997;陈申,1999;陈俊森、樊葳葳、钟华,2006;张红玲,2007;孙有中,2016)。也有学者对大学英语教学、英语专业教学和跨文化交际课程教学中的跨文化能力培养开展了行动研究,形成了一系列值得推广的教学理念和方法(葛春萍、王守仁,2016;付小秋、张红玲,2017;郑萱、李孟颖,2016)。孙有中及其团队从思辨能力培养入手,提出了跨文化外语教学的 CREED 原则,即 critiquing、reflecting、exploring、empathizing、doing(孙有中,2016)。笔者则组织上海外国语大学学者开展跨文化外语教学行动研究,发表了包括民族志、翻转课堂、报刊阅读、跨文化能力大赛等多篇探讨跨文化外语教学设计和教学方法的论文(张红玲、赵涵,2018;颜静兰,2018;索格飞、迟若冰,2018;杨桂华、赵智云,2018)。

总体来说,当前我国英语专业教育逐步回归人文性本质,大学英语教学改革的目标日益清晰,培养跨文化能力是大学英语教育的重要内容已经得到广泛认同,如何将教育理念通过课堂教学转化为现实的教学成果仍然是广大英语教师迫切期待解答的问题。本书是笔者团队经过多年跨文化外语教学理论研究和教学实践的成果，旨在对传统外语听、说、读、写、译等课程进行跨文化教学设计，同时应用跨文化培训常用方法在外语课堂教学中进行跨文化教学，希望对广大外语教师有所启发。

参考文献

Kramsch, C. 1993. *Context and Culture in Language Teaching*. Oxford: Oxford University Press.

Kramsch, C. 1998. *Language and Culture*. Oxford: Oxford University Press.

Liddicoat, J. A. & Scarino, A. 2013. *Intercultural Language Teaching and Learning*. Oxford: John Wiley & Sons Ltd.

OECD. 2017. The OECD PISA Global Competence Framework–Preparing Our Youth for an Inclusive and Sustainable World.

Schattle, H. 2008. Education for global citizenship: Illustrations of ideological pluralism and adaptation. *Journal of Political Ideologies*, 13(1): 73-94.

Stern, H. H. 1983. *Fundamental Concepts of Language Teaching*. Shanghai: Shanghai Foreign Language Education Press.

Yoko, S. 2015. 2013 Asia–Pacific Education Research Institutes Network (ERI–Net) Regional Study on Transversal Competencies in Education Policy & Practice (Phase I). *Regional Synthesis Report*, 81.

陈俊森，樊葳葳，钟华. 2006. 跨文化交际与外语教育. 武汉：华中科技大学出版社.

陈申. 1999. 外语教育中的文化. 北京：北京语言文化大学出版社.

程晓堂. 2007. 英语学科核心素养及其测评.《中国考试》，5: 7-14.

冯建军. 2014. 全球公民社会与全球公民教育.《高等教育研究》，3: 6-14.

付小秋，张红玲. 2017. 综合英语课程的跨文化教学设计与实施.《外语界》，1: 89-95.

葛春萍，王守仁. 2016. 跨文化交际能力培养与大学英语教学.《外语与外语教学》，2: 79-86.

胡文仲，高一虹. 1997. 外语教学与文化. 长沙：湖南教育出版社.

胡壮麟. 2015. 对中国外语教育改革的几点认识.《外语教学》，1: 52-55.

鲁子问. 2005. 中小学英语跨文化教育理论与实践. 北京：中国电力出版社.

人民网. 2016.《中国学生发展核心素养》发布. http://edu.people.com.cn/GB/xiaoyuan/80060/408248/ (Accessed 2017.01.04)

沈骑. 2017. 全球化3.0时代中国外语教育政策的价值困局与定位.《当代外语研究》，4.

孙有中. 2016. 外语教学与跨文化能力培养.《中国外语》，3: 17-22.

索格飞，迟若冰. 2018. 基于慕课的混合式跨文化外语教学研究.《外语界》，3: 89-96.

王蔷. 2015. 从综合语言运用能力到英语学科核心素养：高中英语课程改革的新挑战.《英语教师》，16: 6-7.

颜静兰. 2018. 外语教学中的跨文化教育实践与思考——以英语报刊公选课为例.《外语界》，3: 18-23.

杨桂华，赵智云. 2018. 培养跨文化能力的大学英语阅读教学实践研究.《外语界》，3: 24-29.

张红玲. 2007. 跨文化外语教学. 上海：上海外语教育出版社.

张红玲. 2012. 以跨文化教育为导向的外语教学：历史、现状与未来.《外语界》，2: 2-7.

张红玲. 2016. 公民人文交流能力的建构与培养.《神州学人》，5.

张红玲，赵涵. 2018. 民族志跨文化外语教学项目的设计、实施与评价.《外语界》，3: 2-9, 45.

张绍杰. 2010. 面向多元社会需求和多元目标取向培养"厚基础、强能力、高素质"的外语人才.《中国外语》，5: 4-9.

郑萱，李孟颖. 2016. 探索反思性跨文化教学模式的行动研究.《中国外语》，3: 4-11.

第二章

以跨文化教育为导向的外语教学综述[1]

跨文化交际和跨文化冲突是人类文化形成和发展过程中的固有现象,在以全球化、国际化、多元化和信息化为时代特征的当今世界,跨文化交际和跨文化冲突更是成了人们日常工作和生活中无法回避的内容。"人类的跨文化冲突这一问题没有随着社会经济的发展日益消解与弱化,而是随着利益冲突的日益复杂而愈演愈烈,并已经成为当今世界不得不开始解决的攸关世界和平与人类发展的重大问题。"(鲁卫群,2003)跨文化教育因此应运而生,成为当今教育界努力倡导的一个新的发展方向。而外语教学以其与跨文化交际和跨文化教育千丝万缕的联系,有望成为跨文化教育最强大的平台。本文将在笔者2007年出版的《跨文化外语教学》一书提出的相关思想的基础上,进一步探讨跨文化外语教学的深刻意义和实施跨文化外语教学的途径。

---

[1] 本章内容已发表于《外语界》2012年第2期,pp. 2-7,原标题为"以跨文化教育为导向的外语教学:历史、现状与未来",此处略有改动。

一、跨文化教育的历史渊源与内涵界定

1992年,联合国教科文组织在其国际教育大会上颁布的题为《教育对文化发展的贡献》的文件中,正式提出了跨文化教育的思想,希望通过跨文化教育实践来促进人们对文化多样性的尊重和对其他文化的了解,并在充分理解本族文化的基础上,培养对其他文化积极、欣赏的态度,提高跨文化交际能力,最终促进世界各种文化积极健康地发展。2006年该组织又颁布了《跨文化教育指南》,对跨文化教育的目的、原则和标准进行了阐述,并从课程设计、教学材料、教学方法和教师培训等方面对跨文化教育的具体实施提出了建议。该文件还明确指出,跨文化教育不是一门独立的、新增加的学校课程,它的理念应该融入学校的教育体制和各门课程的教学中,其中外语教学的作用非常重要。

跨文化教育是在以美国为代表的多元文化教育发展过程中形成的,是国际教育发展的一种新理念。"跨文化教育"(intercultural education)和"多元文化教育"(multicultural education)是两个近义词,联合国教科文组织的文件就是将这两个词等同起来进行阐述的。但是,根据黄志成和魏晓明的理解,多元文化教育与跨文化教育是两个既有联系又有区别的概念,也反映了两种不同的教育理念。首先,"多元文化教育"多用于英美等国,而欧洲大陆更多地使用"跨文化教育"一词。其次,从这个两个词语的英语构词和词义来看,多元文化教育强调的是多元文化并存的一种状态,是静态的;而跨文化教育指的是不同文化之间的交流与互动,是动态的。"多元文化"指的是人类社会存在文化上的多样性,它不仅涉及民族文化的多样性,也涉及语言、宗教和社会经济的多样性。而"跨文化"是一个动态性的概念,指的是文化团体间的互动关系,主张对话交流和相互尊重(黄志成、魏晓明,2007)。

最后，从本质来看，多元文化教育一般是指多民族国家对各民族学生，尤其是对少数民族和移民学生，进行的有关多种文化的教育，其目的是让他们享有平等受教育的机会，能理解本民族独有的文化特点，并受到社会应该给予他们的文化尊重。多元文化教育隐含着消极的一面，因为它强调对少数民族文化的理解，强调少数民族文化被主流文化包容和接纳，强调少数民族文化对主流文化和主流社会的适应。从这个意义上看，非主流文化就是一种消极的被动性共存。这一倾向受到了来自各方的批判。跨文化教育的概念是与教育平等、教育民主联系在一起的。跨文化教育的目的是要通过教育促进对人类间差异的理解，重视人权，尊重差异，承认文化差异的价值，理解对生活方式的选择，主张和谐共处。跨文化教育超越了多元文化观，主要关注多种文化之间的相互关系、相互作用，是促进各种文化在社会中平等交融的一种动态过程。与多元文化教育的被动性共存不同，跨文化教育是一种主动的互动式教育，也就是要在教育中关注不同文化的差异，研究不同文化对学生的影响，使来自不同文化的学生能够相互交流、相互理解、相互学习。

总之，跨文化教育是要在多元社会中、通过教育来促进不同文化团体之间的相互理解、尊重和对话，发展和维持一种能够平等共处的生活方式。跨文化教育的核心价值是接受并欣赏文化差异；尊重人的尊严和人的权利；各文化均有其特性，应相互尊重、相互学习；非主流文化也应受到应有的重视（黄志成、魏晓明，2007）。跨文化教育思想超越了以往的移民教育、少数民族教育、多元文化教育、双语教育等概念，逐渐形成一种新的教育理念，是教育的发展趋势，并成为一种国际教育思潮和运动。

二、外语教学的跨文化教育目标

跨文化教育是一项庞大、复杂的工程，需要教育界，乃至整个社会群策群力、协同努力去完成。学校是跨文化教育的主要实施者,而外语教学则是跨文化教育最有效、最重要的阵地之一。这一方面是因为语言具有浓厚的人文性,语言与文化血肉相连,密不可分,语言交际必然以文化为基础,语言教学本身就是文化教学;另一方面,外语教学具有双重目标:语言文学目标(即掌握目标语言系统和语言应用技能)和社会人文目标(即培养社会技能和人文素养)(张红玲,2007)。前者指的是培养能够用目的语进行阅读和交际的人才,即将外语作为工具进行学习;后者侧重的是学习者个人能力和素养的培养,在当今世界,这种能力和素养主要指的是与来自各种不同文化背景的人和谐相处、有效沟通、平等合作的能力,也包括学习者个人认知情感的发展。总之,在全球化背景下,外语教学服务社会发展和个人需要的一个重要表现就在于将跨文化情感、态度、知识和能力的培养确定为最终目标。

实际上,文化从来没有脱离外语教学,只是在外语教学的不同历史阶段,文化的存在方式和处理方式各有不同。在以阅读、欣赏和翻译文学作品及宗教文本为主要目的的外语教学初期,文化存在于作品中,外语教学对文化的处理主要是背景知识介绍,目的是扫清学习者理解这些文本的障碍。这个阶段的外语教学主要针对一些社会精英或上层社会人士,外语教学中的文化教学基本上围绕高雅文化(High Culture)展开,即有关文学、艺术、宗教等内容的学习。从20世纪七八十年代开始,交际法外语教学盛行,交际能力成为外语教学的重要目标。在这个阶段的外语教学中,文化存在于各种交际功能和交际场合中,文化教学开始从High Culture 转向 Low Culture(通俗文化),与语言交际功能密切相关的目的语文化中的生活习惯、社会习俗等成为外语师生关注的重点。外语教学中的文化教学在这两个阶段虽然在目的和内容上有很明显的差异,但是有一点是相同的:文化教学从属于语言教学,前者为后者服务。这与前文所阐述的外语教学应该实现的社会人文目标不相吻合。特别是在人类进入21世纪后，外语教学的时代背景发生了极大的改变，外语教学承担起跨文化教育之重任的意义更加重要和深远。在这个时期，跨文化教育不应该从属于外语语言教学，它应该与语言教学有机结合。将跨文化教育融入外语教学不仅能使外语学习本身更有意义、更加有趣，而且能促进外语教学社会人文目标的实现，使外语学习者成为既掌握外语交际能力，又具有跨文化意识、国际视野和跨文化交际能力的新时代人才。

根据全球化、国际化和多元化时代特征，笔者将外语教学中的跨文化教育定义为：一项由学校通过培养目标的确定、课程的设置、教学内容和材料的选择、教学理念的更新、教学方法和教学活动的设计以及学校教育与社会实践有机结合等途径，进行的关于个人世界观、价值观、身份认同和跨文化意识与能力的教育活动。它的目标包括：

（1）增强学生的跨文化意识和敏感性，帮助他们用跨文化的视角去看待、分析和解决问题；

（2）培养学生对不同文化和个人尊重、包容、理解和欣赏的态度；

（3）丰富学生的文化知识，包括本族文化知识和外国文化知识，帮助他们建立全球视野；

（4）增强学生的跨文化交际能力，使他们能够根据不同语境灵活调整自己的文化参考框架，以保证交际的有效性和恰当性；

（5）培养学生在多元文化环境中与人交流与合作的能力；

（6）提高学生应对冲突和不确定因素的能力，鼓励他们敢于冒险，敢于创新的精神。

以上跨文化教育目标体现了外语教学的人文性，应该成为新时期外语教学的重要内容。值得注意的是，在实际教学中，我们应该将这些目标内容与外语语言教学内容进行整合，使两个层面的教学有机结合。

三、国内外跨文化外语教学的现状

针对如何在外语教学中重视和开展跨文化教育,欧美地区的教育行政部门和学者已经给予了极大的关注,取得了令人瞩目的成绩。美国早在1996年通过的《面向21世纪的外语学习全国标准》中就指出:外语教育应该包括5个目标(5个C):语言(communication)、文化(culture)、联系(connection)、比较(comparison)和群体(community),其中语言交际能力是外语学习的重点,文化知识是交际的基础保障,联系(即应用所学的外语,巩固和拓展已学的其他学科的知识或获取和学习其他学科知识,掌握新的技能)是外语学习的重要目的。这三方面是外语界普遍认同和长期践行的目标,而"比较"和"群体"则是针对21世纪时代特征提出的新的目标概念。通过比较目的语和母语以及目的语文化和本族文化,学习者不仅增强了对两种不同语言和文化的认识,而且也认识了语言和文化的本质,了解了文化差异可能导致的交际困难。"群体"作为一个目标概念,指的是外语学习者融入国内外多元文化环境,应用所掌握的外语技能和文化技能有效地工作,愉快地生活。这两个目标概念强调了外语学习对于学习者认识本族文化、参与多元文化活动的重要作用。

在欧洲,为了增强各国经济、政治和文化在国际竞争中的实力,自2002年以来,欧洲委员会的语言政策部就一直致力于帮助各成员国改革其语言教育政策,2003年颁布的《从语言多元化到多元语言教育:欧洲语言教育政策发展指南》指出:当代语言教育的目的是进一步维护和发展欧洲语言和文化多元化特征,同时帮助学习者适应这种多元化社会环境,通过国际交流和跨文化交际,促进相互理解,培养对不同文化包容和尊重的态度,加强欧洲各国之间的紧密合作。虽然这一指导性的文件强调发展和应对欧盟内部的文化多元现象,但这种面向地区的跨文化语言教育思想同样适用于全球化的国际环境。近年来，欧洲各国开展的各类跨文化语言教育实践表明多元语言教育在欧洲成效显著。

我国的外语教学界虽然也完成了面向21世纪外语教学调查研究和改革报告，制定了《大学英语课程教学要求》（2007），但是在这份纲领性文件中，只有教学性质和目标部分提到了跨文化交际能力的培养："大学英语是以外语教学理论为指导，以英语语言知识与应用技能、跨文化交际和学习策略为主要内容，并集多种教学模式和教学手段为一体的教学体系。大学英语的教学目标是培养学生的英语综合应用能力，特别是听、说能力，使他们在今后学习、工作和社会交往中能用英语有效地进行交际，同时增强其自主学习能力，提高综合文化素养，以适应我国社会发展和国际交流的需要。"由于没有对跨文化教育提出具体的建议和要求，我国外语教学中的跨文化教育并未真正展开。虽然很多外语教师意识到文化教学和跨文化交际能力培养的重要性，但是因为没有接受系统、科学的教师培训，又得不到行政管理方面的认可和支持，他们对在外语教学中开展跨文化教育的认识比较片面和肤浅，热情不高。

正因为如此，当前我国外语教学中的跨文化教育存在很多问题，其中两个问题最为突出。其一，将文化教学作为语言教学的附属品，只在时间和条件允许的情况下予以关注，文化教学因此不成系统，学习者学到的往往是零碎的文化知识和信息，这种将文化作为零碎知识和信息进行介绍和学习的方法很容易导致对目的语群体片面甚至错误的认知。其二，外语教学中的文化教学长期以来目标不明确，教学内容不完整。很多外语学习者和教师只关注影响外语阅读和交际的文化因素和内容，没能充分认识到外语教学在培养学习者人文素养和综合素质层面的作用，外语教学的潜力因此没有得到充分的开发。

基于跨文化教育的外语教学是一个新兴的研究领域，自20世纪八九十年代以来，国内外学者纷纷从不同角度开始关注这个课题。在欧美,从八九十年代着重研究外语教学的文化教学意义、目标和方法(Byram, 1989; Kramsch, 1993; Sercu, 1995; Byram & Fleming, 1998)到进入21世纪后以全球视野为导向的跨文化居民素质培养(education for intercultural citizenship)和多元语言教育(pluralingual education)(Alfred et al., 2003; Byram, 2008; Council of Europe, 2003),外语教学作为跨文化教育重要平台的地位愈加明显。这些研究成果表明,外语教学已经不是一门普通的学校课程,它对于国家、民族和个人而言都具有重要的战略意义。欧美的相关研究因为与其国内和地区的政治、经济、文化和社会环境紧密结合而得到政府的大力支持,研究成果成为政府制定教育政策的重要依据。这一点值得我们参考借鉴,进行跨文化教育本土化研究,明确我国进行跨文化教育的意义和目标势在必行。

在我国,来自教育学和外语教学领域的学者构成了这个课题的研究主体。在教育学界,他们的研究主要集中在对美国等国家的多元文化教育和跨文化教育进行介绍和批评,并阐述在中国开展跨文化教育的重要意义(鲁子问,2002a,2002b;王鉴,1994,2003,2004;韩骅,2000;曾煜,2005)。而在外语教学界,随着文化学习和跨文化交际能力培养作为外语教学的重要内容得到广泛认可,有关外语教学中的文化教学和跨文化教育的研究也逐渐升温,具有代表性的研究成果包括胡文仲、高一虹(1997),陈申(1999),鲁子问(2005),张红玲(2007)等。其中前两部著作都是从语言教学自身的需要出发,结合相关语言现象来谈文化教学,是从语言视角指向文化视角;后两部著作则由文化视角转向语言视角,从外语教学的时代背景出发,阐述外语教学的跨文化教育功能。这些成果拓展了当前外语教学研究和实践的视角和途径,唤醒了人们对外语教学中文化教学和跨文化教育的认识。尽管如此,基于跨文化教育的外语教学研究在我国刚刚起步,上述著作在研究深度、广度和系统性上都各有不足,我们应该在这些研究成果的基础上,进一步阐述我国开展跨文化教育的重要意义,梳理跨文化教育相关理论,探讨在外语教学中开展跨文化教育的途径和方法,充分发挥外语教学的人文素养和综合素质培养功能。

四、我国跨文化外语教学的研究方向

跨文化教育的重要意义已经逐渐受到广泛关注,跨文化教育的理论研究和实践探索近年来也逐步丰富起来。然而,由于各个国家开展跨文化教育的基础和环境各不相同,西方多年积累的理论体系和实践经验不一定适合中国国情,因此我们应该对跨文化教育进行本土化研究,通过回顾跨文化教育的历史,界定跨文化教育的相关概念,评述国内外跨文化教育的研究成果,分析中国目前开展跨文化教育的必要性和可行性,阐述中国跨文化教育的意义、目标和途径。

与欧美国家相比,我国跨文化外语教学研究和实践比较落后,其中一个重要原因在于外语教学政策尚未对此给予足够的重视,具体体现在教学大纲、教材、方法、测试等各个教学环节中有关跨文化教育的内容基本缺失。在没有纲领性文件指导的情况下,很多一线教师往往只是凭借自己的理解,在课堂时间允许的时候,向学生介绍文化知识,讲述个人体验。这种缺乏指导、没有系统、肤浅片面的跨文化教育活动或许可以在一定程度上弥补学生对跨文化交际能力提高的需要,但是很多时候,这样的教学会适得其反,导致对文化狭隘、僵化的理解。因此,我国在外语教学中开展跨文化教育应该自上而下。

具体说来,在外语教学中开展跨文化教育首先应该更新观念,增强认识。跨文化教育的相关思想对于我国外语界来说是一个比较新的理念,教育行政部门的专家和领导应该首先明确认识跨文化教育的时代意义、跨文化教育的目标和内涵,通过借鉴欧美国家跨文化教育的经验,制定符合我国国情的跨文化教育目标、原则和方法。以此为基础，外语界的专家学者应该探讨外语教学作为跨文化教育重要途径的理论和实践问题，制定教学大纲、调整课程体系、更新教学方法和活动、编写教学材料，等等，从而将跨文化教育理念贯穿于外语教学的各个环节。

目前，我们还应该对跨文化外语教学进行实验研究，将这些新理念应用于课堂教学，在实践中探讨语言教学与文化教育有机结合的途径。同时，教师培训也是确保跨文化教育理念得以贯彻落实的重要保障。对于"文化教学"和"跨文化教育"，我国外语界一直混为一谈，很多教师误认为他们课堂上对文化知识的介绍就是跨文化教育，因此我们迫切需要帮助教师深入理解跨文化教育的本质和内涵，纠正跨文化教育中的一些谬误。

五、结语

跨文化教育是新时代教育发展的趋势，外语教学因为将语言、文化、交际等有机结合，必然成为开展跨文化教育的重要平台。然而，外语教学的这一优势如果不加以重视和研究，也很难转化为现实的教学成果。我国的跨文化教育刚刚起步，应该在借鉴欧美相关研究成果的基础上进行本土化研究，确定符合中国国情的跨文化教育目标，制定教学大纲、编写教学材料、研讨教学方法、开展教师培训，从而将跨文化教育理念落实到各个环节。

参考文献

ACTFL (the American Council on the Teaching of Foreign Languages). 1996. *Standards for Foreign Language Learning: Preparing for the 21st Century*.

Alred, G., M. Byram, & M. Fleming (eds.). 2003. *Intercultural Experience and Education*. Clevedon: Multilingual Matters.

Byram, M. 1989. *Cultural Studies in Foreign Language Education*. Clevedon: Multilingual Matters.
Byram, M. 2008. *From Foreign Language Education to Education for Intercultural Citizenship: Essays and Reflections (Languages for Intercultural Communication and Education)*. Clevedon: Multilingual Matters.
Byram, M. & M. Fleming (eds.). 1998. *Language Learning in Intercultural Perspective: Approaches Through Drama and Ethnography*. Cambridge: Cambridge University Press.
Council of Europe. 2003. *Guide for the Development of Language Education Policies in Europe: From Linguistic Diversity to Pluralingual Education (Executive Version)*. Strasbourg: Council of Europe.
Kramsch, C. 1993. *Context and Culture in Language Teaching*. Oxford: Oxford University Press.
Sercu, L. (ed.). 1995. *Intercultural Competence: A New Challenge for Language Teachers and Trainers in Europe*. Aalborg: Aalborg University Press.
陈申. 1999.《外语教育中的文化教学》. 北京：北京语言文化大学出版社.
韩骅. 2000. 90年代美国多元文化教育的理论与实践述评.《比较教育研究》, 6: 46-50.
胡文仲, 高一虹. 1997.《外语教学与文化》. 长沙：湖南教育出版社.
黄志成, 魏晓明. 2007. 跨文化教育——国际教育新思潮.《全球教育展望》, 11: 58-64.
教育部高等教育司. 2007.《大学英语课程教学要求》.
鲁卫群. 2003. 跨文化教育引论. 华中师范大学博士论文.
鲁子问. 2002a. 国外跨文化教育实践案例分析.《外国教育研究》,

10: 62-65.

鲁子问. 2002b. 试论跨文化教育的实践思路.《教育理论与实践》, 4: 2-8.

鲁子问. 2005.《中小学英语跨文化教育理论与实践》. 北京: 中国电力出版社.

王鉴. 1994. 当代西方国家对多元文化教育的几种认识.《外国教育研究》, 2: 6-9.

王鉴. 2003. 多元文化教育: 西方民族教育的实践及其启示.《民族教育研究》, 6: 5-12.

王鉴. 2004. 西方国家的多元文化教育及其批判.《贵州民族研究》, 3: 137-142.

曾煜. 2005. 美国多元文化教育的启示.《云南师范大学学报(哲学社会科学版)》, 4: 117-119.

张红玲. 2007.《跨文化外语教学》. 上海: 上海外语教育出版社.

第二部分

传统课堂的跨文化外语教学设计

第三章

综合英语课程的跨文化教学设计[1]

综合英语作为一门旨在训练学生的语言综合能力，为高年级阶段的学习打下坚实基础的课程，一直以来都在英语专业本科阶段教学中处于非常重要的地位。在2018年颁布的《高等学校外国语言文学类专业本科教学质量国家标准》（以下简称《新国标》）框架中，英语专业不仅被细分为英语、商务英语和翻译三个专业，还对培养目标、专业素质、专业能力等方面提出了新的要求。但这三个英语类专业"具有相同的专业内涵，都以语言学习和运用作为专业的基石和共核内涵"，都将"打牢英语基本功放在专业培养目标的首位"（王立非、葛海玲，2015）。因此，综合英语作为英语类专业基础课的重要地位不会有太大的变化。

在专业能力方面，《新国标》较2000年版的《高等学校英语专业教学大纲》更加强调对跨文化交际能力的培养，并给予了更细致的说明（蒋洪新，2014；仲伟合、潘鸣威，2015）。在课程

---

[1] 本章内容已发表于《外语界》2017年第1期，pp. 89-95，原标题为"综合英语课程的跨文化教学设计与实施"，此处略有改动。

设计方面，应把"跨文化教育贯穿整个课程体系和每一个教学环节……把跨文本解读、跨文化人际沟通和跨文化批判性反思的能力培养，渗透到语言技能课程与专业知识课程的全过程之中"（孙有中，2016）。因此，作为英语类专业基础课的综合英语有必要将跨文化教学理念贯穿于整个教学设计和课堂实践。

本章将探讨如何借鉴跨文化培训的设计与实施，实现综合英语课程的跨文化教学。

一、跨文化培训的介绍

1. 跨文化培训的起源与发展

跨文化培训最早起源于 Edward T. Hall 1946–1954 年间在美国外交学院（Foreign Service Institute）对任职前外交官的培训（Leeds-Hurwitz, 1990）。Kohls（1995）认为，跨文化培训的主要作用是为旅外人员提供必要的信息、技巧和态度，以帮助他们在其他国家更好地适应生活和工作，后来参与国际项目的工程师、技师以及维和部队的志愿者都成为跨文化培训的对象。随着国际交流的日益频繁，跨文化培训的范围也逐渐扩大至国际商务等更广泛的领域。Littrell et al.（2006）在总结25年跨文化培训方面的研究后给出了一个更加包容但目标和内容更加明确的定义，即，跨文化培训是"促进跨文化学习的教育过程，通过培养认知（cognitive）、情感（affective）和行为（behavioral）方面的能力，以实现（人们）在不同文化环境中成功地进行交流"。一是跨文化培训本身就是一个教育过程；二是跨文化培训的目标就是培养跨文化能力（Brislin & Yoshida, 1994），包括认知、情感和行为三个维度；三是跨文化培训的对象可以是需要在不同文化环境中交流的任何人——既包括旅外人员，也包括不出国门但需要接触不同文化的人群。从广义上说，在国际交流如此频繁的今天，几乎人人都可以成为培训对象。由此看来，跨文化培训与我们现在要求的跨文化教学在过程与目标上都是一致的,即通过教育的过程,培养学习者/受训者的跨文化能力。

2. 培训与教学的对比

培训与教学是不同的教育模式,两者有各自的特点和优势。根据 Kohls(1987)和 Milhouse(1996),表 3.1 可以展示这两种教育模式在应用、主要目标、方法、时长、授课/培训者和主要特点这几个方面上的差异。在目标上,教学更注重认知能力的培养,而培训则更注重行为能力的培养。在方法上,教学更偏向于以教师为核心的引导式的方法,而培训则以受训者为核心,更多使用参与性更强的体验式方法。在效果上,教学更注重学习过程中知识的逐步获取和积累,培训则以结果为导向,注重成本效益(cost-effective)。

表 3.1 培训与教学的对比

	应用	主要目标	方法	时长	授课/培训者	主要特点
培训	针对特定目标的专门技能训练	提供实用性、以结果为导向的学习	以受训者为核心,强调亲身体验、实训,方法众多且目标明确	一天到两周,最长为半年	培训师、受训者自己、主题专家	参与性、实用性、讲求成本效益
教学	深层次内容性知识的获取	培养人脑认知能力的学习	以引导式为主,如讲课、任务布置、定期测试等	可以是一生的时间	拥有较高学位的教师	深入性、理论性、较被动

由于培训的周期一般不长,培训的目标、内容和对结果的预

期都非常明确，培训方法的选择也非常有针对性，因而培训设计往往要求非常细致，需要对培训的每一个步骤都有周详的计划。本章将基于培训与教学的区别，对跨文化培训的设计、内容和方法进行详细阐述。

3. 跨文化培训的设计

培训设计对整个培训项目至关重要，因为一份好的培训设计不仅能保证受训者在培训过程中积极参与，同时也能更有效地实现培训目标（Gudykunst, Guzley & Hammer, 1996）。完整的培训设计一般需要六个步骤（付小秋，2006）：（1）设计需求评估（needs assessment）；（2）确定培训目标和时间安排；（3）构建合理化框架（rationalizing）；（4）明确培训内容；（5）选择并安排具体培训活动和流程；（6）设计培训评估。其中第（2）、第（4）和第（5）个步骤类似于教学设计中的制定教学目标和时间安排、明确教学内容以及安排具体教学活动和流程，因此下文将针对第（1）、第（3）和第（6）个步骤进行说明。

在一般的教学设计中，确定教学目标往往是第一个步骤。但在以受训者为核心的跨文化培训设计中，首先是要了解受训者和他们的需求，通过对受训者及其培训需求的分析，来了解培训对象的实际情况和培训的具体目标，因而需求评估是培训设计的必要阶段。需求评估一般有五种途径（Brislin & Yoshida, 1994; Robinson, 1995）：

（1）观察（observation）——培训师前往需要培训的机构，仔细观察，收集所需信息。

（2）采访（interview）——培训师采访部分受训者或相关机构的员工收集信息。这种方法也可采取小组或焦点小组（focus group）讨论。

（3）向关键人物征询意见（key consultation）——培训师通过采访相关机构中更加了解培训需求的关键人物收集信息。

（4）问卷（questionnaire）——培训师基于以上三种途径获取的主要信息设计问卷，发放给更多人以获取更广泛的信息。

（5）测试（test）——培训师通过信效度较高的测试了解受训者的能力水平，以此调整相应培训手段或流程。

传统教学一般在制定具体教学目标之后，就进入教学内容的分析与组织这一步骤。而在跨文化培训的设计中，在确定培训目标和时间安排之后，需要根据既有理论以及培训者的经验和知识构建合理化框架，以指导培训的具体内容和培训项目实施的制定。构建合理化框架是确定培训内容的一个重要步骤，因为用既有理论指导实践往往能使实践的目标和过程更加明确（Bhawuk & Triandis, 1996）。如跨文化培训中广泛采用的一个理论框架是 M. J. Bennett（1986, 1993）的"跨文化敏感度发展模型"（Developmental Model of Intercultural Sensitivity），该模型将跨文化敏感度分为拒绝、防御、差异减少、接纳、调试、融合六个阶段；前三个为民族中心主义阶段，后三个为民族相对主义阶段。培训师根据需求分析的数据了解到受训者所处的跨文化敏感度阶段，然后再制定相应的培训内容和手段，帮助他们逐步提高跨文化敏感度。

在评估方面，传统教学一般采取期中和期末的测试作为主要评估手段，检测学生在认知方面的掌握情况。但作为培训设计的最后一个环节——设计培训评估，往往不只是项目结束时的终结性评估，而是集过程性、终结性和跟踪性于一体的综合评估设计。过程性评估一方面对项目实施的过程进行评估，另一方面根据评估情况及时调整项目的实施；终结性评估除了对整个培训项目进行评价、检测培训目标实现情况外，还为将来的培训设计提供参照；跟踪性评估则是在培训结束后通过对受训者本人、其同事或上级的跟踪调查，了解培训实施的效果和影响，同样也能为将来的培训设计提供参照数据。此外，跨文化培训评估方法一般既包括质性也包括量化的方法。采访或跟踪（follow-up）采访以及问卷是常用的质性评估手段，受训者的学习反思日志以及进入跨文化环境之后的工作日志都可以成为评估受训者的学习效果和培训效果的手段。评价量表、自我评估量表以及许多测量工具都是跨文化培训评估的量化手段。由于国际上跨文化培训已发展得相当成熟,测量工具的开发和验证一直是跨文化培训研究领域的重要内容。这类测量工具在跨文化培训领域一般统称为"跨文化工具"(intercultural instrument),能够鉴别、描述、评估、归类或评价个人、群体和组织的文化特点(Paige, 2004)。根据 Paige 在第三版《跨文化培训手册》(*Handbook of Intercultural Training*)(2004)中对跨文化工具使用的统计,较常用的工具已有三十多种。因此,相对于教学而言,跨文化培训的评估覆盖面更广,但也更加复杂。

4. 跨文化培训的内容与方法

跨文化培训的内容由培训目标决定,即一次完整的跨文化培训应包括认知、情感和行为三个维度。根据 Brislin & Yoshida(1994)和 Kohls(1995),认知维度主要是关于文化以及文化差异的意识、知识和信息;情感维度主要是帮助人们应对跨文化交际可能对情绪造成的冲击;行为维度主要是训练进行有效的跨文化交际的技巧。培训的内容一般又分为两大类:定文化(culture-specific)培训和泛文化(culture-general)培训。顾名思义,定文化培训是提供某一特定文化的知识和信息以及与该文化人群进行交流时需要的意识和技巧;泛文化培训不具体针对某一文化,而主要涉及"文化意识和文化敏感度的培训,(使受训者)对自己有更好的认识,为他们在不同文化环境中进行交流做好准备"(Brislin & Pedersen, 1976)。培训的模式一般也分为两类:引导式(didactic)和体验式(experiential)。引导式主要以认知理解为目的,涵盖文化理解、文化影响和文化知识等方面的内容,体验式一般通过体验的方式实现培训目标,尤其在情感和行为维度上帮助受训者更有效地进行学习。综合以上培训内容和模式,跨文化培训的基本手段可以分为以下四大类(Paige, 1993)(表3.2):

表 3.2 跨文化培训的基本手段

模式＼内容	定文化	泛文化
引导式	定文化引导式	泛文化引导式
体验式	定文化体验式	范文化体验式

根据这种分类方式，最常用的 13 种跨文化培训方法也可根据内容和模式分为四大类（图 3.1）（Gudykunst et al., 1996），以下这些方法都有各自的优缺点、适应性、资源来源和使用规则（Fowler & Blohm, 2004）。

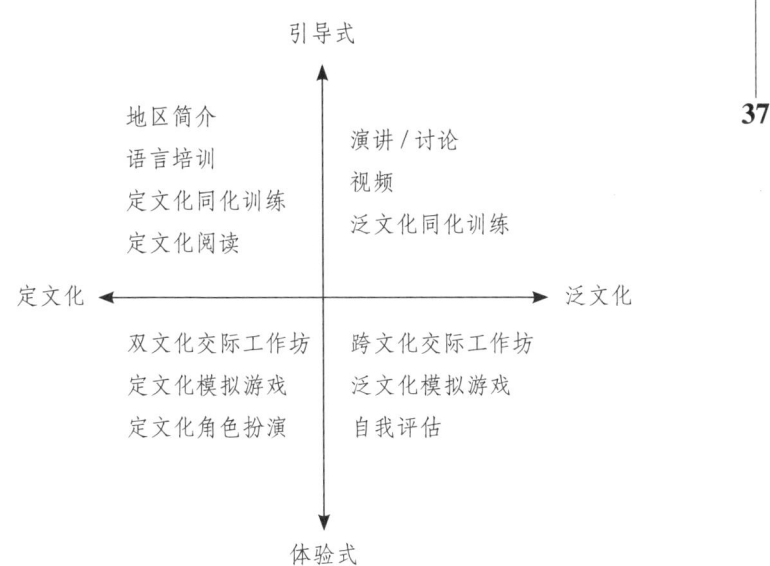

图 3.1 跨文化培训的主要方法

如在泛文化－引导式中，演讲/讨论和视频的内容不是涉及某几个具体的文化，而是帮助受训者理解什么是文化，以理论支撑的文化差异以及文化和沟通方式的关系等。一些视频或电影也是专门为跨文化培训拍摄和制作的，如 Copeland & Grigg 的《走向国际》（*Going International*）（1983）系列短片。文化同化训练（cultural assimilator）类似于案例分析（case study），实际是"阅读＋分析/讨论"模式的延伸，它的内容为包含具体人物、事件和场景的关键事件（critical incident）或案例。泛文化和定文化同化训练的区别在于，前者涉及不同文化背景的人之间的交流经历，而后者只是针对受训者的文化背景，提供与目的语文化背景的人之间的交流经历。在分析/讨论环节，受训者需要对每个关键事件之后提供的有关问题或误解的四种解释进行分析选择。

在泛文化－体验式中，跨文化交际工作坊（intercultural communication workshop）是一个由不同文化背景的人组成的一个小组在协调员（facilitator）的指导下进行对话沟通的活动。参与者通过这种跨文化沟通的经历，帮助他们理解文化对思维和行为的影响。泛文化模拟游戏（simulation）通过模拟不同文化背景的人进行沟通的活动，帮助受训者体会、理解现实跨文化经历中可能会出现的问题、误解甚至冲突。目前使用最广泛的游戏是 BAFA BAFA（Shirts, 1973），模拟 Alpha 和 Beta 两种文化之间的沟通。自我评估（self-assessment）是通过完成自我评估量表，帮助受训者了解自己在态度、动机、沟通能力等方面的情况。

具体培训方法的选择和使用，需要根据受训者的情况以及他们的实际需求来做相应的设计。例如一组即将去刚果从事医疗援助的人员需要接受跨文化培训，他们的人员组成以中青年为主、目的语文化是刚果（非洲）、语言为法语。由于他们的目的语文化为单一文化，因此采取的培训手段以定文化培训为主。其次，人员组成主要为中青年，可以更多地使用体验式培训法。因此，培训的内容和方法除了采取定文化引导式外，如通过授课的方式介绍刚果的本地文化，提供有关刚果文化的阅读文献、组织受训者观看视频、参与定文化同化训练、法语培训等；也可采取定文化体验式，如双文化交际工作坊（bicultural communication workshop）、模拟游戏（simulation game）、角色扮演等。

二、跨文化培训与教学结合的探讨

1. 跨文化培训设计与教学设计的结合

根据上文对跨文化培训设计的介绍，设计需求评估、构建合理化框架和设计培训评估这三个步骤可以结合外语教学的特点融入跨文化教学设计。

（1）设计需求评估

传统教学设计中虽然没有"需求评估"这个步骤，但我们许多高校在新生正式上课之前会进行一次"摸底考试"。这种考试大多采取卷面测试的方式，了解学生的外语水平。这种测试的目的其实就是对教学对象（学生）的评估，但评估的内容局限于语言能力，因而对学生的其他方面，尤其是学生的跨文化敏感度、学生学习方法的偏好等方面无从得知，这就需要通过其他途径进行补充。根据学校教育的特点，可以借鉴培训需求评估中五种途径的三种用于跨文化教学的需求分析，即采访、问卷和多维度测试。例如，教师可以随机抽取几名同学根据自己想要了解的内容准备开放式问题进行采访，或者组织部分同学形成焦点小组，针对准备好的问题组织讨论。然后根据采访或讨论获得的重要信息设计问卷，发放给所有学生。在测试方面，除了基本的语言测试之外，可以选取信、效度较高的量表对学生的学习习惯、跨文化敏感度等方面进行测试。获得的数据可以保留下来，与不同学习阶段类似测试的数据进行比较，以了解学生的学习发展动态。这样集定性和定量分析的需求评估可以更加全面地反映学生的基本情况和需求。

(2) 构建合理化框架

为跨文化教学构建合理化框架时,需要考虑语言教学的需求,不能照搬跨文化培训的理论框架。因此,语言能力的培养与跨文化能力的培养应融为一体,而不是分开。在外语教学领域,国内和国际上已经形成较多成熟的跨文化能力模型和框架(付小秋,2015),国际上比较有代表性的如 Byram(1997)和 Fantini(1997)的跨文化(交际)能力模型;国内如张红玲(2007)和杨盈、庄恩平(2007)的跨文化交际能力框架和模型等。这些理论模型或框架都将语言能力作为跨文化能力培养的重要组成部分,可以作为跨文化教学设计的理论框架,指导具体的阶段性教学目标和内容的设置,确保教学实施和评估更加合理化。

(3) 设计培训评估

跨文化培训综合评估体系和丰富的评估手段都可以运用于跨文化教学评估设计。一方面,在量化评估手段中,除了常规的语言测试之外,可以借助跨文化工具了解学生的跨文化能力发展状况。量化评估可以在学习的初期、中期和末期进行,也可以在课程结束后过段时间再进行测试,将不同时期的数据结果进行比较,对过程性变化进行跟踪,同时也可以针对某一时期的数据进行单独分析。另一方面,融入质化评估手段,如学生的学习反思日志可以作为"档案袋"(portfolio)评价手段,跟踪了解学生在认知、情感方面的发展变化;组织焦点小组访谈,对主要问题集中收集数据。通过采用多种评估手段和在不同时期的评估,建立起集过程性、终结性和跟踪性于一体的综合评估体系。

2. 跨文化培训的内容和方法应用于跨文化教学

在传统教学中往往是根据教学目标和内容采取相应的教学方法,而以课本为核心的教学内容又是相对固定的。从内容上看,我们现有的综合英语教学资源主要涉及的是英美国家文化,并没有做到多元文化内容的覆盖。从方法上来看,引导式是我们教学中最常用的方法，如阅读、演讲、讨论和观看视频等。因此，我们现有的内容和方法如果按照跨文化培训的划分方法，主要局限于以认知能力培养为主的定文化-引导式。而《新国标》要求"学生应具有多元文化认同感，能以开放的态度、批判的思想和包容的胸襟对待多元文化现象；具有较强的跨文化意识，能比较敏锐地觉察各种跨文化现象；能较好理解、诠释、评价文化差异，并灵活运用策略解决文化差异引起的交流困难；能帮助来自汉语和英语文化背景的人士进行有效沟通"（蒋洪新，2014）。这种由认同感、意识和沟通能力构成的跨文化能力，强调内容上应该超越单一的英美文化，情感和行为方面的培养应该与认知方面的培养同时进行。我们需要充分发掘在泛文化-引导式和泛文化-体验式这两个模块加强对学生多元文化认同感、跨文化意识、分析解释能力和沟通能力的培养。

如果能将跨文化培训的所有内容和方法都利用起来，其优势是显而易见的。但是，这些方法都相对独立，每种方法的使用都对时间和资源有具体的要求。例如，上文提到的视频资料对于我们外语教师来说很难获取；模拟游戏一般要求使用特定的来源资料、实施方法和步骤、道具等，并且实际操作时间一般不少于90分钟。另外，这些内容都并非与语言能力的培养直接相关，如果直接使用可能会让学生产生疑惑。因此，教师必须根据学生的需求和现有资源情况进行选择，在选择中应注意以下三点：

第一，与语言教学紧密结合，帮助学生树立起语言-文化-交流（language–culture–communication）的关系意识。例如，通过对比中英文在词义和词序上的差别，帮助学生理解文化的差异是如何通过语言体现的。如上海外语教育出版社《综合英语教程》第一册第一单元第一课"Never Say Goodbye"中有 grandpa 和 uncle 两个表示亲属关系的词。但是相对应的中文不是唯一的，可以让学生讨论中文为什么有不同的称呼。通过教师的引导，帮助学生理解语言与文化的关系，培养他们的文化敏感性。

第二，与课本内容相关联。我们传统的语言课程的内容和课堂活动大多都是围绕课本开展的，学生课前和课后的学习也会以课本内容为中心。因此，教师组织的教学活动保持与课本内容的相关性，更有利于学生接受并参与依照跨文化培训内容和方法设计的活动。这就要求我们在课程准备阶段就要充分熟悉每一篇课文，依据课文的内容去筛选合适的方法。例如，《综合英语教程》第一册第二单元的课文"Whatever Happened to Manners"中，作者提出对自己最亲的人尤其要有 good manners，例如夫妻之间以及子女对父母要经常说 thank you。从该篇课文和作者的出发点来看，这种做法是值得提倡的。但是，这种在最亲近的人之间用言语表达感谢在中国是否也是如此重要呢？Brislin et al.（1986）在《跨文化沟通实用指南》（*Intercultural Interactions: A Practical Guide*）中提供了 100 个涉及不同方面的跨文化关键事件，其中一个题为"Are You Mad at Me"的故事是关于一个中国留学生和一个美国学生对礼貌的不同态度和观点。笔者曾经使用这个关键事件，通过提供给学生一些导向性问题进行讨论，帮助学生理解：在中国文化中，关系的亲疏远近直接影响人们如何使用礼貌用语，而在最亲近的朋友和亲人之间反而很少用言语表达感谢，否则就显得"生分"。一方面，这个活动由于与课文内容直接相关，不会显得突兀；另一方面，通过采取泛文化同化训练的方法，既能帮助学生加深对自我文化的理解，又能锻炼他们的批判性思维，培养批判文化意识（critical cultural awareness）。

第三，对某些方法进行改编，使之更适合课堂教学。例如模拟游戏 BAFA BAFA 有非常详细的操作要求，包括道具、游戏规则和时间、游戏步骤、对协调者的要求，等等。如果严格按照游戏设计者对游戏的所有要求来操作，会花费教师和学生很多时间和精力。想使用这个游戏的教师可以将游戏步骤和规则简化，使游戏的参与者（学生）和协调者更快掌握游戏规则。同时，可以根据游戏进程中教师观察到的一些现象，在游戏结束后的引导式讨论（debriefing）中增加或改变需要讨论的问题，帮助参与者更深入地理解游戏的目的。除了模拟游戏，其他跨文化培训方法也可以部分地加以利用，使之更符合教学的环境和要求，如本书中第六章和第十章的两位作者分别介绍了他们利用关键事件和电影与课堂教学相结合的方法和实例。

三、综合英语课程的跨文化教学设计与实践实例

1. 教学设计实例

笔者曾通过为期一年的行动研究，在某师范院校尝试将跨文化培训模式融入综合英语的教学。综合英语课程是从一年级开始就开设的专业基础课，因此，融合跨文化培训模式的教学设计以需求评估为起点，在学生正式开始上课之前就通过语言测试、跨文化量表、采访和问卷了解学生的语言水平、跨文化敏感度、学习习惯以及对教师和课程的期待等。语言测试的结果表明，学生的语言能力较低，且学生间差异明显。采访和问卷分析发现学生对文化的理解主要局限于显性文化，或大写的文化（Culture with a big C），如文学作品、饮食习惯等；学生习惯于对语法、词汇等语言技能的学习，但是更希望教师采取更加活泼互动的方式进行教学。通过采用 Chen & Starosta（2000）的跨文化敏感度量表（Intercultural Sensitivity Scale）的问卷发现，学生跨文化沟通时的自信力（interaction confidence）和沟通时的专注力（interaction attentiveness）水平最低。根据需求评估的分析，确定教学的基本目标应是以提高学生的语言能力为基础，从帮助学生理解什么是义化、加强他们的文化意识入手，逐步培养他们的跨文化交际能力。

基于以上对学生文化理解力和文化敏感度的评估结果，将 Byram（1997）、Fantini（1997）的跨文化（交际）能力模型作为教学的理论框架，以文化意识（cultural awareness）培养为核心，提高学生的跨文化敏感度，培养他们的跨文化观察力、理解力和

分析力，在提高语言能力的基础上培养他们的沟通能力和技巧。根据学校教育的特点，一年的跨文化能力培养计划以学期为节点：第一学期以树立他们的语言－文化－交流关系意识为依托，从提高自我文化意识和对文化差异的敏感度开始，培养他们的跨文化观察力和理解力；第二学期在加强学生的跨文化观察力和理解力的基础上，逐步培养他们的跨文化批判意识和跨文化分析能力；他们的沟通能力和技巧与语言能力的提高贯穿整个教学过程。

　　根据学生学习习惯和所期待的教学方式的需求评估结果，教学活动应既包括传统的引导式模式，也包括参与性更强的体验式模式，因此，可用于教学活动的跨文化培训方法主要采用泛文化－引导式和泛文化－体验式。由于使用的教材为上海外语教育出版社的《综合英语教程》第一册和第二册，因此在具体跨文化教学活动的选择和安排上，一方面充分考虑课文的内容，相应穿插部分跨文化培训活动，例如上文提到的泛文化同化训练方法的使用；同时根据学生学习过程中呈现的问题，及时改变或增加活动。例如根据学生语言输出（output）中普遍存在的"语码替换"（code replacement）的问题（英文单词与中文一一对应），笔者设计了"反向语言"角色扮演（提供英文原文，让学生扮演学习中文的外国留学生，用中文一一对应翻译英文单词），帮助学生理解语言与思维模式和沟通方式的关系。

　　教学评估的设计主要考虑两个因素——需求评估的内容和学生的发展情况，即一方面能与需求评估相呼应，另一方面能够体现学生在学习过程中的发展变化。因此，在终结性评估中，除了年级统一的学期末测试外，再次使用跨文化敏感度量表，与需求评估的数据进行对比。同时，学生在每个学期末的总结也作为终结性评估的一部分，从学生的角度反映个人学习情况和对这门课程的反馈。过程性评估通过四种方式体现：第一，学生完成的反思日记作为档案袋评估内容，即从开学初就要求学生每两周撰写一篇反思日记，记录并反思自己阶段性的学习情况和对综合英语课程的反馈；第二，教师的课堂日志作为田野笔记（field notes），记录教师的课堂活动、对学生的观察和自我反思；第三，组织六位同学自愿参与的焦点小组访谈，与需求评估中的采访结果进行对比，了解学生的发展变化；第四，采访给学生上口语课的外教，了解该班级学生在一个阶段的学习之后，与其他班级学生相比有哪些进步和不足。所有这些评估手段既是对学生学习状况的评价，也是对教学效果的评估。

2. 课堂教学实例

我们以一次综合英语课堂活动为例，展示如何将跨文化教育充分融入课堂教学之中。上海外语教育出版社《综合英语教程》第四册第二单元的两篇课文分别题为"Space Invaders"和"Space and Distance"，该单元涉及不同文化对空间需求的差异。为了帮助学生加深理解空间与文化的关系，培养他们的跨文化敏感度和对文化差异的认同，笔者设计了一个既让学生参与又能将课文中的跨文化内容与自我文化相关联的活动。在学生阅读第二篇课文之前，给学生布置一个小组任务：若你搬入新家需要布置客厅，客厅中的主要家具和电器将会如何摆放，请给出解释。

在笔者教授的两个班级中，除了一个特殊布置外，其他的学生都将沙发或靠椅摆放在电视机的正对面，并解释看电视是一种放松和享受的过程，让客人坐在沙发上看电视也是招呼客人的一种方式。随后，学生快速阅读第二篇课文，从课文中找出美国人和大部分欧洲人摆放家具的不同方式。很快学生就能发现，他们摆放家具的方式与美国人最为接近，而欧洲人人多将沙发和茶几放在单独的一个空间而避开电视机，目的是营造一个更好的交谈空间。笔者也由两幅欧式和美式客厅的图片进一步展现两者之间的差别。由此，学生能很快理解不同文化背景的人在家具摆放上会呈现不同的特点，并反映出文化和价值观的差异。

在整个活动过程中，几乎每个小组都兴致勃勃地参与并上台展示对客厅的布置，带着好奇心愉快地完成了整篇课文的阅读（通常每个单元的第二篇课文不在课上讲解）。这个活动将学生的自我文化与其他文化相关联，在一定程度上刺激了他们对文化差异的敏感度，同时促进了学生在课堂上的积极性和参与性，也有利于他们语言能力的提高。其间，笔者一方面采用体验式方法，让他们模拟现实进行客厅设计，另一方面通过阅读、图片和讨论帮助他们理解课文内容与空间和文化的关系；内容涵盖了定文化——欧洲和美国文化，和泛文化——不同文化对空间的不同需求，实现了跨文化培训元素与课堂教学的融合。

四、讨论

对于教师而言，将跨文化培训模式与课堂教学相结合，从设计到教学的实施都是一个复杂且耗时的工作，但是这种尝试不仅能帮助学生更好地获取知识、提高专业能力，更重要的是能发展与完善他们对自我和世界的认识，最终实现人格素养的提升。

通过培养学生对语言和文化与思维的关系意识，不少学生在用英语遣词造句时会关注语言的文化内涵，并且对一些不恰当的英文翻译格外敏感。例如，一个学生就曾提出"红色历史"不能直译为 red history，因为"红色"在中国有特殊的历史含义，而英文当中的 red 也有自己的文化内涵，两者不能对等。随着学生跨文化敏感度和对文化差异理解力的提高，他们也更加懂得人与人之间相互沟通和尊重的重要性。比如一个学生在她的一篇反思日记中提到电影《等风来》中尼泊尔导游与一位中国游客大打出手的细节，她写道："文化之间没有好坏之分……不同的国家有不同的文化，我们都要尊重。"另一位学生在日记中反思自己一次失败的沟通经历，意识到相互之间的尊重和信任是成功沟通的重要前提。

跨文化教学在综合英语课堂中的开展，使语言能力的发展自然成为跨文化能力培养的一部分，并使之相互受益，学生的人格修养也在这一过程中逐渐升华，这也是我们教育的根本目的所在。但要使跨文化培训模式更好地服务于跨文化教学，对教师的要求非常高。

第一，教师自身就要具备较强的跨文化意识和跨文化敏感度。只有具备较强的跨文化意识和敏感度的教师才能够充分挖掘出教材中与文化相关的内容，针对相应的内容选择合适的跨文化培训方法融入教学之中。同样，也只有这样的教师才能够通过外语教学帮助学生了解和反思自己的母语文化，并能引导他们在平时的学习、生活和娱乐中对文化的关注和理解。

第二，教师需要有扎实的跨文化理论基础，并对跨文化培训模式非常熟悉，能及时了解国际上跨文化培训的发展状况。Kurt Lewin 曾说过，没有什么比好的理论更实用，因为理论最终都是为了指导实践。以跨文化培训为例，培训设计中不可缺少的一步就是构建合理的框架，培训师需要依据跨文化理论设计培训内容和方法。同样，只有掌握了一定的跨文化理论，教师在设计和实施跨文化教学时才能做到胸有成竹、目标明确。同时，熟悉跨文化培训模式是教师使用或借鉴跨文化培训方法的前提。教师还需要跟踪国际上跨文化培训的发展，及时更新自己所了解的培训内容、方法和评估手段，为学生提供更为有效的跨文化教学。

第三，教师要经常与学生沟通，充分了解学生的需求和反馈，及时调整自己的教学目标、内容和方法。对于大多数已经习惯于传统教学的学生来说，跨文化培训模式的融入对他们也是一种挑战。需求分析反映出学生更喜欢参与性更强的教学活动，也欢迎课本以外的教学内容，但在实际操作中，仍有不少学生主动性不强，对有些活动表示困惑甚至抗拒，教学也必然很难达到预期的效果。教师除了在课堂上密切观察学生的反应外，应尽量与学生多沟通，了解问题的症结所在，根据学生的反馈相应地调整教学模式，循序渐进地帮助他们熟悉并接受新的教学模式。

第四，为了更好地与语言教学相结合，尽量保证所有的教学活动都使用英语。综合英语课程的本质就是为高级阶段的学习打好基础，语言能力的提高是根本。因此，教师既要保证自己在课堂上使用英语，也要约束学生在各类活动中都使用英语。这就意味着，即使涉及中国文化的内容，教师也应要求或者帮助学生尽量准确地用英语表述，这也是培养中国学生跨文化交际能力应达到的基本目标。

五、结语

综合英语课程作为英语专业本科生的专业基础课，其重要性包含两层含义：第一，为他们成为专业的英语人才打好基础；第二，为他们成为跨文化人才打好基础。在保证学生语言能力不断提高的基础上，如何通过该课程更合理有效地培养他们的跨文化能力仍是我们现在亟待解决的问题。本章通过跨文化培训模式的融入，为在综合英语课程中培养学生的跨文化能力提供了一个可操作的途径。如何将这一新模式更有效地融入并服务于课堂教学，需要我们广大教师继续探索和实践。

参考文献

Bennett, J. M. 1986. Modes of cross-cultural training: Conceptualizing cross-cultural training as education. *International Journal of Intercultural Relations*, 10(2): 235-254.

Bennett, M. J. 1986. A developmental approach to training for intercultural sensitivity. *International Journal of Intercultural Relations*, 10(2): 179-195.

Bennett, M. J. 1993. Towards ethnorelativism: A developmental model of intercultural sensitivity. In M. Paige. *Education for the*

Intercultural Experience. Maine: Intercultural Press.

Bhawuk, D. P. S. 1998. The role of culture theory in cross-cultural training: A multimethod study of culture-specific, culture-general, and culture theory-based assimilators. *Journal of Cross-cultural Psychology*, 29(5): 630-655.

Bhawuk, D. P. S. & H. C. Triandis. 1996. The role of culture theory in the study of culture and intercultural training. In D. Landis & R. Bhagat. *Handbook of Intercultural Training*. California: Sage.

Brislin, R. W. & P. Pedersen. 1976. *Cross-Cultural Orientation Programs*. New York: Amereon Press.

Brislin, R. W. & T. Yoshida. 1994. *Intercultural Communication Training: An Introduction*. California: Sage.

Brislin, R. W., K. Cushner, C. Cherrie & M. Yong. 1986. *Intercultural Interactions: A Practical Guide*. California: Sage.

Byram, M. 1997. *Teaching and Assessing Intercultural Communicative Competence*. Clevedon: Multilingual Matters.

Chen, G. M. & W. J. Starosta. 2000. The development and validation of the intercultural communication sensitivity scale. *Human Communication*, 3: 1-15.

Fantini, A. E. 1997. Language: Its cultural and intercultural dimensions. In A. E. Fantini. *New Ways in Teaching Culture*. Alexandria: Teachers of English to Speakers of Other Languages, Inc. (TESOL).

Fowler, S. M. & J. M. Blohm. 2004. An analysis of methods for intercultural training. In D. Landis, J. M. Bennett & M. J. Bennett. *Handbook of Intercultural Training*. California: Sage.

Gudykunst, W. B., R. M. Guzley & M. R. Hammer. 1996. Designing intercultural training. In D. Landis, R. Bhagat. *Handbook of Intercultural Training*. California: Sage.

Kohls, R. 1987. Four traditional approaches to developing cross-cultural preparedness in adults: Education, training, orientation and briefing. *International Journal of Intercultural Relations,* 11(1): 89-106.

Kohls, R. 1995. Education, training, orientation and briefing compared. In R. Kohls & H. L. Brussow. *Training Know-How for Cross-cultural and Diversity Trainers.* Texas: Adult Learning Systems.

Landis, D., J. M. Bennett & M. J. Bennett. 2004. *Handbook of Intercultural Training.* California: Sage.

Leeds-Hurwitz, W. 1990. Notes in the history of intercultural communication: The Foreign Service Institute and the mandate for intercultural training. *Quarterly Journal of Speech,* 76(3): 262-281.

Littrell, L. N., et al. 2006. Expatriate preparation: A critical analysis of 25 years of cross-cultural training research. *Human Resource Development Review,* 5(3): 355-388.

Milhouse, V. H. 1996. Intercultural communication education and training goals, content, and methods. *International Journal of Intercultural Relations,* 20(1): 69-95.

Paige, R. M. 1993. *Education for the Intercultural Experience.* Maine: Intercultural Press.

Paige, R. M. 2004. Instrumentation in intercultural training. In D. Landis, J. M. Bennett & M. J. Bennett. *Handbook of Intercultural Training.* California: Sage.

Robinson, R. D. 1995. Needs assessment methods. *In R. Kohls & H. L. Brussow. Training Know-How for Cross-cultural and Diversity Trainers.* Texas: Adult Learning Systems.

Shirts, G. 1973. *BAFA BAFA: A Cross-cultural Simulation.* California: Simile II.

付小秋. 2006. 2010年上海世博会口译志愿者跨文化培训的设计. 上海外国语大学硕士学位论文.

付小秋.2015.外语教学与跨文化交际能力培养：模型建构二十年.《中国外语教育》，3.

高等学校外语专业教学指导委员会英语组.2000.《高等学校英语专业教学大纲》.上海：上海外语教育出版社.

蒋洪新.2014.关于《英语专业本科教学质量国家标准》制订的几点思考.《外语教学与研究》，3.

孙有中.2016.跨文化教学的基本原则.大连：第十二届跨文化交际学会第十二届年会，2016.05.28.

王立非，葛海玲.2015.我国英语类专业的素质、知识、能力共核及差异：国家标准解读.《外语界》，5.

杨盈，庄恩平.2007.构建外语教学跨文化交际能力框架.《外语界》，4.

张红玲.2007.《跨文化外语教学》.上海：上海外语教育出版社.

仲伟合，潘鸣威.2015.论《英语专业本科教学质量国家标准》的制定——创新与思考.《现代外语》，1.

第四章

英语阅读课程的跨文化教学设计[1]

在经济全球化和文化多元化的国际大背景下，我国大学英语教学迎来了全新挑战。《国家中长期教育改革和发展规划纲要（2010－2020年）》提出，高等教育应该"培养具有国际视野、通晓国际规则、能够参与国际事务和国际竞争的国际化人才"。《大学英语教学指南》明确指出，大学英语课程的主要任务之一是开展跨文化教育（王守仁，2016）。由此可见，培养能够在不同文化之间行走的跨文化人才已成为大学英语教学的重要目标，跨文化能力是大学英语学习者必备的外语能力素养。在大学英语教学中，语篇阅读是重要的课程教学模块，而且读、写等课堂教学活动通常都围绕语篇展开。为了解大学英语教学实践中师生对英语语篇阅读教学与跨文化能力培养两者关系的看法，我们在浙江某地方高校开展了问卷调查和访谈，整理分析收回的97份学生问卷、25份教师问卷（回收率分别为91%和100%）和7名教师

---

[1] 本章内容已发表于《外语界》2018年第3期，pp. 24-29，原标题为"培养跨文化能力的大学英语阅读教学实践研究"，此处略有改动。

访谈记录后发现：(1) 语篇阅读教学中跨文化能力培养的目标被弱化甚至被完全忽视。虽然教师普遍赞同语言教学要涵盖跨文化能力培养，但由于课时、考核方式等因素，教学内容仍以语言知识输入和语言技能训练为主，跨文化能力培养处于可有可无的地位；(2) 课堂阅读教学即使含有跨文化教学，涉及的也基本是利于语篇理解的表层文化知识，很少关注引起交际障碍的深层文化；(3) 教材语篇中英美文化强势，非英语文化被忽视，中国文化被边缘化甚至失语，从而容易误导教师将跨文化教学等同于以英语目的语文化为主的英美文化教学。跨文化意识和能力缺失会影响英语学习者阅读能力的提高和发展，而语篇蕴含的文化内容能够帮助学习者增强跨文化意识，构建文化图式。鉴于此，本研究尝试通过大学英语语篇阅读教学开展学习者的跨文化能力培养，探索大学生跨文化能力培养的方法和途径，为大学英语的跨文化教学提供实践参考。

一、跨文化能力培养相关研究回顾

1. 跨文化能力培养模式研究

跨文化研究领域关于"跨文化能力"概念的界定各有不同，但研究者一般都认同跨文化能力的形成仅有语言能力是不够的，还要有包容异国文化的态度、行之有效的交际策略等要素，如此才能确保跨文化交际成功进行（Hymes, 1972; Byram, 1997；贾玉新，1997；高永晨，2005；孙有中，2016）。我国跨文化能力研究者一直在努力构建科学合理、适用于国内外语教学的跨文化能力培养模式。文秋芳（1999）认为跨文化能力包括对文化差异的敏感性、宽容性及灵活性。高一虹（2002）提出了目的语文化的"跨越"与"超越"概念：跨越是指表层的跨文化能力，即学习者的目的语文化知识和交际技能；超越是跨文化能力培养的最终目标，即以文化意识培养为中心，学习者能以开放的态度和灵活、有效的方式进行跨文化交流。张红玲（2007）构建了包含态度、知识、行为三个层面共14个项目的跨文化交际能力框架，并论述了跨文化外语教学的必然性和具体实施途径。肖仕琼（2010）提出了外语教学应该是"跨文化交际语言教学"，即外语教学要做到"语言教学和文化教学并重"，主张外语教学情境下的跨文化交际能力应包括意识、态度、知识和行为技能四个层面，语言教学与文化教学有机结合的教学模式按照"基础阶段""中级阶段"和"高级阶段"循序渐进地组织教学。此外，杨盈和庄恩平（2007）构建了由全球意识、文化调适、知识传导和交际实践四大能力系统组成的四合一模式；许力生和孙淑女（2013）构建了以全球化为语境，以跨文化人格为培养目标，整合知识、动机、技能、语境和效果五个要素的"跨文化能力递进－交互培养模式"。

2. 语篇阅读教学中的跨文化能力培养研究

语篇阅读促进学习者跨文化能力发展的讨论持续引发学界关注。许力生（2000）认为"语篇在较大程度上曲折地反映了特定文化群体的基本思维模式及其相关的价值观"。这一特点决定了语篇是输入表层文化知识和深层文化知识的重要载体。一篇课文、一部文学作品、一部电影或一件艺术品在特定的文化中产生，承载着丰富的文化内涵，从不同角度在不同层面讲述自己所属文化的生动故事（孙有中，2016）。语篇阅读的过程实质上就是学习者以语篇为媒介与世界各国优秀文化进行对话和思想碰撞的过程，是学习者与作者之间的跨文化交流，也是学习者构建文化图式的过程。学习者在语篇阅读中获取的文化信息能够增进其对异文化的认识和理解、对母语文化的鉴赏和对自身跨文化交际行为的反思。Byram（1997）的跨文化教学实践为中国的大学英语跨文化教学提供了可资借鉴的模式。传统教材中的文化内容仅限于英美文化的内容知识，为此Byram（1997）采用"发现"维度和"比较"维度，强调教师引导学习者对比教材中的文化现象与本民族文化现象。即便教师使用的是传统课本,仍然能以课本为起点,开展有意义的跨文化教学(王强,2016)。类似研究都是在语篇阅读教学过程中积极实施跨文化教学的有益尝试,给大学英语跨文化教学实践和研究带来有益启示。

二、基于ESA教学理论的语篇阅读教学

1. ESA教学理论

20世纪90年代,英国英语教学专家Harmer(1998)提出ESA教学理论,该理论模式由投入(Engage)、学习(Study)和运用(Activate)三个必不可少的要素构成。Harmer(1998)认为语言学习者在社会环境下习得语言具有以下优势:接触的语言是鲜活真实的,以交际为目的的语言习得带给学习者最大的动力,学习者能够获得大量的语言实践机会。因此,课堂学习环境社会化也能产生同样效果。

(1)投入阶段

教师可以使用图片、视频、音频、动画、故事、游戏、讨论等导入素材和活动激发学生的学习兴趣和求知欲望,激活学生大脑中相关的知识图式,为后面的学习做好准备,变被动学习为主动学习。

(2)学习阶段

教师引导学生分析语篇中的词汇、句法、篇章结构、行文风格等语言知识和技能方面的内容,但教学重点应放在语篇材料的社会交际意义上,为学生积极参与下一步的交际活动做好语言准备。

(3)运用阶段

学生在实践中运用从语篇中学到的知识和技能,完成辩论、小组讨论、角色扮演、模拟采访、短文写作、思维导图、案例分析等任务,以此巩固语言知识,提高交际能力。

ESA教学理论的三个阶段可以采取不同组合方式，比如适合初学者的直线型（Straight Arrows Sequence）模式、适合中级学习者的反弹型（Boomerang Sequence）模式和适合高级学习者的杂拼型（Patchwork Sequence）模式。三个阶段也可根据教学需要重新调整和组合。

2. 课堂教学行动方案设计与实施

Harmer（1998）指出，学习者为交际而学习并有机会使用所学习的语言，便会有学习的动力。因此，按照ESA教学理论设计的跨文化语篇阅读教学既符合学习者的认知规律，也体现了"思中学""做中体验"的教学理念。

（1）教学对象和内容

本教学行动方案的对象是浙江省一所普通高校的51名本科一年级新生，属于中级英语水平学习者。根据Harmer（1998）的理论，课堂设计选用适合中级学习者的反弹型ESA教学模式，即投入、运用、学习和再运用的EASA模式。教学内容是取自外语教学与研究出版社出版的《新视野大学英语读写教程》第二册第一单元的课文"Time-conscious Americans"。课堂教学以"时间的意义"为切入点，教学过程中涉及的语言知识包括语篇重点词汇、句子结构、句子衔接和对写作的启发等。跨文化能力培养的目标则是通过引导学生关注课文中提到的美国文化对待时间的态度，对比中美文化对时间理解的差异，进而将讨论延伸至其他国家文化对待时间的差异，并引导学生思考导致差异的深层原因。

（2）教学过程

首先，投入阶段教师让学生听对话"To Visit Friends in the U.S."以及看图片和短视频，讨论美国文化中时间的意义，并鼓励学生对比美国文化与自己母语文化中的时间观念。比如，让学生思考"如果你去美国朋友家做客，你会在他们家待多久？如果去中国朋友家做客，你会待多久？"阅读篇章之前，学生预测美国人在不同场景中的做法。场景可以是商店购物、家庭聚餐、商务会谈等，预测方式可以是同伴讨论或做题等。这一阶段活动的目的是导入语篇主题，鼓励学生主动思考并联系自己的母语文化进行文化现象比较。

其次，运用阶段教师先提供五个跨文化交际的典型案例，主题涉及多元时间与单元时间文化、高语境与低语境文化等。学生讨论案例中的交际失误后分组汇报讨论结果，呈现案例中交际失误的原因，提出补救策略。教师提醒或纠正学生在汇报过程中的语言错误，讲解因为文化差异而引发的理解障碍，重点阐释价值观、思维方式等深层文化导致的交际问题，帮助学生扫除语言和文化障碍，引导学生进入下一阶段的跨文化理论学习。

再次，学习阶段涵盖语言知识学习和文化拓展学习，具体包括细读语篇"Time-conscious Americans"、学习讲义和小组交流讨论。跨文化理论知识学习有助于学生理解不同文化之间价值观念的差异和导致差异的深层原因，有利于增强学生的跨文化敏感度，培养其跨文化意识。讲义内容是根据相关跨文化理论知识（张红玲，2007）整理的多元时间与单元时间等七个文化维度，采用双语形式，以避免部分学生因受制于语言能力而无法准确理解抽象文化价值观的概念，使所有学生都能充分理解讲义内容。

最后，在运用阶段，教师主要帮助学生巩固所学的语言和语篇内容知识，培养学生的跨文化思辨能力。学生围绕相关问题开展跨文化思辨："你相信课文中关于美国文化时间观念的描述吗？""你认为中国文化是如何看待时间的呢？"除了课堂的思辨讨论，教师还可设计布置课外任务。比如，教师要求学生至少参与一次校园英语角或听一次外教口语课，记录自己遇到和观察到的交际失败或成功的案例，选取一个典型案例在课堂进行角色扮演；也可要求学生开展田野调查，观察并描述中国文化的某个方面，完成短文写作。比如，我们要求学生通过调查，模仿课文"Time-conscious Americans"写一篇题为"Chinese"的短文。

（3）教学效果访谈

为获得学生对跨文化语篇阅读教学效果的反馈，我们随机挑选了5名学生（3名女生，2名男生）进行团体集中访谈。访谈问题主要包括学生对语篇阅读课堂教学的评价、自身跨文化能力的发展等方面。

三、分析讨论

基于课堂观察和学生访谈内容，我们对通过语篇阅读教学开展跨文化能力培养的课堂教学效果展开分析，着重阐述学生在知识、态度和技能三个层面的跨文化能力发展变化。

1. 语言知识和跨文化知识习得

知识（包括语言知识和文化知识）是跨文化能力的重要组成要素（Byram, 1997；文秋芳，1999；高一虹，2002；张红玲，2007；肖仕琼，2010）。语篇阅读是一个跨语言、跨文化的认知活动，经历知识信息的获取、解码和重组。一方面，教材给学习者提供了语言学习和模仿的语篇材料，确保语言输入的准确性和有效性，"其权威性、真实性和可靠性可以得到保证"（张红玲，2007）；另一方面，教材语篇也是学习者了解世界多元文化的重要媒介。教材语篇通常是作者在特定语言文化背景下，出于特定目的撰写的文章或是其摘选，不仅包含作者使用语言的表层文化知识，而且还承载着价值观念、思维模式、宗教信仰等深层文化信息。

有研究者（王菲，2010；李箭，2011；刘艳红等，2015）对我国主流大学英语教材中的语篇话题统计分析发现，大学英语教材的课文中，英美文化话题占比超过50%。充分的语言知识、表层文化知识和深层文化知识输入是学习者实现有效、得体的跨文化交际的前提条件。再者，课堂教学学习阶段讲授的文化价值观维度知识能弥补学生跨文化理论知识的不足,帮助学生从文化对比的视角分析跨文化差异,有效减少、消除跨文化交际中的失误和冲突。学生在教学效果访谈中表示,课堂引入相关的文化知识学习和讨论有助于他们理解课文语篇内容,学会从不同文化视角洞察作者的"话外之音"和"言外之意"。比如,有学生说道:"学习并思考过中美文化差异后,我学会了从作者的视角欣赏文章,也不再觉得词汇和语法学习枯燥无趣了,课文很有意思。"由此可见,教师围绕课堂教学目标,挖掘语篇中的文化内容,引导学生把词汇、语法等语言知识用作获得跨文化能力的手段,通过形式多样的课堂活动促进学生语言知识和跨文化知识习得,切实发挥了语篇阅读教学的效用。

2. 跨文化意识和态度培养

从认知心理学角度来看,阅读是读者理解语言信息的过程,也是读者和作者、读者和世界互动的过程。语言语篇是社会文化语境的产物,是一个连贯的语言系统,其阅读对象是具有共同文化背景知识和认知心理图式的人,其目的是表达和传递信息。作为外语学习者,我国大学英语学习者的英语语篇阅读需要运用并构建英语文化背景知识和认知图式,以此实现对语篇内容的理解和解读。因此,大学英语语篇阅读在本质上是跨文化阅读,英语语篇阅读是英语学习者了解世界上不同国家的文化、对比不同文化之间的差异、与不同文化进行交流和沟通、培养跨文化意识和文化思辨能力的过程。这也是依托语篇阅读教学培养学习者跨文化能力的理论依据与实践意义。英语语篇阅读教学中的跨文化能力培养使学生通过语篇阅读和分析获得文化体验,关注作者在语篇中传递的思想、情感、价值观、信仰等不同层面的文化内容,从被动学习语言知识转为主动探索语篇中的文化内容,积极向"主动学习、思考、诠释、吸收目的语和母语语言、文化的跨文化人"(Byram, 1997)转变。语篇阅读课堂教学运用、学习阶段的案例讨论、文化知识学习等能使学生反思自己在跨文化交际中的态度和行为，学会尊重世界文化多样性，公正评价母语文化和其他各国文化的异同，认识到在跨文化交际中"没有错误，只有不同"，接受异国文化的差异，与潜在的跨文化交际对象产生共鸣乃至移情，不断增强跨文化意识和敏感度，培养开放、包容的跨文化态度。

3. 跨文化技巧和行为能力提升

跨文化教学不同于听、说、读、写教学，更应是一种"素质教育"（Kramsch, 1993）。跨文化能力培养必须"既培养态度和意识，又传授知识，还提高技能，三管齐下才能实现提高跨文化交际能力的目标"（张红玲，2007）。换言之，跨文化能力培养需要知识学习、意识培养，再通过具体交际实践提升技巧和行为能力。

以跨文化能力培养为导向的语篇阅读教学注重学生的跨文化知识学习和跨文化意识培养，为学生的跨文化行为能力增强提供了必要的基础。随着学习者认知结构的调整、目的语文化知识的积累和跨文化意识的增强，其交际行为会发生变化，经历意识、关注、反应、实践和互动五个发展阶段（肖仕琼，2010）。语篇阅读教学的运用和再运用阶段借助案例分析和角色扮演等活动模拟跨文化交际场景，把学生置于一个文化多棱镜中体验不同文化之间的差异，增强了学生的学习积极性和课堂互动性，从知识习得、态度培养和行为转变整体提升学生的跨文化交际能力。有学生在访谈中表示："今后和外教交流时要多想想，学习尊重他们的文化，也要多向他们介绍我国的传统文化。"这说明，通过课堂教学的互动交流参与式学习，学生尝试对不同文化进行反思、鉴赏和批判，增强了跨文化交际意愿，从而带动跨文化行为能力提升。

四、结语和建议

本章基于跨文化能力培养相关模式，以 ESA 教学理论为指导，通过有效的课堂设计开展英语语篇阅读教学和跨文化教学有机融合的教学实践。语篇阅读本质上是跨文化交际活动。语篇阅读教学中的跨文化能力培养使学习者的知识、态度和技能多个维度的跨文化能力得到提升,不仅习得了跨文化知识,养成了接受、包容不同文化的意识,也学会了尊重和欣赏不同文化,提升了有效、得体开展跨文化交际的能力。英语语篇阅读教学中的跨文化能力培养具有一定效果,但也存在发展空间,建议今后从以下方面进一步改进教学:

(1)加强现代教育技术手段和模式运用

"互联网+"时代,信息技术丰富了教学理念,革新了教学模式。跨文化外语教学可以灵活运用慕课、微课、翻转课堂等新型教学模式与手段,发挥跨文化教学真实性、情境性、交际性等特点,更有效地实现教学目标。

(2)增强教师教学和管理能力

语篇阅读教学和跨文化教学相融合的教学模式对教师能力提出了较高要求。教师要转变教学理念,认同并实践跨文化能力培养;要具有开放包容的心态和去粗取精的意识,落实跨文化知识教学和技能培养;要能有效管理课堂教学,做到有的放矢,收放自如。

(3)引导学生拓展学习方式和途径

学生可以结合跨文化能力特点,采用类型多样的学习方式对课堂讨论内容进行思辨性总结,比如撰写反思笔记等,以此增强跨文化意识和跨文化能力,提升跨文化交际学习效率和效果。

参考文献

Byram, M. 1997. *Teaching and Assessing Intercultural Communicative Competence*. Clevedon: Multilingual Matters.

Harmer, J. 1998. *How to Teach English*. Beijing: Foreign Language

Teaching and Research Press.

Hymes, D. 1972. On communicative competence. In J. B. Pride & J. Holmes ed. *Sociolinguistics: Selected Readings*. Harmondsworth: Penguin, 269-293.

Kramsch, C. 1993. *Context and Culture in Language Teaching*. Oxford: Oxford University Press.

高一虹. 2002. 跨文化交际能力的培养："跨越"与"超越".《外语与外语教学》, 10: 27-31.

高永晨. 2005. 跨文化交际中文化移情能力的价值与培养.《外语与外语教学》, 12: 17-19, 34.

贾玉新. 1997.《跨文化交际学》. 上海：上海外语教育出版社.

李箭. 2011.《建国以来大学英语教学研究》. 南京：东南大学出版社.

刘艳红, L. J. Zhang & S. May. 2015. 基于国家级规划大学英语教材语料库的教材文化研究.《外语界》, 6: 85-93.

孙有中. 2016. 外语教育与跨文化能力培养.《中国外语》, 3: 1, 17-22.

王菲. 2010. 我国大学英语教材中的文化选择与配置——以两套大学英语《综合教程》为例.《西安外国语大学学报》, 2: 101-104.

王强. 2016. 外语教学中的跨文化能力教育理念——Michael Byram 教授访谈.《中国外语》, 3: 12-17.

王守仁. 2016.《大学英语教学指南》要点解读.《外语界》, 3: 2-10.

文秋芳. 1999.《英语口语测试与教学》. 上海：上海外语教育出版社.

肖仕琼. 2010.《跨文化视域下的外语教学》. 广州：暨南大学出版社.

许力生. 2000. 跨文化的交际能力问题探讨.《外语与外语教学》, 7: 17-21.

许力生, 孙淑女. 2013. 跨文化能力递进——交互培养模式构建.《浙江大学学报（人文社会科学版）》, 4: 113-121.

杨盈, 庄恩平. 2007. 构建外语教学跨文化交际能力框架.《外语界》, 4: 13-21, 43.

张红玲. 2007.《跨文化外语教学》. 上海：上海外语教育出版社.

第五章

英语听说课程的跨文化教学设计

跨文化外语教学是 21 世纪外语教育的重要发展方向,在外语界已经得到普遍认可并正得到全面推行(张红玲等,2018)。我国外语教育的最终目标是要培养具有"中国情怀、国际视野以及跨文化沟通能力"的国际化人才。最新研制的《大学英语教学指南》强调以培养学生的应用能力为重点,在课程体系建设方面将"跨文化交际"列为大学英语教学的三大主要内容之一,贯穿于英语教学的听、说、读、写四种基本语言技能培养之中,目的是提高学生的社会语言能力和跨文化交际能力。听和说作为日常交际中最常用的两种交流技能,在跨文化交际活动中的重要性可谓不言而喻。因此,将跨文化教学融入大学英语听说课堂,不仅可以提高学生的英语理解能力和表达能力,还可以培养学生的跨文化交际能力。

一、大学英语听说课与跨文化交际能力培养

现代英语教学历经语法翻译法、听说教学法、沉默法、自

然教学法等几个不同年代的教学法后，开始回归到语言的最初功能——交际（傅蜜蜜，2018）。英语学习的目的就是培养能够与来自不同文化背景的人进行有效、得体交际的能力。在大部分跨文化交际活动中，英语听说技能承担着非常重要的功能。根据美国学者 Paul Rankin 的统计，人们在社会实践活动中，75% 的语言使用是通过听说来完成的（赵朋亮，2011）。

听说课作为大学英语教学的一个重要组成部分，对于学生整体语言能力的提升起着至关重要的作用。随着我国大学英语教学改革的逐步加深，英语听说教学的重要性得到教育部门和学校教师的认同，听说课的教学理论与实践也在不断创新与发展。在以往的大学英语教学中，听力和口语两种技能是通过两门独立的课程进行培养的。听力教学一直以"听懂"和"理解"为目标（王艳，2018），侧重词汇辨音与听写、句子与语篇理解等方面。口语教学则以提升交际能力为目标，强调发音正确性、内容丰富性、表达流畅性等方面。伴随着全球化进程的不断推进，我国新时代外语教育也对大学英语教学提出了更高层次的要求、更多元化的目标，传统的听力和口语教学显然已经无法满足全球化时代人才培养的需求。新时代外语教育应深化学生对语言文化与交际的认识和了解，多方位提升学生的人文知识水平和语言综合应用能力，提高学生的跨文化交际能力（颜静兰，2018）。

传统的听力课和口语课也会介绍一些外国文化，但基本上是以单一文化知识为主，具有一定的片面性、随机性和零碎性，并且缺少对中国文化的介绍，忽视中外文化之间的对比和分析，也忽视了跨文化情感态度的培养。此外，听力课和口语课的分离也不利于交际能力的培养，因为一个完整的交际过程不仅需要交际双方具有良好的听力理解能力，还需要交际者具有准确、流利的口语表达能力，所以听说课将两者有机地合二为一，对提升学生的跨文化交际能力有很大的帮助。目前，虽然大学英语教师已意识到了上述问题，但如何把跨文化交际能力培养融入听说课教学之中，仍是目前亟待研究的课题（武晓燕，2013）。

英语听说课对于培养学生的跨文化交际能力有很好的可行性和可及性。在大学英语教学中，教师可以利用听、说、读、写任何一门课程结合文化教学来提高学生的跨文化交际能力。阅读课有利于学生学习和了解相关文化知识，写作课可以让学生通过对个人经历、生活和思想的描写，更好地认识自己所处的文化环境、风俗习惯以及价值观念等。听说课则使学生有机会切实感受跨文化交际过程，提高跨文化交际能力（张红玲，2007）。大学英语听说课可以借助现代化的多媒体教学手段，为学生提供语言真实度较高的各类视听材料，通过视、听、说的结合，以直观的画面为学生展现其他国家的日常生活、风土人情和文化习俗等，将语言学习和文化体验结合起来，不仅有利于提高学生进行语言交际的积极性，而且有利于将各种跨文化交际情景真实地呈现给学生，让他们有一种身临其境的感受。图文并茂、音像俱全的听说材料使学生的各种感官受到刺激，特别有利于从情感和行为层面上培养他们的跨文化交际能力（张红玲，2007）。可以说，英语听说课教学不仅仅是语言技能的训练，还应包含中外文化知识的讲解、对比、分析以及跨文化情感态度的培养。因此，无论是中外文化知识的掌握，还是语言技能的训练，听说课都是培养学生跨文化交际能力的有效途径（冯志静，2008）。

国内学者对大学英语听说课教学培养跨文化能力开展了一些研究。云天英和梁汇娟（2009）从图式理论的角度阐述了大学英语听力课上培养学生跨文化交际能力的可能性与可行性。他们认为文化背景知识的输入与讲解有助于学生知识系统中文化图式的构建，进而提升听力理解能力、增加跨文化交际知识。此外，现代化的教学设备也为直观、丰富的教学内容的呈现提供了极大的便利。张莹（2017）认为现有的大学英语听力教学模式无法满足学生跨文化交际能力的培养，建议利用以跨文化交际知识为主的英语教材开展主题式教学，提升学生课堂参与度，从而有效提升学生的跨文化交际能力。王艳（2018）基于对传统英语听力教学模式的反思，提出并论证了以语言能力、思辨能力以及跨文化能力为共同目标的大学英语听力教学新模式及其实施方法。当前的英语听说教学虽然比较重视材料的真实性，所选材料基本上都具备文化教学的价值，但是在文化内容的选择和组织上比较随意，缺乏系统性，这实际上也是整个外语教学不能最大程度发挥其文化教学功能的主要原因（张红玲，2007）。

基于大学英语听说课培养学生跨文化交际能力的诸多优势及其可行性，本章对大学英语听说课进行跨文化教学设计与实施，通过语言教学与文化教学的有机融合，旨在提高学生的综合语言应用能力和跨文化交际能力。

二、大学英语听说课的跨文化教学设计与实施

1. 教学设计

大学英语教学的最终目标是培养学生的跨文化交际能力（张红玲，2007），英语听说课教学是实现此目标的最佳途径。跨文化培训也以跨文化交际能力培养为目标（Brislin & Yoshida, 1994）。因此，我国外语教学可以借鉴比较成熟的跨文化培训方法，采取多样的教学模式来培养学生的跨文化交际能力（付小秋、张红玲，2017）。传统教学方法主要局限于认知维度的拓展，但是跨文化情感和行为维度很难得到训练与提高（付小秋、张红玲，2017）。鉴于此，我们应该突破传统教学方法上的局限，遵循跨文化外语教学中语言教学与文化教学有机结合的原则，多维度、多层次地开展跨文化外语教学，既要注重跨文化意识的增强和跨文化知识的增加，又要注重跨文化情感态度与行为技能的培养。

本研究以 Brislin & Yoshida（1994）的跨文化交际培训理论为依据，按照以下步骤对大学英语听说课进行跨文化教学设计：跨文化意识的唤醒，跨文化知识的吸收，跨文化情感态度的培养

以及跨文化技能的提升。这四个步骤之间的关系是：跨文化意识的唤醒是跨文化交际成功的先决条件；跨文化知识的掌握是跨文化交际成功的基础；跨文化情感态度的转变是学习者提升跨文化交际能力的必经阶段；跨文化技能的获得是跨文化外语教学的最终目标。

在跨文化外语教学中，语言教学和文化教学同等重要，所以大学英语听说课教学除了完成教材中关于语言知识的讲解和听说技能的训练外，还应考虑到文化知识与语言知识的有机融合以及文化内容的系统性（张红玲，2007）。因此，结合《新视野大学英语视听说教程3》（第二版）教材内容，选取其中的九个单元进行大学英语听说课的跨文化教学设计。依据跨文化外语教学理论，遵循语言教学和文化教学有机融合的原则，给每单元重新设定跨文化教学目标（见表5.1）。每单元的跨文化教学目标由语言技能目标和跨文化能力目标组成：语言技能目标包含语言知识点、听力理解和口语表达；跨文化能力目标包含跨文化知识的学习、跨文化情感态度的培养以及跨文化行为技能的提升。

表5.1 《新视野大学英语视听说教程3》（第二版）九个单元的跨文化教学目标

Language Proficiency In this unit, students are expected to...	Intercultural Competence In this unit, students are expected to...
Unit 1 Enjoy the colorful campus life!	
Master new words and expressions about college education and campus life; Understand the main idea and details of course taking and how to get straight A's through listening practice; Talk about course taking and good study habits in English.	Acquire new knowledge of college education and campus life in America; Explore college education and campus life in China; Identify the similarities and differences in college education and campus life between China and America.

(续表)

Unit 2 Our globe is in danger!	
Master new words and expressions about a wide range of global issues; Understand the main idea and details of respect for nature, river pollution and curbing carbon emission through listening practice; Use English to talk about global issues and put forward possible solutions.	Acquire new knowledge of a wide range of global issues (e.g. environmental protection, pandemic); Develop willingness to pay much attention to global issues; Be able to work with international teammates to offer practical solutions to global issues and take some action.
Unit 3 Culture makes me what I am.	
Master new words and expressions about cultural identity; Understand the main idea and details of competition and work ethic in America, and cross-cultural tips on doing businesses through listening practice; Tell one's own cultural stories in English.	Have a better understanding of cultural identity; Develop a strong sense of Chinese cultural identity; Identify different types of cultural identities.
Unit 4 Taste the sweets and bitters of family life.	
Master new words and expressions about different types of family living patterns; Understand the main idea and details of nuclear family, children care, and filial piety through listening practice; Talk about Chinese and American family life in English.	Have a better understanding of family life in China and America; Identify the similarities and differences in family cultures between China and America; Develop respect for different family living patterns.
Unit 5 Here are the seasons to enjoy.	
Master new words and expressions about a wide variety of holidays and festivals;	Acquire knowledge of a wide variety of holidays and festivals;

(续表)

Understand the main idea and details of holiday plans, April Fool's Day, and Mother's Day through listening practice; Introduce traditional and modern Chinese holidays and festivals in English.	Develop respect and appreciate the diversity of holidays and festivals throughout the world; Identify the similarities and differences between holidays and festivals in China and those in other countries.
Unit 6 Here are tips for finding a job.	
Master new words and expressions about job-hunting; Understand the main idea and details of tips for job interviews and resume writing through listening practice; Go for a job interview in English.	Acquire knowledge of job-hunting; Explore corporate culture of multinational corporations; Develop global competence for working with people of multicultural backgrounds.
Unit 7 Why don't we start a business of our own?	
Master new words and expressions about doing business; Understand the main idea and details of attending business reception, business ideas, start-up companies through listening practice; Carry out business conversations in English.	Acquire knowledge of different types of companies; Gain skills in conducting business negotiations with people from other cultures; Manage intercultural conflicts arising in business negotiations.
Unit 8 Here is a darker side of society.	
Master new words and expressions about social problems; Understand the main idea and details of internet safety, nursing home abuse, and battling poverty through listening practice; Talk about social problems and offer practical solutions in English.	Acquire knowledge of a wide range of social problems; Relate social problems (e.g. poverty) to different cultures; Identify people's attitudes toward social problems (e.g. poverty) across cultures.

（续表）

Unit 9 What mode of travel do you prefer?	
Master new words and expressions about different modes of travel; Understand the main idea and details of the advantages and disadvantages of flying, different airlines, and flight service through listening practice; Talk about different modes of travel in English.	Acquire knowledge of different modes of travel; Develop respect and tolerance for different dietary requirements of people of diverse cultures; Figure out how modern modes of transportation impact on intercultural communication.

2. 教学案例

案例1

本教材"Unit 4 Taste the sweets and bitters of family life"的单元主题是家庭生活。家庭是构成社会的最基本单位，家庭价值观直接影响着家庭成员在社会中的言语和行为，在很大程度上对整个社会文化价值观的形成起着至关重要的作用（王玉娟，2008）。对于中外家庭文化的学习和了解有助于提升学生的跨文化交际综合能力。结合本单元中的听力内容，笔者设计了一堂以"中美家庭文化"为主题的跨文化听说课教学。

本单元的教学目标包括语言教学目标和跨文化能力教学目标。**语言教学目标为**：

- master new words and expressions about different types of family patterns;
- understand the main idea and details of nuclear family, children care, and filial piety through listening practice;
- talk about Chinese and American family life in English.

跨文化能力教学目标为：

- have a better understanding of family life in China and America;
- identify the similarities and differences in family cultures

between China and America;
- develop respect for different family living patterns.

具体的教学思路是：通过 lead-in questions 引导学生思考中美家庭文化之间的差异和相似之处，唤醒学生的跨文化意识；完成本单元"Task 1 Nuclear family living patterns"和"Task 3 Views on filial piety see change"的听力练习，获取中美家庭文化知识；通过播放电影《刮痧》片段给学生展现中美家庭文化冲突，培养跨文化情感态度；开展 Nuclear Family vs. Extended Family 辩论活动，提升跨文化技能；撰写跨文化学习反思报告。

通过 lead-in questions 引导学生思考中美家庭文化之间的差异和相似之处，唤醒学生的跨文化意识。上课伊始，教师通过问题"What do family mean to Chinese and Americans?"引导学生进行"中美家庭文化"的思考。首先，学生基于对"家"的理解，从家的内涵、家庭结构、家庭成员、家庭类型、家庭教育等不同角度对中美家庭文化表达了自己的观点和看法，其中有两种文化之间的相似之处，也有不同之处。为了引导学生进一步思考，教师对两种文化差异的深层原因给出了一些解释。中国人对"家"的理解和美国人或者其他外国人对"家"的理解有着很大的不同。对于中国人来说，家庭是中国文化系统中最基本而又非常重要的一个层面（石艳、张小山，2014），是整个社会紧密联系的一个纽带，和"国"有着不可分割的关系，体现并传承着深厚的中国文化价值观。在以"个人主义"为核心价值观的美国文化中，个人本身就是目的，具有最高价值，社会只是达到个人目的的手段（安强梅等，2013），他们没有类似中国的"家国"概念，因此，美国人对"家"的理解就会有很大的不同。

完成听力练习，获取中美家庭文化知识。通过本单元的听力练习任务"Task 1 Nuclear family living patterns"和"Task 3 Views on filial piety see change"，首先训练学生的听力理解能力，掌握短文中的主要观点及重要词汇和词组。Task 1 的主要内容是 20 世纪初期至中期美国的家庭结构，典型的 nuclear family，即由父母和孩子两代家庭成员组成的核心家庭。Task 3 讲述的是中国社会中的"孝道"文化，基于中国香港城市大学所做的一个为期 3 年的调查研究，发现中国传统的家庭结构正在发生变化，年轻人对年迈父母尽孝的方式和观念也随之发生变化。基于两个听力练习中的内容，教师要求学生以小组为单位思考、讨论以下四个问题：中国传统的家庭结构是什么样的？当今中国的家庭结构是什么样的？前后有没有什么变化？美国社会中有没有"孝道"文化？请给出理由。小组讨论结束后，向全班陈述他们的观点。通过对学生陈述的观点进行概括、归纳后，教师当场对其进行评析和讨论，同时分析中美家庭文化差异的深层原因，补充中美文化知识。

通过播放电影《刮痧》片段给学生展现中美家庭文化冲突，培养跨文化情感态度。在学生对中美家庭文化有了一些了解之后，教师给他们播放电影《刮痧》片段。视频片段的主要情节是许大同的父亲因为给他的孙子 Dennis 刮痧被当地医生认为有虐待儿童嫌疑，在听证会上许大同为了不让他的父亲受罪，谎称是自己给儿子刮的痧。这种做法彰显着儿子对父亲的爱，对于中国人来说很容易理解，但是对于美国人却是非常费解。在证明 Dennis 并未遭受任何虐待后，许大同的父亲最终还是离开美国回到了中国老家。视频中的大多数冲突情节都是源于中美家庭价值观的不同。通过观看视频片段，学生身临其境地感受到了中美家庭价值观的冲突，然后尝试性地提出应对冲突的策略。结合跨文化交际理论，教师通过知识讲解，带领学生了解他者文化，认识自己本族文化，教会他们站在他者文化的角度来看待问题、分析问题、解决问题。

开展 Nuclear Family vs. Extended Family 辩论活动，提升跨文化技能。家庭结构的不同是中美两国家庭文化差异的一个重要方面，中国家庭以 extended family 居多，而美国家庭以 nuclear family 为主。在本环节，教师要求学生以小组为单位，协同合作，开展以 Nuclear Family vs. Extended Family 为主题的辩论活动，来阐述两种家庭结构的优点与不足。通过参与辩论活动,学生不仅锻炼了英语口语,吸收了中美文化知识,还学会了从多种角度看问题的方法(见表5.2)。

表5.2 "Nuclear Family vs. Extended Family" 主题辩论活动

Extended family in Chinese culture	Nuclear family in American culture
Family members can help each other out when trouble arises.	There is no possibility of conflicts between daughter-in-law and mother-in-law.
Grandparents can help with taking care of grand children. I had spent a lot of time with my grandparents when I was little because my parents were busy with their job.	Children can spend more time with their parents.
The old can stay with their children so that they can be taken good care of.	Grandparents have more time to do whatever they like.
There's plenty of fun to have family get-together with more family members eating, drinking, talking and laughing together.	There will be less interference in family life from grandparents.
People needs emotional support from family members when they meet frustrations and confusion.	There would be no pressure for taking care of grandparents.
…	…

学生的辩论活动结束后,教师对学生的表现给予一定的点评,纠正一些表述错误,同时对文化进行一定的讲解,指出文化的特

征之一就是"文化并不是一成不变，而是随着社会的发展不断变化"。中国的家庭文化也在发生着变化，传统的 extended family 不断减少，现代的 nuclear family 在不断增多。

撰写跨文化学习反思报告。虽然一堂课所呈现的中外文化知识是有限的，但可以教会学生一些看待、分析问题的新思路，激发他们自主学习与探索的积极性与主动性，帮助他们逐步养成积极开放的跨文化情感态度，不断提升他们的跨文化沟通技能。通过学生的反思报告，我们可以看出他们的学习收获，如有学生在报告中写道："Before this class, I seldom viewed family from different cultural perspectives. Now I have learned that there are so many aspects of cultural differences in family between China and America. More importantly, I have realized that culture changes with times, for example, Chinese family culture has been changing from traditional extended family to nuclear family but it is still a lot different from American nuclear family." "The video clip from *The GuaSha Treatment* teaches me that one needs to be empathetic with other cultures when intercultural conflicts occur."此外，通过对课堂学习的回顾和反思，学生可以在课后继续拓展文化学习的范围和渠道，加深对不同文化的理解和掌握。

案例 2

随着经济全球化程度的不断加深，各国之间的商务合作也日趋频繁，成功的商务谈判更是离不开优秀的跨文化沟通人才。基于"Unit 7 Why don't we start a business of our own?"的内容，本单元设计了一堂主题为"中德商务谈判之文化差异"的跨文化教学。

本单元的教学目标包括语言教学目标和跨文化能力教学目标。语言教学目标为：

- Master new words and expressions relevant to business;

- Understand the main idea and details of attending business reception, business ideas, start-up companies through listening practice;
- Carry out business conversations in English.

跨文化能力教学目标为:
- Acquire knowledge of different types of companies;
- Gain skills in conducting business negotiations with people from other cultures;
- Manage intercultural conflicts arising in business negotiations.

在实际的教学过程中,笔者根据大学英语听说课教学要求,在教材听力练习题的基础上引出相关的文化主题。通过播放中德商务谈判视频片段,引导学生自主发现视频中的中德文化差异以及跨文化冲突,培养学生的跨文化意识。学生以小组为单位对视频中的中德文化差异进行讨论后向全班陈述自己的发现,教师对其讨论结果进行总结、概括、补充和讲解,为学生提供一个更加全面、清晰的中德文化知识框架,与此同时,教师对其中的语言知识点进行讲解,提高学生的语言能力。然后,教师要求学生尝试性地提出应对视频中跨文化冲突的有效策略,并以小组为单位模拟商务谈判的方式呈现给大家。课堂学习结束后,要求学生撰写跨文化学习反思报告。从头至尾,每个环节都承担了跨文化交际能力培养的一部分内容。从跨文化意识的培养,到中德文化知识的吸收,再到跨文化情感态度的转变,最后到跨文化技能和语言技能的锻炼,都在指向跨文化教学的最终目标。

本次听说课的具体教学步骤如下:通过教材听力练习,培养学生跨文化意识;学生观看中德商务谈判视频资料,分组讨论视频中的文化差异及跨文化冲突;学生汇报小组讨论结果;教师带领学生分析视频中中德双方跨文化冲突的原因并具体讲解中德文化差异;学生提出跨文化冲突解决方案、模拟商务谈判;学生撰写跨文化学习反思报告。

上课伊始，教师首先播放教材中的听力音频，让学生通过听力练习材料，对企业类型、商务接待以及公司经营理念有个初步的了解。然后，借助启发性问题如"Do you think culture has impacts on the success of doing business?"引发学生思考文化背景对商务往来的影响，培养他们的跨文化意识。

学生观看中德商务谈判视频资料，分组讨论视频中的文化差异及跨文化冲突。通过观看中德商务谈判视频片段，学生从中找出中德商务谈判中所展现的文化差异，然后以小组为单位展开讨论。在播放视频之前，教师仅对视频中所涉及的中德公司双方谈判代表的姓名、职务以及公司的名称等必要信息做简单介绍，对本视频里的具体内容不做解释，而是让学生自己根据视频中的语言和非语言交际信息通过聆听、观察，自主寻找中德公司双方代表之间的跨文化冲突。视频播放完毕之后，教师要求学生以小组为单位在组内分享自己的发现，组员之间相互补充，最后进行总结。小组讨论结束后，每个小组自主推荐一个代表发言，陈述本组的发现。整个过程不仅锻炼了学生的英语听力理解能力和口语表达能力，而且获取了一些中德文化信息。目的是让学生意识到良好的跨文化交际能力不仅需要一定的语言基本技能，还需要掌握一些人物表情、手势、姿势等非语言知识。

中德双方跨文化冲突背后的原因分析及中德文化知识讲解。各小组代表发言完毕之后，教师结合学生们的发现，对视频中的跨文化冲突进行总结、概括，引导学生剖析其背后的原因。本视频中体现出来的跨文化冲突主要体现在以下几个方面：时间观念、礼物赠送、谈判风格、餐桌礼仪以及聊天话题等。例如视频中德方公司谈判代表为了表达对中方公司的尊重，特意带了一份礼物——钟表，没想到却好心办了坏事。因为他们不知道钟表在中国文化中的象征意义。由于文化背景不同，不同国家在礼物赠送方面有着不同的喜好和禁忌。在中国文化中，通常不会把钟表当作礼物送给别人，因为汉语中"钟"和"终"是谐音，给人送"钟"，容易让人联想到"送终"之意，所以，给中国人送钟表是一大禁忌。视频中的德方公司代表把钟表当作礼物送给中方总经理，这让中方总经理感到很不舒服。更糟糕的是，德方代表并未意识到这一点，相反，他们还认为自己想得很周到。从德国文化角度来看，他们认为钟表可以时刻提醒人们时间的宝贵，从而珍惜时间。这是典型的因为文化差异造成的跨文化冲突。

中国人历来把自己的国家视为礼仪之邦，特别重视人与人之间的情感沟通。在谈判之前，中方代表为了表示自己的热情、好客，通常会安排一些接待、宴请等活动。因为中国人认为，只要双方建立起了良好的人际关系，就有了彼此互信的基础，生意就好谈了。然而，德国人认为"时间就是金钱"，他们更喜欢直奔主题，一般不会太重视与生意无关的活动。他们比较看重对方公司的一些具体情况，如公司规模、公司产品质量、公司盈利状况等信息，因为他们认为这些数据和事实才是双方建立互信、合作的关键。在本视频中，德方代表对中方总经理的宴请等活动不太理解，他们总是想尽快地多了解中方公司的一些具体情况，即便是在用餐时间还提出要谈合作的事情，结果被中方总经理当场拒绝了，因此，德方代表感到非常受挫。整个洽谈过程中，跨文化误解或冲突不断，最终导致生意洽谈失败。中方总经理对德方代表的做事风格不是很满意，认为德方太过于注重合同、生意，忽略了人情往来。对于中国商人来说，信任感是做生意以及进一步合作的基础，而德方代表正因为没能跟中方总经理建立起足够的信任，缺少了这一重要的合作基础，所以最终没谈成合作。

通过学生自主发现、小组讨论、教师总结概括之后，学生对中德文化有了更加清楚的认识和了解，同时他们的跨文化意识也得到了增强。当然，任何一个国家的文化都不可能精确地代表每一个个体。每一种文化也不可能是一成不变的。因此，在与外国人进行跨文化交际时，我们要注意：一是避免文化偏见，即避免把国家文化过度概括化，在现实中，并不是每个德国人都具有上述文化特点；二是要时刻牢记，文化是动态的，是不断发展变化的。

学生提出跨文化冲突解决方案、模拟商务谈判。经过跨文化意识的觉醒和跨文化知识的吸收，学生应该学会利用所学知识来应对跨文化交际中的文化冲突，这也是发展跨文化交际能力的必经阶段。为了让学生将所学跨文化交际知识付诸交际实践，教师鼓励学生尝试性地对视频中的跨文化冲突提出解决方案，以小组为单位商讨具体应对策略，然后将整个商务谈判编写成剧本，并以角色扮演的形式来展示给大家。这样既可以锻炼学生的英语口语表达能力，又可以提升他们的跨文化冲突解决能力。

撰写跨文化学习反思报告。任何知识的学习或者能力的提升都离不开有效的反思，跨文化交际能力的培养亦是如此。将外国文化与本族文化进行比较、反思，有助于更好地理解自己的民族文化和个人文化参考框架，进而促进跨文化交际能力的提升（张红玲，2007）。本节课结束后，教师要求每位学生写一份文化学习反思报告，回顾整个跨文化学习的经历。通过反思，学生对自己的学习收获有了更加清楚的认识。教师也可以通过学生的反思报告了解自己的教学效果，评价学生的学习情况。

从学生撰写的报告来看，大部分学生都经历了跨文化意识的唤醒、跨文化知识的吸收、跨文化情感态度的转变以及跨文化技能的提升这四个阶段。例如，有学生在描述自己的跨文化意识时写道："I have never paid much attention to cultural differences although I know that cultural differences exist between different cultures. Now I become more aware of cultural differences after this class." 还有学生写道："I have learned so much about German culture as well as Chinese culture from this class. By knowing other culture, I have gained a better and deeper understanding of my own culture. It is really rewarding." 通过这堂课，学生不仅学习了一些新的英语词汇，锻炼了英语听力和口语，还积累了一些中德文化知识。在跨文化情感态度方面，通过直观的视频资料，学生体会到文化差

异造成的跨文化冲突确实给交际双方带来了很大的情感冲击以及心理上的挑战和压力。有学生写道:"I felt shocked when German representatives were giving clock as a gift to the Chinese manager. That's really terrible." "I could understand that German representatives feel really frustrated and confused when Chinese manager suggested having dinner, sightseeing and talking about personal things instead of talking about their deals."针对视频资料中的跨文化冲突,学生们在教师的指导下提出了很不错的应对策略,并以角色扮演的方式给大家进行了演示。"Through the teamwork of role-playing the business negotiation, I have improved both my oral English and skills to deal with intercultural conflicts. It is both challenging and rewarding.""I have learned how to communicate with German business people in a better and effective way. It is important to have knowledge of both their culture and our own culture."总之,在跨文化学习的过程中,课堂的学习以及课后的反思,对跨文化交际能力的提升都起着非常重要的作用。

3. 教学评价

无论是通过什么课程或何种方式来培养学生的跨文化交际能力,对学习成效的评价都是至关重要的。跨文化英语听说课教学可以采用形成性评价与终结性评价相结合的方式进行。形成性评价可以通过作品集文化学习评价法来对学生平时付出的努力、进步的情况、学习的态度、学习的方法和成就的大小进行评价。每个单元结束之后,让学生根据自己的学习经历撰写反思报告,通过反思报告,教师可以更清楚地了解学生的学习收获和自己的教学效果,及时完善。形成性评价也可以采用小组项目汇报的形式进行。对学生的跨文化交际能力进行评价,最好的办法是观察描述法,即观察他们在实际跨文化交际中的表现,或者采用角色扮演和模拟表演等手段,然后对他们的表现进行描述(张红玲,

2007）。终结性评价可以结合传统试卷和成熟的跨文化能力量表，对学生的语言技能和跨文化能力进行测评，来实现课程考核的目标。

三、结语

随着全球化进程的不断推进，跨文化交际能力已成为21世纪国际化人才的必备能力之一。外语教学的最终目标就是培养学生的跨文化交际能力。大学英语听说课作为一门基本技能课程，不应拘泥于传统的以提高语言能力为目标的听说训练，而是应该在提高语言技能的同时注重文化知识的导入，达到语言学习与文化学习的有机统一。因此，大学英语听说课作为跨文化交际能力培养的主要途径之一，亟待更多的跨文化教学设计与实践。

参考文献

Brislin, R. & T. Yoshida. 1994. *Intercultural Communication Training: An Introduction*. Thousand Oaks, CA: Sage Publications, Inc.

安强梅，陈亚洲，和芝兰. 2013. 中国传统的"家国同构"与美国"个人主义"的社会功能.《云南科技管理》, 3: 64-65.

冯志静. 2008. 电影与英语视听说教学中跨文化交际能力的培养.《电影评介》, 10: 62-63.

付小秋，张红玲. 2017. 综合英语课程的跨文化教学设计与实施.《外语界》, 1: 89-95.

傅蜜蜜. 2018. 论外语教学中跨文化交际能力的培养.《外国语文》, 34(05): 155-160.

石艳，张小山. 2014. 文化主体性与家庭的现代变迁——费孝通家庭社会学思想研究.《华中科技大学学报(社会科学版)》, 28(2): 17-23.

王大伟, 郑树棠. 2011.《新视野大学英语视听说教程3(第二版)》. 北京: 外语教学与研究出版社.

王艳. 2018. 以语言能力、思辨能力和跨文化能力为目标构建外语听力教学新模式.《外语教学》, 39(6): 69-73.

王玉娟. 2008. 中美家庭价值观的跨文化差异对比研究. 山东大学硕士学位论文.

武晓燕. 2013. 跨文化视域下的大学英语听说教改研究.《当代教育科学》, 3: 63-64.

颜静兰. 2018. 外语教学中的跨文化教育实践与思考——以英语报刊公选课为例.《外语界》, 3: 18-23.

云天英, 梁汇娟. 2009. 大学英语听力教学过程中学生跨文化交际能力的培养.《黑龙江高教研究》, 8: 197-198.

张红玲. 2007.《跨文化外语教学》. 上海: 上海外语教育出版社.

张红玲, 虞怡达, 沈兴涛. 2018. 基于竞赛的跨文化能力评价研究——以"外教社杯"上海市高校学生跨文化能力大赛为例.《外语界》, 1: 52-61.

张莹. 2017. 大学英语听力教学中的跨文化意识培养.《林区教学》, 10: 50-51.

赵朋亮. 2011. 大学英语听力教学中跨文化交际能力培养模式的构建.《渤海大学学报(哲学社会科学版)》, 34(3): 124-127.

第六章

英语写作课程的跨文化教学设计[1]

写作是语言学习的最高境界,一个学习者的写作能力最能反映其语言水平。同时,写作也是语言学习最困难的环节,尤其对于很多外语学习者而言,写作仿佛是不可逾越的障碍,他们在接到写作任务时,往往一筹莫展,不知如何下笔。外语写作本身的艰巨性以及学习者对外语写作的恐惧心理使得写作成为我们外语教学的薄弱环节。不仅如此,由于写作涉及学习者的语言水平、思维能力、逻辑能力以及对不同体裁文章特点的理解等诸多因素,对其进行研究相当困难。目前外语教学界对写作教学的理论研究和应用研究都相当有限,这在很大程度上妨碍了写作教学的有效进行。

本文将在分析写作和外语写作本质特征的基础上,重新定义外语写作教学的任务,提出利用网络强大的信息储存和交流互动功能,采用跨文化写作交流项目的模式进行写作教学,实现写作

---

[1] 本章内容已发表于《外语电化教学》2005 年第 6 期,pp. 9-14,原标题为"基于网络的跨文化外语写作交流项目的理论与设计",此处略有改动。

教学既发展学习者语言水平，提高他们的外语写作能力，又培养他们积极思考、参与讨论的意识，增强对文化差异的敏感性和实现跨文化交际能力的目标。

一、写作和外语写作

任何一个有文化的人都有过写作的经历。然而，什么是写作？什么是好的写作？回答这两个问题对于我们很多人来说非常困难，因为写作在很大程度上是一种心理层面的活动，很难对其进行客观、全面的描述。虽然国内外学者的研究为写作教学实践提供了一定的理论指导，但是还无法满足写作学习者和教师的实际需求。为了更清楚地认识外语写作教学的实质，我们首先应该弄清写作和外语写作的本质。

1. 写作的本质

写作不是简单地将思想记录在纸张或电脑上，它包含多个层次（书写、造句写段落、做文章），多种体裁（记叙文、说明文、议论文等）和多种题材（政论文、广告语、推荐信、研究论文等），每一种写作形式都有其特征，本章不可能逐一进行探讨和论述。本章研究的对象是通用英语（相对于专业英语）文章（非书写和造句）的写作，这是其他各类英语写作的基础，也是目前写作教学的重点。

综合起来，任何文章的写作都具有以下特点：

（1）写作是作者在一定语境中，针对某个读者群体（或个人），为了一个特定目的而进行的一项社会性的活动，而并非我们想象的，是一种孤立的、个体的活动。首先，任何写作都是在一个具体的语境中，为了某一目的而进行的。我们写作通常是因为我们想、需要或被要求将我们的思想传递给他人，以便他们对此作出回应。写作的目的是写作的动力和指南，没有目的的写作毫无意义，也不可能成功。其次,写作是作者与读者之间无声的对话和沟通,即使是写日记这样私人的活动,也必然是作者与另一个自我的交流,其他形式的写作更是需要考虑读者的需要。作者必须知道读者是谁,他们为什么读我们的文章,他们何时何地读,他们可能怎么看待作者,所有这些问题都可能对我们的写作产生影响。具体说来,文章的语气、词汇的风格、论点的确定、支撑材料的选择和组织,甚至标点符号的使用都会受到写作目的和对象的影响。总之,写作的语境要求作者明白读者的期望和相关类型写作的惯例。

(2)写作是一个整理思路、帮助思考的活动。我们在用语言表达思维的过程中,往往能使我们更明白自己的思想、观点和信仰,"直到阅读了自己所说或所写的东西才知道自己的思想"是科学研究对写作与思维之间关系的重大发现。在写作和演说的过程中,我们用语言来创造和检验我们的思想。实际上,我们所具备的并不是思想,而是表达思想的语言知识和技能。语言是思维的基础和工具,有了语言,我们才能更清晰地思考,才能更好地整理思路,Sapir-Whorf 假设就是对这一论断的最好阐述。因此,写作是一个思维与语言相互作用的过程。

(3)写作是一个决策的过程。我们不仅选择措辞、语序、段落乃至篇章的构建,而且也对选用哪些材料和哪些思想内容、采用何种论述手段来实现写作目的进行决策。这是一个复杂的、不确定的过程,作者在此过程中有时会因为绞尽脑汁也找不到合适的词语而感到痛苦,甚至绝望,有时又会因为一时的灵感而感到惊喜或豁然开朗。

(4)写作既是主观的又是客观的活动。任何写作都反映作者本人的主观世界和思维习惯;然而对于读者或其他人来说,作者完成的"作文"就是一个载有作者思想的客观存在的东西,我们通常有一套客观的评价体系来判断它的好坏。因此,写作一方面是个人的、主观的活动,另一方面它又创造一个主观(个体)和客观（思想）共存的空间，使我们既能对作者的所思所想和写作手法进行评判，又能与客观存在于文章中的思想进行辩论。

（5）写作既是线性的又是迂回的过程。为了向读者有效传递我们的思想，我们必须将词语和思想线性地摆放在纸上或电脑屏幕上，决定词语和思想先后顺序的是语法和逻辑；然而要真正做到通顺和流畅并非易事，因为我们的思想通常是散乱的，不是线性的，只有在将这些思想落在纸上时，才可能很认真地去考虑它们之间的逻辑联系。所以，作者不仅需要形成相关的思想，而且还应该能够根据读者的需要去组织这些思想。另一方面，写作也是一个迂回的过程，因为在定稿之前我们通常需要不断地修改：删除、增加、替换、调序，有时甚至会全盘否定初稿，重新写作。这一不断修改的过程反映了作者不断深入思考、逐渐理清思路、全面考虑文法的过程，也反映了作者为满足读者需要所做的努力。

以上对写作本质的认识有助于我们进一步了解外语写作和写作教学的本质和任务。

2. 外语写作的特点

外语写作除了具备以上写作的所有特点外，还有一些与母语写作不同的特点，这些特点可以通过分析造成外语写作困难的各种因素而得以清楚认识。

（1）外语语言能力不能满足写作的需要

如上节所说，写作在很大程度上是作者使用语言表达思想的活动，体现了作者驾驭语言的能力。如果作者目的语的语言水平火候不够，要写出高质量的文章显然是不可能的。与母语写作相比，词汇匮乏和语法应用能力差是限制外语写作的主要原因。很多外语写作者抱怨说："对于这个主题，我有很多精彩的思想和观点，却很难找到合适的词、短语和句子来表达，真是憋得难受！"可见外语语言水平对于外语写作者造成的困难有多大。

（2）对目的语群体的思维模式和写作评判标准理解不足

写作不是简单地将思想用语言表达的过程，它在很大程度上是一个针对主题进行思考，并根据写作惯例组织思想的过程。除了外语语言水平限制了外语写作的有效进行，不了解目的语的思维模式和写作期望也是造成外语写作困难的重要原因。什么是好的文章？如何阐述观点？采用哪种逻辑结构？不同的语言和文化群体对这些问题有不同的回答。

　　汉语文章与英语文章无论是在结构安排还是论据的质和量的要求上都有很大的差异，两种语言对好的文章不同的期望反映了两种文化不同的思维模式和价值观念。例如，西方文化比较注重实证研究，数据、实例等硬证据被认为最具说服力。以中国为代表的东方文化则比较注重以史为鉴，偏爱文献研究，反映到文章的写作中，中国学生往往观点鲜明，论点很多，却很少加以全面、透彻的论证，给人以过于主观、难以服人的感觉。因此，帮助学习者了解文章背后不同的思维模式和文化背景是非常重要的。本章在后面第三节还将对此做进一步的论述。

（3）母语思维对外语写作的限制

　　作者在多年的写作教学中发现，很多中国学生的外语写作基本上遵循"母语思维＋目的语写作＋翻译"的三步程序。他们之所以这样进行外语写作也是迫于无奈，因为他们的语言水平和目的语思维能力都不足以使他们进行真正意义上的外语写作。所以，在学生的英语作文中，不地道的英语表达随处可见，思想内容也显得肤浅。不少学生甚至说，用外语写作时，他们就像智力障碍者一样，不仅对语言使用把握不好，而且思维也变得迟钝，难以进行深入思考。如何帮助学习者摆脱母语思维的束缚？了解目的语思维的特点和写作期望及标准是外语教学解决这一问题的根本途径。

　　上述造成外语写作困难的因素同时也体现了外语写作的特点，我们进行外语写作教学时必须特别关注这些方面。

二、外语写作教学的任务

根据前一节对写作和外语写作本质特点的分析，外语写作教学的任务应该包含以下三个方面。

（1）帮助学生将所学语言知识灵活地应用于写作中，增强学生运用语言表达思想的能力，从而进一步提高语言水平。

虽然写作教学的重点是帮助学习者提高文章的写作水平，但由于语言水平是写作的基础，写作教学也应该关注学习者语言水平的提高。教师首先应该帮助学生学会欣赏范文中经典的用法、漂亮的句子和流畅的段落，鼓励他们模仿，并有意识地使用学过的单词、短语和句型，激活学习者的被动词汇及其他语言知识。教师在评讲作文的时候，可以经常选择学生作文中一些好的用词、好的短语、好的句型和好的段落和文章供学生欣赏和学习。这种教学活动的主要目的是增强他们活学活用的意识，以便课后进行自主学习。

（2）了解不同题材、不同体裁文章的目的语写作特点，学习如何写作各类文章。

学习不同题材和体裁文章的写作特点并尝试写作各类文章是外语写作长期以来的主要任务。但是，我们的写作教学成效之所以不显著，是因为我们在呈现不同题材和体裁文章、讲述它们的特点时往往停留在表面，有时甚至仅仅提供一个僵化的模式，供学生套用，结果学生写出的文章常常缺乏个性，不够鲜活。较理想的做法是，全面、深入地介绍目的语中不同题材和体裁文章的风格，让学生不仅知其然，也知其所以然。

例如，求职信的撰写。英文求职信在格式上与其他商务信函类似，通常由应聘职位、个人资历和特点概要及请求面试或给予考虑三部分构成，非常简要。之所以要求求职信如此简要，一是因为，一般情况下作者会随信附上个人简历或自我陈述，作者不必在信中重复其他个人文件中陈述的内容；其二，工作负荷极大的人力资源工作人员或相关部门管理者不可能阅读无数冗长的求职信，他们招聘人才的第一步是快速翻阅一大堆的求职信，确定几个重点考虑对象，通过阅读这些人的其他个人材料，再筛选出几个面试的对象。学生如果知道这些写作要求背后的原因，就可能更好地去贯彻求职信应该言简意赅的要求。

（3）理解本族文化和目的语文化在思维模式、逻辑习惯、篇章结构等方面的差异，增强他们对文化差异的敏感性，培养他们的跨文化交际能力。

这是目前我们写作教学中最不重视的内容。写作教师首先应该自己通过阅读和研究来熟悉两种不同文化的差异，特别是它们在思维模式、逻辑习惯和篇章构成等方面的差异，并了解这些差异在文章中的表现。具备了这方面的知识，教师就可以在向学生呈现不同题材和体裁的范文并讲述其特点时，引起学生对文化差异的关注。

此外，教师还可以利用写作教学的机会培养学生整体的跨文化交际能力。写作与阅读和口语讨论通常是有机结合的，阅读和讨论是产生思想火花的有效途径，所以学生在写作课上阅读相关文章、对文章进行讨论是非常常见的课堂活动。教师可以利用这些机会，增强学生对文化差异的敏感性，培养他们的跨文化交际能力。

三、跨文化外语写作交流项目产生的背景和意义

1. 外语写作教学方法概述

在写作教学悠久的历史中，出现了很多写作教学方法，如以体裁为基础的方法（the genre-based approach）、以产品为导向的方法（product-oriented approaches）、以过程为导向的方法（process-oriented approaches）、以任务为基础的方法（the task-based approach）和最近几年在我国引发了热烈讨论的写长法。这

些方法各有优势，也都存在不足。以体裁为基础的方法能使学生全面了解不同体裁文章的写作风格和要求，但学生很难运用这些理论知识进行自主创作。以产品为导向的写作方法使学生非常关注文章文法和思想内容的准确性，能够欣赏好的作文，却忽视了写作是一个复杂的、不断修改的过程这一点。过程法纠正了产品法的弊端，重视对写作过程中各个环节（如，写作前的思想采集，写作后的修改、校对、评价、讨论等），成为目前写作教学普遍使用的方法；但是这种方法非常费时，在有限的教学时间内，学生接触和学习的文章体裁较少。以任务为基础的写作教学法详细、清楚地向学生呈现写作的整个环境，包括写作的动机、目的和读者，明确写作任务，有利于学生有的放矢；但是这种方法可能忽视写作过程和标准。写长法的初衷是在外语教学环境下，为了增强学生使用外语的动机，使他们摆脱情感因素的束缚，应该鼓励学生自由表达自己的思想，写得越多越好，而不要通过各种文法标准和体裁标准来限制他们写作的欲望，显然这种方法考虑到中国学生学习外语时动机和勇气不足的问题，对中国的外语教学具有很大的显示意义；但一味强调写作的量而忽视写作的质，当然也是不科学的。

综合以上各种方法，目前写作教学包括的内容和考虑的因素可以归纳如下：

(1) 不同题材和体裁文章的写作特点和要求；
(2) 写作前后的过程；
(3) 文章的文法、结构等标准；
(4) 写作任务的设计；
(5) 写作中的情感因素。

然而，作者的写作学习和教学经历表明，以上五方面的因素还不能涵盖外语写作教学的全部，事实上外语写作还必须考虑文化和思维模式的差异，这是由语言、文化和思维之间密不可分的关系决定的。

2. 中西方文化在思维模式上的差异及其对篇章结构的影响

语言是文化的载体，是文化的重要组成部分；文化是语言使用的基础，是语言表达的内容。其次，语篇组织规律与相关思维模式有着密切的关系。东西方在思维模式上存在着明显的差异：中国文化偏重知觉和整体式思维，而西方文化注重线性的因果式思维，这就导致语篇结构方面的巨大差异，也成为外语写作的巨大障碍。贾玉新（1997：398）对中西文化的思维模式概括如表6.1：

表6.1 中西文化的思维模式概括

西方文化	东方文化
直线式（linear）	圆式（迂回式）（cyclical）
逆潮式（anti-climax）	逐步达到高潮式（climax）
"路标"式连接手段	时空顺序，自然铺排式
重过程，重原因（process why）	重结果，重内容（outcome what）
解决问题式（problem-solving）	现象罗列式

这种思维模式上的差异在语篇上表现为：英语的段落结构严谨，是一个完整的统一体，由主题句、主体论述和结语构成段落的语句不仅与主题直接相关，而且必须按一定的连接手段，清晰、有逻辑地连接起来，形成一个直线式流动的实体。汉语的句子之间没有英语那么多的黏合剂，或缺乏如同路标似的衔接手段，句子多靠语气联系或靠意合法，因此段落显得松散（贾玉新，1997：396-397）。

以上有关英汉两种思维模式和语篇结构差异的描述进一步说明，我们在进行写作教学时必须帮助学生了解这些差异，使他们的外语写作符合目的语思维模式和语篇结构的需要。跨文化外语写作交流项目作为一种外语写作教学的形式，就是希望弥补当前外语写作教学在这一方面的不足。

3. 跨文化外语写作交流项目的目的和意义

跨文化外语写作交流项目是利用因特网日益强大的交流、互动功能，在两个不同文化背景班级之间开展的写作交流活动，其目的不仅是实现外语写作教学的各项任务，而且增进他们对两种不同文化价值观念、思维模式、风俗习惯和写作标准的理解，增强他们的跨文化意识和跨文化交际能力。具体说来，其目的在于：

(1) 使学生熟悉不同题材和体裁文章的写作风格和要求，提高他们写作各类外语文章的水平；

(2) 帮助学生通过积极思考、批判阅读、调查研究和协作讨论等方法形成与写作主题相关的思想和观点；

(3) 培养学生通过对照修改明细表（checklist）和互评（peer-review）的方式修改自己和他人文章的能力；

(4) 培养他们通过阅读和领会评价标准来评价自己和他人文章的能力；

(5) 通过配对交流、小组讨论和班级讨论的形式，增强学生对文化差异和思维、语篇上的差异的敏感性，提高他们跨文化交际的能力。

显然，如果能实现以上目的，跨文化外语交流项目作为一种外语写作教学的形式就具有重要意义。通过下一节对该形式具体实施过程的描述，其潜力和优势将更加明晰。

四、跨文化外语写作交流项目的具体实施

笔者2001至2002年在美国访学期间，特别观摩了美国明尼苏达大学本科一年级的英语写作课，得到了不少启发，并与几位

写作教师建立起友谊，就合作进行跨文化外语写作交流项目进行了讨论，决定在笔者回国后加以实施。2002年9月至2003年1月，我们进行了一次跨文化外语写作交流项目的尝试。在这里，笔者打算根据这次体验对这种写作项目的设计进行较详细的描述。

1. 理论基础

跨文化外语写作交流项目与其说是一种全新的写作教学方法，不如说是建立在其他写作教学思想基础上的一种超越写作教学本身的教学理念，它同时也是跨文化外语教学思想的具体体现。因此，该教学形式的理论基础可以概括如下。

（1）写长法所提倡的消除学生对写作的恐惧心理，激发学生的写作欲望。

这是跨文化写作交流项目首先必须关注的要素。因为要求本来就对外语写作感到痛苦的学生与来自异国他乡的伙伴进行交流必然会对他们的心理和情感产生巨大的压力，所以要想使交流项目顺利完成，消除心理障碍，建立宽松、友好的氛围是首要任务。

（2）体裁法所重视的各种题材和体裁风格的教学。

这是所有外语写作教学的重要内容之一，对于跨文化外语写作教学而言，我们同样不能背弃外语写作教学的基本任务。我们可以利用网上丰富的资源和形式多样的信息储存和呈现方式向学生推荐大量范文，并通过对这些范文展开课堂和网上讨论，使这些风格和要求深入人心。

（3）产品法所关注的保证文章文法和结构的准确性，学会赏析好文章。

这一内容在跨文化外语写作交流项目中也会得到体现，毕竟学会欣赏好的文章是创作好文章的前提。由于每个学生的写作特点、风格和问题都各不相同，在集体讲评好作文之后，我们应该通过学生与学生、教师与学生之间的个别交流和面谈来帮助学生纠正错误。

（4）过程法所提倡的在写作过程中给予学生更多的支持。

了解不同体裁文章的风格和要求以及知道文法规则和好作文的标准固然重要，但是如何帮助学生创作出符合这些标准和要求的好作文并非易事，所以写作教学的一个重要任务就是帮助学生树立过程写作的思想，认识作文就是不断修改的过程，并帮助学生学会采用各种策略，充分完成写作过程的每个环节。

（5）任务法所重视的明确、具体的写作任务的设计。

由于写作的特点之一就是针对某一读者、为了某个目的而进行的活动，因此我们必须将每一项写作任务置于一个具体的环境中，这不仅有利于激发学生的写作动机，也便于他们明确写作目的和对象。

（6）协作学习是一种有效的写作学习形式。

协作学习是在教学中运用小组形式，使学生共同开展学习活动，最大限度促进他们自己以及他人学习的一种学习方式。通过协作学习，学习群体中的每一个成员的思维与智慧可以被整个群体所共享。在这个过程中，学习者共同探索问题，不仅是学习信息的交流和研讨，更重要的是语言的表达、思想的沟通、心灵的碰撞、性格的磨合，进而实现组织能力、交往能力和独立学习能力的提高，个性的发展，乃至集体主义观念的形成。这种形式的学习对于跨文化外语写作教学有着特别重要的作用，正是在与来自不同文化背景的学习伙伴进行关于写作主题的交流和讨论，使得他们了解文化差异的存在，增强他们跨文化交际的意识和能力。

（7）跨文化外语教学要求将外语语言教学与外国文化教学以及跨文化交际能力培养有机结合。

这是近年来外语教学界呼声很高的一种教学思想，语言和文化的密切关系以及当今国际国内政治、经济、教育和文化等发展形势对跨文化交际能力的需要决定了跨文化外语教学的必要性和紧迫性。要实现外语教学既提高外语交际能力，又培养文化交际能力的双重目标，我们必须在外语听、说、读、写每一个环节落实这一思想；而外语写作教学在这方面有着独特的优势，它对于帮助学生了解不同思维模式、进行跨文化对比非常有利。

2. 设计步骤

根据教学系统化设计的思想，跨文化外语写作交流项目的设计流程如图6.1：

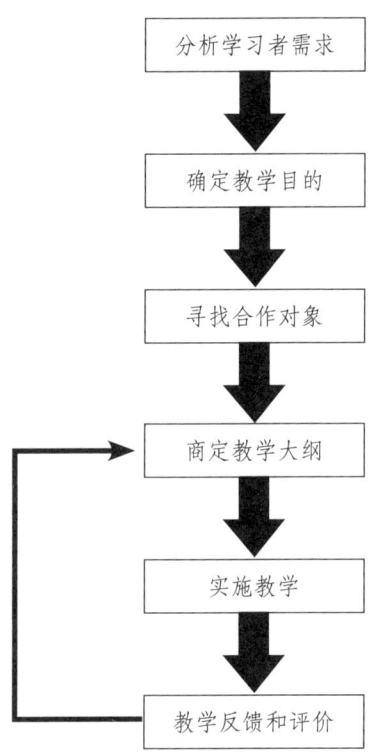

图6.1 跨文化外语写作交流项目设计流程图

3. 教学过程

（1）合作双方

这次交流项目的合作双方是笔者所教授的上海外国语大学复合型专业的一个 23 人班级和美国明尼苏达大学本科一年级的一个 20 人班级。

（2）写作主题

通过与对方写作教师 Kit Hanson 的讨论，我们制定了教学大纲，确定了在总计 16 周，每周 2 课时的教学时间内完成 4 篇作文的教学任务，即平均每月或每四周完成一篇作文。这四篇作文的主题分别是：

* 我们的校园生活（our campus life）
* 给编辑的一封信（letter to the editor）
* 自我陈述（personal statement）
* 我眼中的中国（美国）（China or the U.S. in my eyes）

选择这四个主题是基于这样的考虑：

1）它们属于不同体裁和题材的文章，可以在一定程度上满足学习者对不同体裁文章风格的学习要求；

2）它们都包含很丰富的文化内涵，学生通过对这些主题进行讨论和写作，必然会了解到文化差异的存在；

3）这些都是双方学生感兴趣的主题，因此能调动他们参与讨论和交流的积极性；而且在这些交流过程中，学生自然会增强跨文化交际能力。

每个主题都只是个母题，学生可以根据自己的兴趣和特长确定子题。这不仅有利于调动他们写作的积极性，还有利于所有参与项目的同学从多个侧面或视角看待同一个主题，从而促进学生知识面的扩大和对异国文化更深入、更全面的认识。

当然，在布置这些写作任务时，我们按照基于任务的外语写作教学法的要求，将这些主题具体化，对该作文的背景、意义、目的和要求进行了详细的说明，形成每一项写作任务的指南，学生可以从我们网上的公共邮箱中下载或进行阅读。

（3）教学前的热身活动

为了消除学生与学习伙伴之间交流和讨论的心理障碍和顾虑，创建一个友好、和谐的学习氛围，我们在教学正式开始之前，通过网络在两个班级的学生之间开展了多种形式的相互认识和熟悉的活动，如将班级照片、个人照片和简介放在网上，网上聊天，音频或视频会议，互发邮件，打网络电话等。经过几天的了解，同学们消除了陌生感，建立起了友谊。最后，在同学们自愿组合和教师的帮助下，形成了两人或三人学习小组。

（4）教学活动和安排

每四周的教学活动基本上是按照以下步骤进行的。

第一周：写作热身活动。两位教师课前通过电子邮件或网络聊天确定课堂讨论的问题，两个班级的学生各自在课堂上围绕写作主题展开讨论；讨论要点发到公共邮箱，供大洋彼岸的学习伙伴们参考。课堂上，教师还就该写作任务的背景、目的和要求做详细解释。课外，建议学生通过邮件或聊天室与自己的小组成员进行进一步的讨论和交流。最后每位学生完成初稿。

第二周：范文赏析。学习小组成员对初稿涉及的文化差异进行交流和讨论，对文章的措辞、结构等提出修改建议。课堂上教师帮助学生赏析范文，并给出文章修改明细表（checklist），供学生互评和自评。课外，学习小组成员通过网络，仔细阅读对方的初稿，讨论文章的内容和观点，提出修改建议。学生完成第二稿，并交老师给予反馈和评阅。

第三周：课堂上教师集体讲评，学生交流自己修改文章的体会。课后，教师与有困难的学生进行面谈；学生继续与学习伙伴针对二稿进行交流和讨论；学生再次对文章进行修改和校对。

第四周：文章定稿和畅谈体会。课堂上，教师请学生从文章写作、文化学习和跨文化交际三方面交流自己的体会和收获；课后完成学习日记一篇，并将自己的定稿文章和学习日记贴在网上与大家分享。

以上对每项写作任务实施过程的描述表明,跨文化外语写作交流项目综合运用了各种外语写作教学的理念,利用现代网络技术的交流和互动功能,既提高了学生的外语写作水平,又增强了他们的跨文化交际能力,可谓一举两得,其优势和潜力都非常明显。

五、结语

本章在分析写作和外语写作的本质特点的基础上,论述了外语写作教学的任务,并在评述各种传统的外语写作教学方法的基础上,提出了跨文化外语写作教学的思想,最后通过阐述跨文化外语写作交流目的设计原理、流程和实施过程,说明这种外语教学形式具有很大的优势和潜力,应该受到重视。当然,跨文化外语写作教学的方式和方法还有很多,跨文化外语写作交流项目的形式也应该多种多样,本章只是笔者根据自己的体验总结出来的一种模式,希望有更多专家和学者对此进行更加深入和全面的探讨。

参考文献

贾玉新.1997.《跨文化交际学》.上海:上海外语教育出版社.
祈寿华.2000.《西方写作理论、教学与实践》.上海:上海外语教育出版社.
张红玲.2007.《跨文化外语教学》.上海:上海外语教育出版社.
张益君.2004.过程教学法与合作学习在英语写作课中的综合运用.《宁波大学学报(科学教育版)》,2.
郑超(主编).2004.《以写促学:英语"写长法"的理念与操作》.北京:科学出版社.

第七章

中学英语课程的跨文化教学设计

全球化的时代背景下，多元文化知识和跨文化能力已成为 21 世纪人才的必备素养，而教育正是帮助人们了解本族文化和异文化并培养跨文化能力的最佳途径。因此，跨文化教育应该成为学校教育的内容之一，通过跨文化教学的途径，可以帮助学生开拓文化视野，提高他们理解别国文化的能力，并进一步形成多元化的思维模式，学会用宽容的态度处理文化冲突。跨文化教育涉及的范围很广，许多学科的教学都有跨文化教学的可行性，但在外语教育领域更为突出和直接。

中国的跨文化外语教学在 20 世纪 80 年代发展起来，近些年，跨文化英语教学的应用已经成为一种趋势，越来越多的专家学者和教学机构都开始重视这方面的研究，出现了很多有关跨文化外语教学的研究成果。但经粗略调查发现，现有研究多局限于高等教育阶段，跨文化外语教学在基础教育阶段的研究仍存在很大的空白。基础教育中实施跨文化外语教学的阻力主要有以下几点：跨文化教学还没有得到有关部门的足够重视；很少有教师把跨文化教育理论付诸中学英语教学实践；就算有教师愿意尝试，研究大都也只是由个体研究者进行，通常很难产生较大的影响力；在实际教学过程中，教师不知道怎么把握英语教学中的文化教学，有的跨文化教育还是停留在介绍知识的层次上面，没有达到培养跨文化能力的目的。

虽然基础教育人员大多肯定跨文化教学的重要性，但现有研究多局限于理论层面，基础教育阶段的跨文化外语教学实践急缺指导。因此，本文尝试以上海市现行的牛津英语教材为切入点，在分析教材文化教学内容的基础上，根据跨文化外语教学理论，结合英语课程标准要求，设计跨文化英语课堂教学方法、教案及课件，并在上海市某两所外国语学校开展教学实验研究，验证基础教育阶段跨文化英语教学的可行性及有效性，以期为广大一线教师提供跨文化英语教学的实践参考。

一、中学英语课程标准对跨文化教学的要求

《上海市中小学英语课程标准（征求意见稿）》（以下简称《课程标准》）提出：英语课程的本质特征是知识性和人文性的统一，工具性和实践性的统一。其中课程理念的第一条就表明："提高学生适应多元文化为背景的社会交际能力是时代的要求，英语课程是为此提供的一种重要学习资源。"（上海市中小学课程教材改革委员会，2005）这样的课程定位把英语置于社会发展的环境下，使学生通过学习，接触到做人做事等更多方面的知识。

《课程标准》所罗列的总体课程目标中涉及了跨文化教学的目标：培养学生良好的英语交际能力，帮助学生形成乐于接受世界优秀文化的开放意识。具体而言，课程目标要求在小学阶段帮助学生了解一些文化习俗，在初中阶段帮助学生形成（较强的）接受外来文化的意识，使之能（初步）了解中外文化的基本差异，在高中阶段则更进一步要求"使学生具有（较强的）跨文化意识，了解中外生活方式的异同，尊重并包容异国文化，具有民族自尊

心"（上海市中小学课程教材改革委员会，2005），跨文化目标逐级明确。

同时，《课程标准》也对教学中的文化内容做了明确要求。例如，《课程标准》在初中阶段（六至九年级）的学习内容与要求中罗列了 cultures and customs（文化与习俗），明确规定了中学阶段的学习内容应涉及文化。此外，其他的教学素材中也囊括了与文化相关的教学点，如 food and drinks（饮食），holidays and festivals（假日与节日）等。《课程标准》不仅在认知理解层面涉及了诸多文化知识，在态度情感方面也有与跨文化能力相关的要求，如初中阶段的学习要求里明确提出"使学生能够了解外国的文化习俗，注意或者熟悉中外文化的基本差异"（上海市中小学课程教材改革委员会，2005）。

可见，《课程标准》从目标和内容上都对英语课程的跨文化教学提出了要求，中学英语跨文化教学实践亟待开展。

二、中学英语跨文化教学设计的理论基础

1. 跨文化英语教学的内涵及目标

跨文化英语教学的目标是使学习者最终成为一个跨文化的人，即通过对文化的学习，使学习者理解和尊重各种不同的文化，在面对不同的文化冲突的时候，能够适时选择合适的策略，使交际顺利进行。

跨文化英语教学考虑到全球化英语使用和本土语言背景的影响，在跨文化交际过程中实现国际化与本土化的结合。它既注意文化教育，也注意人文教育。语言的使用体现在交际方面，那么在跨文化英语教学过程中，不可避免的是跨文化交际英语教学。在学习过程中应该注意的是跨文化交际法，教学的目的是培养学生的跨文化交际能力和跨文化素质，使之最终成为一个跨文化的人（宋莉，2008）。

2. 跨文化英语教学的内容

跨文化英语教学的内容取决于对"文化"的界定。"文化"是一个宽泛的概念，不同的文化观可以给文化做出不同的定义，其导致的文化教学内容也就不同。胡文仲、高一虹（1997）曾总结其他学者的观点，拟定了适用于英语教学的粗略的文化教学项目表（见表7.1）。为了更好地界定本研究的教学内容，我们采用该文化教学项目表来确定具体的文化教学专题。

表7.1 文化教学项目表

- **文化行为项目**

属生活必需的文化行为（如就餐、住宿、购物、穿着、搬家等）
属人际关系的文化行为（如称呼、寒暄、介绍等）
属娱乐消遣的文化行为（如看电影、听音乐会等）
属情感态度的文化行为（如兴奋、愤怒、惊讶等）
属观点意见的文化行为（如讨论、建议、同意等）
属个人隐私的文化行为（如年龄、收入等）
属时空意义的文化行为（如节日、身体触碰、守时等）
属家庭生活的文化行为（如家庭团聚等）
属婚姻习俗的文化行为（如恋爱、生育等）
属知识和思想教育的文化行为（如课外活动等）
属社会职责的文化行为（如求职、志愿者等）
属宗教活动的文化行为（如宗教仪式等）

- **文化心理项目**

属社会价值观的文化行为（如个人与集体、竞争与和谐等）
属人生价值观的文化行为（如成就、命运、金钱、友谊等）
属伦理价值的文化行为（如公正与善良、他人与自我、礼节、面子等）
属审美观念的文化行为（如色彩、数字、体态等）
属自然观念的文化行为（如战胜与适应、禁忌、吉祥、艺术欣赏等）

由上表可见，跨文化英语教学的内容涵盖英语国家的政治、经济、历史、地理、文学及当代社会概况，也包括中西方价值观念和思维习惯上的差异；囊括表层的语言表达、手势、体态、衣饰、时间观、空间观，也涉及深层的人生观、宇宙观、人际关系、道德准则，等等。但是，文化有着不断变化发展的特性，所以文化教学所涵盖的内容不可能是永久不变的。因此我们在设计文化教学内容的时候，应该充分考虑当下时代发展中的新鲜文化，从实际出发，秉承"可操作性"原则来进行选择。

3. 跨文化英语教学的方法

（1）直接介绍法

直接介绍法指教师发挥其主导作用，直接给学生介绍文化背景知识，这种方法的优点是省时省力，提高授课效率。直接介绍法分为背景知识介绍法和专门知识讲解法，背景知识介绍就是教师介绍与教材相关的文化知识给学生。例如，在讲到耶诞节时，介绍耶诞节的缘由、如何庆祝节日；在讲虚拟语气的礼貌用法时，讲解英语国家人士的思维习惯；在讲到英国人喜欢谈论天气时，介绍这种习惯的由来：由于英国地处温带海洋性气候，雨水特别多，随时都会下雨，所以他们出门时特别关心天气。

（2）文化对比法

对比法是跨文化语言教学中的一个极为重要的方法，通过对比能够发现母语和目的语文化结构之间的异同，培养学生的跨文化敏感性。Lado 在 *Linguistics Across Cultures* 一书中首次提出了文化对比框架，强调通过比较行为模式来了解本族文化和目的语文化，理解他们的差异。他提出：两种文化在形式、意义和分布上的差异是产生文化误解的根本原因，文化对比可以帮助教师预知文化学习的难点，增强学习者的本族文化意识（Lado, 1957）。

（3）案例教学法

案例教学法就是将案例作为教学材料，结合教学主题，通过讨论、问答等师生互动的教学过程，让学习者了解与教学主题相关的概念或理论，并培养学习者高层次能力的教学方法。案例教学可以帮助培养学生思考、分析、推理、归纳、综合等能力。例如，教师用一个有趣的教学主题导入课程；在解释某类抽象的文化现象时，多使用情景、故事等方式呈现。

（4）角色扮演法

角色扮演法是适用于跨文化英语教学的一个重要方法，根据文化教学主题，编制出一个尽量逼真的教学情景。要求学生想象处于该情境下人的言谈举止，设想可能出现的各种问题并做出反应。

（5）情景教学法

语言的使用无法脱离一定的社会情境，在真实情境中展现跨文化教学内容是非常有效的方法。在真实的情境中学习能够充分调动学生的学习兴趣，保持学习的积极性。例如，使用影视手段教学就是一个很好的文化教学手段，它能够提供生动真实的语言环境，帮助学生培养文化方面的语感，拓展文化视野。

（6）观察法

文化来源于生活，我们应该多为学生提供生活中的文化闪光点。例如可以在教室中悬挂一些英语国家的物品和图片，使学生耳濡目染；邀请中外专家作关于中外文化差异方面的专题报告，组织英语角、英语晚会等，创设形式多样的语言环境，加深对文化知识的实际运用。

（7）多媒体教学法

现代科技的发展为多媒体教学的兴起提供了非常有利的条件，例如丰富的网络资源和便捷的知识获取渠道。学生可以通过浏览图片、观看视频等方法更直观地了解世界文化，这也为教师收集文化材料提供了很大的帮助。

以上教学方法都有各自的优点，在教学过程中要根据具体情况选择不同的方法，再加上恰当的设计，才能使它们在教学实践中得到充分利用。

三、中学英语教材中的跨文化教学内容分析

上海市使用的中学英语教材包括很多和跨文化教学有关的内容，涉及英、美、法、加、澳等国的英语词源及其变体，说明文化知识的教学在指导层面获得了很大的关注。我们根据上文提及的文化教学项目表（胡文仲、高一虹，1997）分析了上海市目前使用的牛津英语教材中所涉及的文化知识相关内容，结果如表 7.2 所示。

表 7.2 中学牛津英语教材文化知识点分析表

	Oxford 7A: Cross-cultural Analysis	
Relationships	Unit 1 Relatives in Beijing	属人际关系的文化行为
	Unit 2 Our animal friends	属娱乐消遣的文化行为
	Unit 3 Friends from other countries	属人际关系的文化行为
My Neighbourhood	Unit 4 Jobs people do	属社会职责的文化行为
	Unit 5 Choosing a new flat	属生活必需的文化行为（如住宿、搬家等）
	Unit 6 Different places	
	Unit 7 Signs around us	
Diet and Health	Unit 8 Growing healthy, growing strong	属知识和思想教育的文化行为
	Unit 9 International food festival	属生活必需的文化行为（如就餐）
	Unit 10 A birthday party	
	Unit 11 My food project	

（续表）

	Oxford 7B: Cross-cultural Analysis	
Garden City and Its Neighbours	Unit 1 Writing a travel guide	属娱乐消遣的文化行为（如看电影、旅游、购物等）
	Unit 2 Going to see a film	
	Unit 3 A visit to Garden City	属社会职责的文化行为
	Unit 4 Let's go shopping	
Better Future	Unit 5 What can we learn from others?	属社会价值观的文化行为
	Unit 6 Hard work for a better life	属人生价值观的文化行为
	Unit 7 In the future	属人生价值观的文化行为
	Unit 8 A more enjoyable school life	属社会价值观的文化行为
The Natural Elements	Unit 9 The wind is blowing	
	Unit 10 Water festival	属时空意义的文化行为（如节日）
	Oxford 8A: Cross-cultural Analysis	
My Life	Unit 1 Penfriends	属知识和思想教育的文化行为（如课外活动）
	Unit 2 Work and play	
	Unit 3 Trouble	
Amazing Things	Unit 4 Numbers	属审美观念的文化行为（如数字）
	Unit 5 Encyclopaedias	属知识和思想教育的文化行为

(续表)

Science Fiction	Unit 6 Nobody wins（Ⅰ）	
	Unit 7 Nobody wins（Ⅱ）	
Oxford 8B: Cross-cultural Analysis		
Nature and Environment	Unit 1 Trees	属知识和思想教育的文化行为 属自然观念的文化行为（如战胜与适应）
	Unit 2 Water	
	Unit 3 Electricity	
Mass Media	Unit 4 Newspaper	属知识和思想教育的文化行为
	Unit 5 Magazine articles	
Leisure Time	Unit 6 Travel	属娱乐消遣的文化行为
	Unit 7 Poems	属自然观念的文化行为（如艺术欣赏等）
Oxford 9A: Cross-cultural Analysis		
Myths, Traditions and Opinions	Unit 1 Ancient Greece	属知识和思想教育的文化行为
	Unit 2 Traditional skills	属社会价值观的文化行为
	Unit 3 Pets	属娱乐消遣的文化行为
Computers vs. Humans	Unit 4 Computers	
	Unit 5 The human brain	
Fighting Crime	Unit 6 Detectives	属社会价值观的文化行为
	Unit 7 Escaping from kidnappers	

(续表)

Oxford 9B: Cross-cultural Analysis		
Environment and Life	Unit 1 Saving the Earth	属自然观念的文化行为
	Unit 2 Life in the future	
Recreation and Entertainment	Unit 3 Going places	属娱乐消遣的文化行为
	Unit 4 All about films and TV	
	Unit 5 A story by Mark Twain	

本研究选择了和文化相关的三个单元进行试验教学，分别是《牛津英语》七年级第二学期 Unit 2 Going to see a film 和 Unit 4 Let's go shopping，八年级第二学期 Unit 4 Newspaper 和 Unit 5 Magazine articles（合称 mass media），介绍不同的文化思维习惯、价值观念和生活方式等内容。在选择教学内容时，我们特别注重以下几个方面：

1. 内容的准确性

在选择教学内容时，需要保证其准确性。在跨文化教学过程中，教师原有的专业知识可能不满足综合课程的需要，因此需要不同学科教师间积极合作，多进行专业互动。例如，在介绍"视觉暂留"（visual staying phenomenon）这个概念的时候，我们就咨询了物理老师，以确保内容的准确性。

另外，网络资源虽然丰富，但存在良莠不齐的现象，不可拿来就用。我们的授课内容经过教师的认真筛选，保证了知识的准确性、科学性。例如"最佳电影奖"，Google 翻译成 Best Film Award，但是通常的说法不是这样，而是 The Best Picture，例如，The Best Picture of Academy Award/ The Best Picture of Golden Globe Award。

2. 文化敏感性的提升

教学内容应尽可能帮助学生提高文化敏感性，例如可以在适当的情况下进行文化现象的对比。以 Unit 2 Going to see a film 为例，讲到"面子问题"时，学生可以很明显地看出中西方文化的差异，教师只需点拨一下，学生即可自己展开探索。而有时中西方文化对比并不明显，学生可能难以意识到文化差异的存在，此时教师可以适当点拨，帮助学生提高对文化差异的敏感性。例如大同的获奖感言体现了美国看待成功问题的方式；Denis 的爷爷称呼他为"丹丹"，这样的迭声词在外语中是很少使用的。

3. 英语交际能力的提高

在选择文化内容时最重要的一点是要能帮助学生提高英语交际能力，因此可适当加入真实情境下的会话设计。例如在 Unit 4 Let's go shopping 这一单元，我们加入了购物英语的使用：

Christmas is coming. Peter is doing his Christmas shopping.

Peter: Thanks.

4. 文化态度的培养

课堂教学时间有限，需要捕捉合适的文化现象来引发学生对文化态度的思考。例如在 Unit 2 Going to see a film 一课中，Denis 的爸爸妈妈在经过一场"大变故"之后终于开始培养 Denis 的汉语，课本人物在这一情境中表现出对"语言学习的态度"可以作为一个切入点进行引申，教师可适时提出，文化的学习应兼容并蓄，加强学生的民族自豪感，在情感态度层面引导学生反思。

四、中学英语跨文化教学策略

1. 教学材料选择策略

合理有效地组织教学材料是完成高质量课程的关键，本研究在选择教学材料时尽量应用上文所述的选择策略。例如，在选择 Unit 2 Going to see a film 的教学材料时，我们有如下考虑：电影《刮痧》里面有很多文化冲突对比现象，可以很好地支持跨文化教学，但如果单纯给学生放映一部电影，学生在欣赏时，不同场景相互交错，会加大理解电影的难度，可能会导致学生无法集中精力分析其中的文化因素。为了能在教学过程中更好地利用电影，我们对有代表性的片段场景进行了必要的加工处理。让学生在观看电影的同时了解异文化的思维方式和价值观念。

2. 教学工具选择策略

（1）多媒体

多媒体能够提供丰富多彩，生动易懂的教学素材。生动的形象，明快的色彩，有利于吸引学生的注意力，有助于学生理解知识。本课程授课都配有 PPT 课件，在设计课件的时候充分考虑到了多媒体教学设计原则。当然，多媒体的使用不能完全代替板书，教学课件的过度使用反而可能会影响教学效果，在实际过程中应把握多媒体的使用程度，根据讲授内容，合理地安排课件配置，有效使用，以期收到良好的教学效果。

（2）板书

作为一种古老而简单的教学手段，板书有着重要的意义，不应该因为各种现代教学媒体的使用而被忽视。

合理的板书设计能够展示清晰的学习思路，帮助学生理解教学中的重、难点，且在整合学生回答的时候尤其有效。我们在8BM2 Mass media 这一课中设置了这样一个教学活动：Discuss the sections for our school newspaper，是为最后的家庭作业做铺垫，同时总结之前所学的内容，让学生们回忆前面所讲的报纸的组成部分。学生们的想法多种多样，如 the words of headmaster; star student of the week; today in the history，等等。我们将学生们的回答书写在黑板上，使学生感到自己的回答是有意义的，是被关注的，从而更好地激发学习积极性。

3. 教学内容呈现策略

（1）教师讲授

作为一种历史最为悠久的授课方式，讲授法仍起着重要的作用，精心设计的讲授教学，配合各种各样的教学方法，诸如情境式学习、合作式学习等，可以达到良好的教学效果。本研究在实际教学过程中使用了较多讲授法的教学策略，如图7.1所示，在呈现事实性知识时，我们采用教师讲授，辅以 PPT 的文字展示。

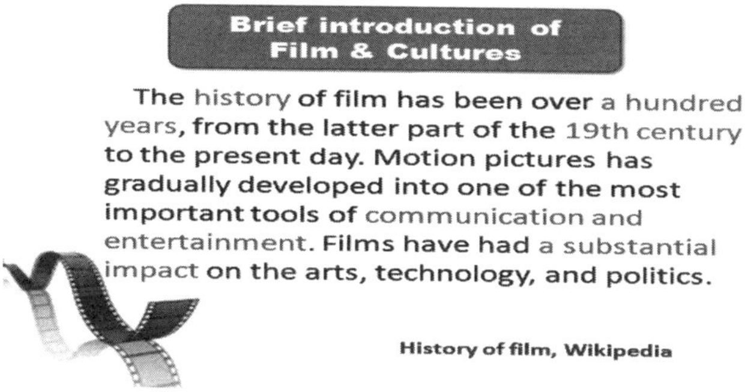

第七章 中学英语课程的跨文化教学设计

Brief introduction of Film & Cultures

The history of film has been over a hundred years, from the latter part of the 19th century to the present day. Motion pictures has gradually developed into one of the most important tools of communication and entertainment. Films have had a substantial impact on the arts, technology, and politics.

History of film, Wikipedia

图 7.1 应用讲授法教学策略

（2）声像呈示

多媒体教学可充分利用音频和视频来提供形象化的教学。听觉和视觉是获得知识、信息和语言的重要渠道，大量的视听训练可帮助学生获得良好的语感。在讲授文化知识的时候，教师可利用丰富的音频、视频材料，帮助学生形象地理解文化内容。例如在 8BM2 Mass media 中讲解 How can we get information 这一问题时，教师播放音频，并加入图片辅助（如图 7.2），使用声像呈示的方法帮助学生更直观地了解所学知识。

Means to get information:

图 7.2

（3）肢体语言展示

肢体语言是一种非有声语言，主要靠身体或身体的动作输出信息，作用于信息接收者的视觉器官，以实现信息发送者的目的，从而形成一种"语言"表达方式。教师的一言一行、举手投足都会给学生留下很深的印象，因此在教学过程中我们非常注意肢体语言的作用。

4. 教学活动安排策略

（1）教学活动的形式安排

1）多设置悬念

问题的提出能有效地激发学生的积极性，引起主动学习的热情。层层递进的悬念也可以使课堂更加流畅生动。但是，要设计出合理的悬念，教师必须能够合理分析教材，对问题进行恰当的加工组合，并根据实际情况，提出适合学生的问题，以帮助学生在寻求答案的过程中自然而然地认识到文化差异现象，丰富认知结构。我们在 Unit 2 Going to see a film 教学中就加入了很多问题的设置。

2）注意问题的开放性

恰当的开放性问题可以取得有效的教学结果。一方面，学生可以各抒己见，表达他们自己的想法，充分发挥自主性；另一方面，也可以提高学生分析问题、解决问题的能力。教学中应加入合理的开放性问题，帮助学生思考分析，寻找解决问题的办法。例如 Unit 2 Going to see a film 教学单元就使用了开放性问题："Why did Datong lie for his father? Do you think it is good for Datong's doing?"（如图 7.3）

- Why did Datong lie for his father?

- Do you think it is good for Datong's doing?

图 7.3 应用开放性问题教学策略

3）课堂讨论

近几年有关自主探究式教学策略的研究很多，该策略强调课堂讨论的重要作用。以学生的预习为基础，在教师的启发诱导下，学生通过独立自主学习和有效的合作讨论，自主地完成对知识的构建，并从中探求、获取知识。这可以培养学生发现问题和解决问题的能力，培养学生的创新精神和实践能力。由于跨文化教学的内容多具有可辩论性，自主探究式教学策略更有其价值。如图 7.4 所示，我们在 8BM2 Mass media 中设计了讨论活动：

Which section do you like?

- news reports
- stock exchange report
- letters to the editor
- advertisements
- sports news
- TV guide
- cartoons
- comic strips
- editorials
- features

OR others?

图 7.4 应用课堂讨论教学策略

（2）教学活动的顺序安排

1）由易而难

采用循序渐进的教学策略可以引起学生的兴趣，吸引他们不断参与后续的学习。在 Unit 2 Going to see a film 这一教学单元中，我们就采取了这种由易而难的策略，从"电影分类"这一学生"已知"的知识入手，导入学生"未知"的教学内容。

2）从实践到理论

实践是检验真理的唯一标准，跨文化教学也最好以学生的实践经历为基础，否则授课内容就可能造成理解上的困难。在 Unit 2 Going to see a film 教学单元中，我们在第一节课讲授了有关文化对比的阐释，预想首先从较为抽象的层面向学生介绍中外文化的区别，继而在后面的教学中再逐渐展开进行详细的解释，但最终教学效果并不理想。在授课后的调查中，我们发现很多学生不理解笼统的文化对比内容，反而是后一课时使用实际电影例子讲解的效果更佳。

5. 课堂管理策略

（1）课堂行为管理

美国著名课堂纪律研究专家库宁（J. Kounin）认为，维持课堂纪律的最佳方式是吸引学生积极参加课堂活动（宋秋前，2005）。所以教师必须通过激发学习兴趣来提高学生的课堂参与度，增加学习的机会，让学生在课堂上总是有事可做，善于通过课堂提问引起学生的注意。故本研究将课堂活动安排得较为紧凑，以确保课堂教学的吸引力，保持学生的注意力。但个别时候因为活动太多，导致学生不能充分理解知识点。例如讲解"Let's go shopping"里安排的内容就有点多。

（2）课堂时间管理

在英语课堂的指定时间、授课时间和学生投入时间中，学生的投入时间才是他们真正学习的有效时间。只有在这段时间内，学生才算是全身心地参与学习，进行有效的听、说、读、写活动或讨论、解决问题。所以，课堂管理的一大目标是：提高时间利用率，使学生把更多的注意力投入教学过程中。我们认为课堂管理中最重要的是提高课堂教学效率，精心设计每一分钟的课堂教学，由一个活动带动多个知识点讲解。例如 8BM2 Mass media 中使用了一篇关于媒体发展历程的短文进行听力填空活动（如图7.5），既锻炼了学生的听写能力，也让学生了解了相关知识。

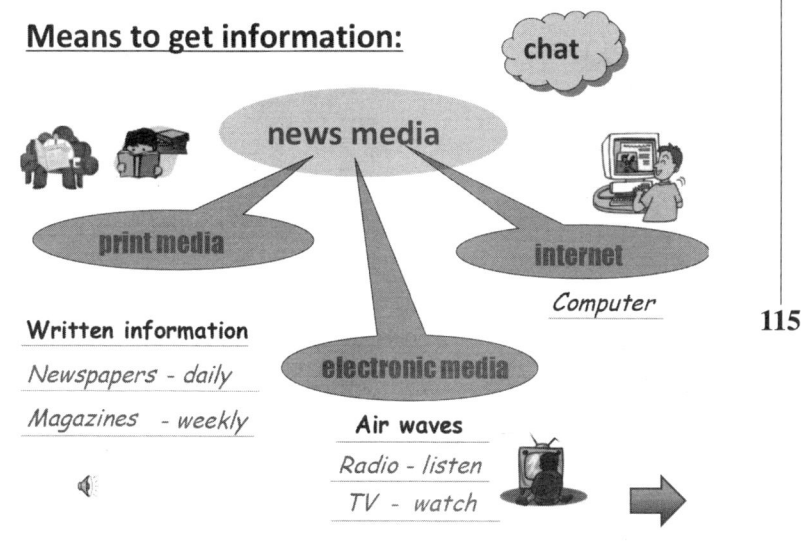

图 7.5 应用时间管理策略

6. 课下教学拓展策略

语言的学习有其复杂性和连贯性，课堂教学如果能配合课后活动则会取得更好的效果。我们开展教学实验的学校在课外活动拓展方面做得很好，经常会在课后播放英文原版电影，引导学生广泛阅读西方文学作品、报纸杂志、时事新闻等。学生可以从中了解文化知识，提升文化素养。

五、中学英语跨文化教学效果评价

1. 问卷调查结果及分析

为了检验跨文化教学的有效性,我们在教学实验结束后进行了问卷调查,以检验学生的跨文化意识。参与问卷人数为88人,部分统计结果如下:

表7.3 《跨文化意识考察表》题目1调查结果分析

1. 学校举行运动会,鼓励大家踊跃报名,你和David是好朋友,David擅长打羽毛球,在羽毛球双打比赛中,他选择了同样擅长打羽毛球的Charles作为队友,你会怎么想?		
选择项	数量	%
A. 十分支持David的做法,他这样做也是为了给班级争得荣誉	53	60.2%
B. 不会让David选择自己,但是心里会对他有想法	6	6.8%
C. 不会介意David的做法,因为David和Charles也是朋友	27	30.7%
D. 会和David理论,指责他为什么不选择自己	2	2.3%

该题考查学生对朋友关系的看法。一般来说,中国人对朋友的要求较高,往往讲究"志同道合",希望对方能够与自己有尽量多的相似之处。而这样的朋友关系相对而言比较牢固、稳定,易长久保持。人们在工作以外的社交活动范围也经常局限在自己的朋友圈子内,在日常生活中,甚至在公事上出现问题,也都会很自然地先求助于朋友。而倾向于"个人主义"的西方人则不太愿意依靠别人,也不想让别人过度依赖自己,所以与朋友的关系

也不是很密切；另外，西方人口中的"朋友"概念要比中国的大，许多有联系、有交往的人都可能被他们称作"朋友"；再者，西方人乐于"求变"，流动性较大，经常"换朋友"，因而维持稳定牢固的朋友关系就比较困难。

通过统计结果可见，选择选项 A 和 C 的学生较多，可以看出学生在经过一个学期的学习后，对于"朋友"这一社会关系形成了较客观合理的认识，并不拘泥于对朋友关系的过分要求。

表 7.4《跨文化意识考察表》题目 2 调查结果分析

选择项	数量	%
A. Bob 应该去参加运动会，只有他参加比赛才能为班级争得荣誉	1	1.1%
B. 不要勉强 Bob 参加运动会，要尊重他的感觉	59	67%
C. Bob 要参加运动会，这既能锻炼他的勇气又能为班级争光	26	29.6%
D. Bob 参不参加运动会都无所谓，班里自然还有别人参加	2	2.3%

2. Bob 是班里出了名的"飞毛腿"，学校要举行运动会了，同学们都推举 Bob 参加一百米赛跑。但是 Bob 很容易紧张、害怕，一参加比赛就会心跳加快、双腿发软，连听到枪声都会害怕。那么关于是否鼓励 Bob 参加运动会这个问题，你是怎么想的？

本题旨在考查学生对不同价值观的态度。个人主义和集体主义价值观都是对社会实践和社会存在的反映，社会的发展以及不同文化间的交流必然会导致价值观的变化。个人主义价值观强调个体的力量和个人英雄主义，应充分发挥个人的潜能，主要表现为自我奋斗和积极进取的人生态度和精神状态。集体主义有助于推动社会发展，有利于改善社会风气及提高人们的道德品质，能够增强民族凝聚力。

统计结果表明，选择 B 和 C 的人较多。选项 B 可以看出学生尊重"个人主义"观念，而选择 C 从 Bob 的个人发展角度出发，也考虑达到集体主义的结果，但学生仍是尊重 Bob 想法的。此题表明文化教学有利于形成学生对他人的尊重和理解。

表 7.5 《跨文化意识考察表》题目 7、题目 8 调查结果分析

7. Peter 是一个高中生，他爸爸是一名律师。在高考填报志愿的时候，爸爸很想让他报考法学专业，但是他喜欢当老师。请帮助 Peter 想一想该怎么办。

选择项	数量	%
A. 听从爸爸的意愿，选择报考法学专业	1	1.1%
B. 自己已经长大了，应该有主见，这个时候完全可以拿主意，选择自己喜欢的	22	25%
C. 找父母商量，向他们表达自己的想法，说服他们接受你的观点	63	71.6%
D. 向周围人求助，让他们帮你出出主意	2	2.3%

8. William 的爸爸工作很忙，平时根本没时间陪他，当他有事找爸爸商量的时候，爸爸总是让他找别的亲人解决。这种情况已经持续很长时间了，William 很不高兴父亲这样的态度。请给出你的看法：

选择项	数量	%
A. 爸爸工作是为了家里，应该理解爸爸	28	31.8%
B. 他不理你你也不理他，要等他主动来找你和解	11	12.5%
C. 和他开诚布公地谈一谈，谴责他不重视孩子的事实	22	25%
D. 主动和爸爸约好周日出去郊游，借此促进父子感情，找机会提议让他多回家陪你	27	30.7%

以上两题考查学生处理亲子关系的策略与态度。题目7的设计背景是：在传统的家庭关系中，子女服从父母的决定，缺少独立性。但随着社会的发展，中国传统的家庭关系正在发生变化，大多数父母会尊重孩子的选择。遇到这种事的时候最好和父母坦诚相待，通过沟通交流解决问题。

题目8中选项A可以看出许多学生的出发点很好，选择理解父母。但是在理解父母的基础上也可以多做一些努力。例如较多同学选择William主动找父亲谈论父子关系问题，要求他给予自己足够的重视；创造和父亲在一起的机会，如提出周末出去郊游；或者向亲人寻求帮助，请他们规劝父亲。选项B和C可以看出少部分的学生选择回避问题，应该与青春期性格有关。

跨文化教学的目的之一就是培养学生通过沟通解决矛盾的能力，而不是回避甚至激化矛盾。从以上两题可看出，学生经过一学期的跨文化学习，能够采取积极的态度处理与父母的关系，并愿意通过协商解决问题，而不是回避问题。

2. 情境问答结果及分析

为检验学生实际情境中的跨文化能力应用，我们还设计了一道开放式的情境问答题，具体跨文化情境与问题设置如下：

> Shelly是国内某知名大学派遣到德国某大学进修的留学生，她的德语很好，而且肩负着中国大学希望和德国学者合作的任务。她发现自己所在学院的院长Wolf在学术上很有造诣，就请她的老师向Wolf表达了自己的想法，老师带给她回答："Wolf教授说您可以直接找他。"一天，Shelly满怀希望地来到办公室，Wolf却说："我很高兴和中国学者合作，但是我现在很忙，请你和我的秘书预约另一个时间。"Shelly出来后心里有很多不解，请帮助她分析。

问题1：Wolf教授既不在打电话，也没有别的学生，他却说很忙，这是一种推辞吗？

问题2：找他的秘书预约时间是怎么回事，为什么不亲自安排呢？是要显示自己的地位很高，合作中要做领头吗？

问题3：Wolf教授的真实态度到底是不是想要和我们合作呢？

针对问题1，有的学生提出："德国人严谨诚恳。"可以看出，有些学生已经注意到中外的一些思维差异，不再单纯使用"中式思维"，但还有一些刻板印象存在。问题2涉及的文化差异是中国人多认为应该亲自为重要的人安排时间，而德国文化则倾向于认为事情有其各自的负责人。

针对问题2，有个别同学表示德国文化认为专业的事情应该找专业的人做，秘书负责会晤时间安排，有学生提出这是外国的一种生活习惯，以便不出意外；德国人认为要事先安排事情，这样才能有序；由秘书安排时间表，以免冲突；教授的生活有一定的规律。可见学生对这道题的理解较好，他们注意到了文化差异在处理问题上的表现，在实际思考问题和处理事情的时候能够从文化角度出发。

问题3涉及的文化差异在于德国倾向于低情境对话方式，即有什么就说什么，通过语言而非情境线索表达自己，所以Wolf教授是想合作的，如果不想合作他会直接拒绝Shelly；但中国文化偏向高情境文化，人们会把所有的事情联系在一起，想象没说出来的话要比说出来的话更重要。虽然较多学生没有分析到文化层面，但是他们中大部分人都认为Wolf教授是想合作的，说明他们判断问题的角度是合理的。

3. 访谈反馈

在开始教学前，我们对教师和专家进行了访谈，希望对中学英语教学中加入"文化教学"这一话题进行全面的了解。通过访谈，我们发现：

第一，中学阶段开展跨文化教学具有可行性。专家表示中学阶段的教学主题中有许多都适合开展跨文化教学。一线教师表示中学生具备一些对文化的敏感度和关注度。

第二，校方对跨文化教学的态度是积极的。开展实验的学校都愿意并且支持英语跨文化教学课程，对教学效果抱有很大的信心，并主动提供丰富的人力、物力来配合授课。

第三，学生愿意接受跨文化教学。学生们在谈论文化知识时并不排斥，有的学生还表现出浓厚的兴趣。如果教师适时提点，会取得较好的教学效果。

在完成实验之后，我们再次进行了访谈。从学期末的访谈可以看出，学生和教师对跨文化教学都抱有极大的热情，并且想继续坚持跨文化教学实践。在初步的跨文化教学实验的基础上，很多教师也开始了跨文化教学的备课，准备结合牛津英语教学进度积极开展授课活动。学生的学习热情和文化理解能力也有了普遍提高，开始主动关心身边事物所体现的文化内涵，并且具备了一定的从文化角度看待问题的能力。由此可见，本研究取得了一定的教学效果。

六、结语

本章以跨文化外语教学理论为基础，分析了上海市中学阶段现行的牛津英语教材每单元所涉及的文化知识点，得出了中学英语基础教育阶段文化教学的可行性，继而在各个环节教学策略分析的基础上进行具体的课程设计，配合正常教学单元收集跨文化教学资料、设计跨文化教学内容，并设计相关的教学策略，开发出了三个教学案例和教学课件展开教学实践。教学实践后的调查结果表明：跨文化英语教学有助于学生开拓文化视野，提高他们理解文化的能力，可以在一定程度上激发学生的学习兴趣，增强学习动机，锻炼合作意识，能在一定程度上优化英语教学，提高课堂效率，并可形成学生多样化的思维模式，培养宽容的态度。

由于资源和条件有限，在本章撰写前，我们只进行了三个有代表性的跨文化教学单元实践，而根据上文中我们的分析，牛津英语教材中其余的教学单元也有充分的跨文化教学潜力有待挖掘和开发。另外，文化环境的营造和思想层面的传导也需要一个长期的过程，不可能在一两节课的教学后就收到很明显的效果，而我们的跨文化教学实践在检验周期方面仍有欠缺，还需要长期的应用，通过不断完善的形成性评价和总结性评价来检验并改进本教学模式的实践效果。最后，由于影响学生学习效果的因素众多，研究者应充分关注个体差异，可针对不同的学习者，进一步探索设计个性化的跨文化教学策略。

参考文献

Lado, R. 1957. *Linguistics Across Cultures*. Michigan: University of Michigan Press.
胡文仲，高一虹.1997.《外语教学与文化》.长沙：湖南教育出版社.
上海中小学课程教材改革委员会.2005.《上海市中小学英语课程标准（征求意见稿）》.上海：上海教育出版社.
宋莉.2008.《跨文化交际法中国英语教学模式探析》.上海外国语大学硕士学位论文.
宋秋前.2005.当代课堂管理的变革走向.《教育发展研究》，17: 44-47.

第八章

中学英语拓展课程的跨文化教学设计

在全球化、信息化、多元化不断深入的当今世界，跨文化能力被广泛认为是21世纪人才必备的关键能力之一，培养具有跨文化能力的公民已经成为各国参与国际事务、促进国内和谐的共同需求（张红玲、姚春雨，2020）。将跨文化能力的培养作为目标，是当今世界教育改革的发展趋势。为适应这一趋势，提升教育国际竞争力，同时全面贯彻党的教育方针、落实立德树人根本任务，我国于2016年发布的《中国学生发展核心素养》将人文底蕴、国家认同、国际理解等与跨文化能力密切相关的素养囊括其中。2017年颁布的《国家教育事业发展"十三五"规划》中也明确提出，要"培育青少年学生文化认同和文化自信，加强多元文化教育和国际理解教育，提升跨文化沟通能力"。跨文化能力的培养已经成为我国21世纪教育改革的重要目标。

一、中学英语跨文化教学的现状

1. 中学英语课程标准对跨文化能力培养的要求

外语教育由于其学科属性,天然地成为培养跨文化能力的首要平台,正如张红玲(2012)指出的,外语教学是跨文化教育最有效、最重要的阵地之一。其原因一方面在于语言所蕴含的浓厚的人文性,另一方面在于外语教学的双重目标:语言文学目标(即掌握目标语言系统和语言应用技能)和社会人文目标(即培养社会技能和人文素养)。"跨文化能力"正是这双重目标的融合,因此顺理成章地作为我国英语教育改革的目标进入了各级外语教学大纲。

聚焦中学阶段,2011年颁布的《义务教育英语课程标准》(以下简称《义务标准》)将"文化意识"列为课程五大总目标之一,其中包含"文化知识""文化理解""跨文化交际意识和能力"三个子目标。2017年颁布的《普通高中课程标准》(以下简称《高中标准》)也将"文化意识"列入英语学科核心素养,要求培养学生能够获得文化知识,理解文化内涵,比较文化异同,汲取文化精华,形成正确的价值观,坚定文化自信,形成自尊、自信、自强的良好品格,并具备一定的跨文化沟通和传播中华文化的能力。同时,《高中标准》明确指出,英语课程的核心任务是立德树人,培养英语学科核心素养,其育人总目标是培养具有中国情怀、国际视野和跨文化沟通能力的社会主义建设者和接班人。待颁布的修订版《高中英语课程标准》将英语学科核心素养归纳为语言能力、文化品格、思维品质和学习能力四个方面。其中,文化品格涵盖了国际理解能力和跨文化交流能力,两者可谓21世纪公民的必备素养。核心素养体现了教育的育人价值和学科的育人功能,是贯彻党的全面发展教育方针、落实立德树人根本任务的育人指标,也是学生成才的评价标准(梅德明,2016)。在英语核心素养导向之下,英语课程的目的与目标也应从英语的工具性和英语学科的人文性这两个角度来设置(程晓堂、赵思奇,2016:84)。我们认为,"跨文化能力"这一目标全方位对接了基于核心素养的英语课程理念,它超越且囊括了语言能力和交际能力,涵盖了外语教学的双重目标,全面体现了外语的工具性与外语教育的人文性。而融合语言与文化的跨文化外语教学正是达成这一教育目标、实现英语课堂改革的最佳教学途径。

2. 中学英语课堂教学实践中跨文化目标的弱化

虽然《义务标准》和《高中标准》都明确将跨文化能力作为教学目标,但在实际的英语课堂教学实践中,由于应试教育的功利性导向、教师教育的滞后脱节、教材资源相应内容的缺乏等原因,跨文化目标不仅没有得到重视,反而在一定程度上被弱化。李丽洁(2009)通过问卷调查,结合教学实践,指出高中英语课堂教学中跨文化目标弱化的现象主要表现在以下几个层面:(1)在知识目标层面上,文化项目偏狭,共时性特征式微;(2)在态度目标层面上,民族中心主义思想占据主流;(3)在行为目标层面上,偏重语言符号意义上的文化身份认证。而跨文化目标的弱化会直接导致学生获得的文化知识偏狭陈旧,并对跨文化现象形成刻板僵化的认知,同时也反过来阻碍语言目标的实现,继而对教材使用、教学活动组织等产生连带的负面影响。这一现象的底层原因是根深蒂固的对语言的工具性认识。长期以来,英语学科一直被认为是一门工具性学科,中小学开设的英语课程在内容选择和目标设置方面具有明显的功利性(程晓堂、赵思奇,2016:82)。为扭转这一传统的英语教育理念,亟须将跨文化能力的培养真正落实于课堂,以最大限度地体现并发挥英语学科的育人价值,对接英语学科核心素养的要求。

3. 中学英语跨文化教学实践指导的缺失

虽然我国各级英语教学大纲都将跨文化能力纳入其中,但大纲设计者对跨文化能力的认识没有统一,要求高低不一,在某些方面甚至存在着简单化的倾向(胡义仲,2013)。同时,由于缺乏可行性强和公认度高的跨文化能力培养框架,实际教学中的跨文化交际能力培养呈现无章可循、各行其是的状态，影响了外语教育的质量和效果（张卫东、杨莉，2012）。跨文化能力的培养如何依托英语教育的平台来落实，需要学术界的理论支持与研究验证。

我国外语教育研究领域对跨文化能力的研究虽较西方起步晚，但在理论层面产出了不少成果，也有不少教师开展了跨文化能力培养的探索性实践，实施了基于微观课堂的行动研究。然而，目前的研究都侧重关注大学生的跨文化能力培养，忽略了跨文化能力培养的阶段性、延续性和终身性（张红玲、姚春雨，2020），我们需要研究和论证教学不同阶段对跨文化能力的规定，还需考虑中小学和大学跨文化教学的衔接（胡文仲，2013：7）。

目前学界关于中小学英语跨文化教学的研究大多停留在理论思辨和经验总结的层面，结合教材、教法等，探讨跨文化教学的实践方法。为数不多的实证研究则大多针对课堂教学现状和师生的跨文化能力进行调查与批判（如李丽洁，2009；邵思源、陈坚林，2011；钱文娟，2013）。可以说，中小学阶段的跨文化教学研究相当匮乏，一线教师的课堂教学亟须学术研究成果的指导。鉴于此，笔者所在的研究团队自2017年开始致力于开发一个面向学校教育的大、中、小学生跨文化能力发展一体化模型，研制一个覆盖各学段跨文化教学的分级参考框架。为验证该框架的合理性、适切性及有效性，我们深入课堂开展教学实验，并进一步对教学框架进行修订与完善。

二、中学英语拓展课程的跨文化教学设计

考虑到目前中学英语课堂普遍存在课时紧张的问题，为减轻教师与学生的负担，我们选择采用拓展课程的形式开展教学实验，与上海某中学合作设计并实施了三轮跨文化英语拓展课程，每轮一个学期。其中，第一轮课程名为《文化探索》，在预初年级的

一个班级开展,由研究团队成员设计并施教。第二轮课程名为《世界文化》,在预初、初一、初二、高一、高二五个非毕业年级实施,每个年级选择一个班级作为教学实验对象,课程由各班英语任课教师在研究团队的指导下设计并施教。第三轮课程依旧以《世界文化》为名,在预初、初一、初二、高一、高二五个非毕业年级的所有班级全面实施。本章将以第二轮教学实验为例,简要介绍课程的设计、实施与评价情况。

1. 课程设计的理论基础

(1) 课程目标与内容设计的理论基础:中国学生跨文化能力发展一体化模型

基于对中外跨文化能力研究的文献回顾以及对中国学生跨文化能力发展的需求分析,研究团队梳理跨文化能力的应用环境、构成要素、分析视角,结合中国语境下学生跨文化能力发展的需求和特点,提出了跨文化能力"四三二一"理论框架(张红玲、姚春雨,2020)。

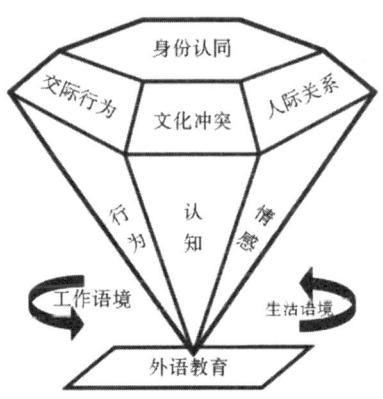

图 8.1 跨文化能力"四三二一"理论框架
(张红玲、姚春雨,2020)

该理论框架含四个视角（交际行为、人际关系、文化冲突、身份认同）、三个层面（认知理解、情感态度、行为技能）、两个语境（工作语境、生活语境）和一个平台（外语教育）。在此理论框架基础之上，团队采用文献研究、专家访谈和焦点小组讨论的方法，提出了中国学生跨文化能力一体化发展初始模型。之后，邀请跨文化研究专家、大中小学骨干英语教师、教学管理人员等共计24人参与焦点小组讨论，完善模型，构建了中国学生跨文化能力发展一体化模型（Integrated Model for Chinese Students' Intercultural Competence Development, IMCSICD）。

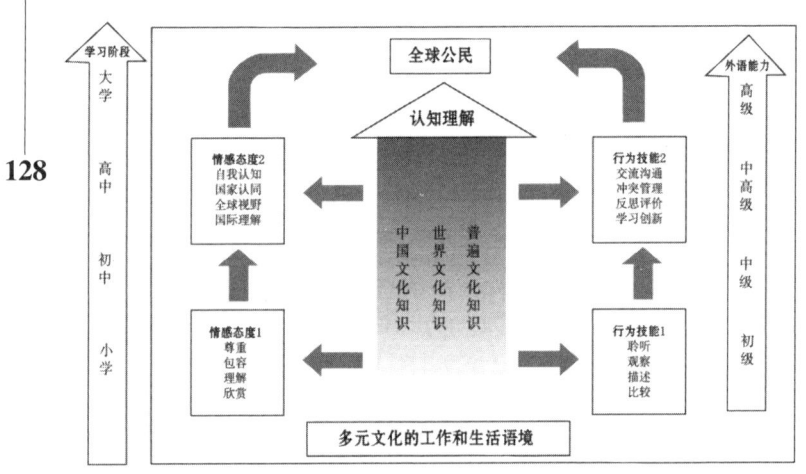

图 8.2 中国学生跨文化能力发展一体化模型
（张红玲、姚春雨，2020）

IMCSICD 模型基于多元文化的工作和生活语境，以培养全球公民为导向，立足中国语境，面向未来世界，服务广大学生，包括认知理解、情感态度、行为技能三个层面的 19 个要素，强调跨文化能力与外语能力同步发展，融入小学、初中、高中、大学全学段教育。

　　（2）课程教学方法设计的理论基础

　　1）体验式学习周期理论（Experiential Learning Cycle）

　　Kolb（1984：30）指出，新的知识、技能和态度需要通过四种体验式学习的模式来获得，即具体经验（concrete experience）、反思性观察（reflective observation）、抽象概念化（abstract conceptualisation）和主动实验（active experimentation）。如图 8.3 所示，这四个模式构成了完整的体验式学习周期，每个阶段具有同等的重要性，每一个学习者可依据自身的环境、习惯及偏好从其中任一阶段开始。有效的学习需要完全地、开放地、不带任何偏见地投入新的体验中，并从多元的视角反思、观察该体验，同时创造出抽象的概念将这些观察融入逻辑自洽的理论中，并能够运用这些理论来进行实践，解决问题。跨文化外语教学的理念要求学习者体验跨文化的交往，对跨文化的现象进行观察与反思，了解跨文化交际中的具体概念与理论，并能分析、解决跨文化的误解与冲突，以获得更好的跨文化交际实践能力，这与体验式学习周期理论不谋而合，因此我们以该理论为基础，指导具体的教学环节与活动的设计，结合教学主题的特性，选择其中任一阶段作为起始教学环节。学习者在整个过程中体验行动者和观察者的双重角色，或深度参与具体体验，或适度抽离概括分析。

图 8.3 体验式学习周期

2) 跨文化学习的互动过程（Interacting Processes of Intercultural Learning）

Liddicoat（2008）指出，跨文化教学法是一个互动过程，其中包含关注（noticing）、比较（comparing）、反思（reflecting）和互动（interacting）四个环节，如图 8.4 所示。而后 Liddicoat & Scarino（2013：59）进一步指出，这一过程不仅适用于教学，跨文化学习本身也是这样的循环互动过程，这四个环节环环相扣，学习者在跨文化学习的互动过程中体验语言、文化以及语言和文化的关系。与 Kolb 的体验式学习周期类似，该跨文化学习过程也并非必须将某一个环节作为特定的起始点，因为每个环节都相互关联。比如，我们可以将"关注"作为第一个环节，通过教师提问等方式使学习者在语言和文化的学习和使用过程中，关注到不同个体对同一事物的不同理解和表现。继而在感知文化异同的基础上,进行文化之间的比较以及学习者已知和新知之间的比较。通过比较,学习者形成对语言文化生活的理解,并反思文化差异和文化多样性的意义,随后,在互动过程中,感受多样性,检验自己的理解,并与他人交流分享。在互动中,新一轮的观察、比较和反思又开始了。

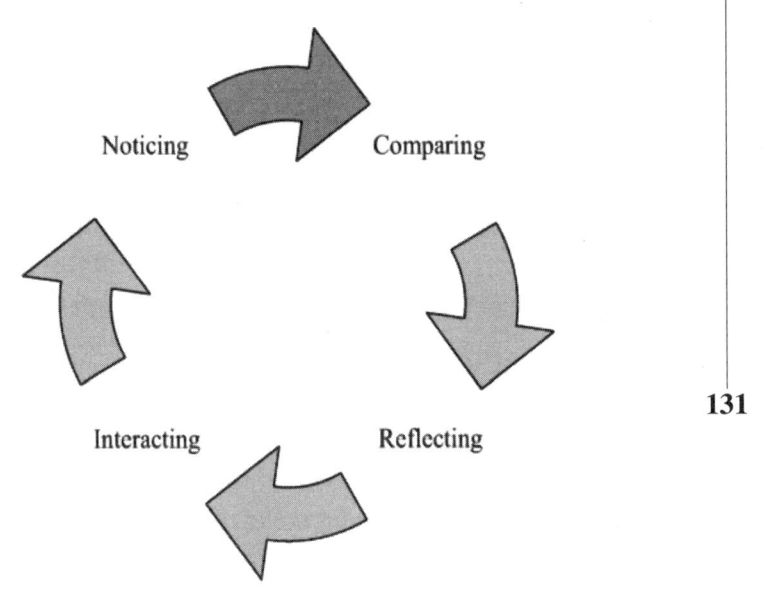

Interacting Processes of Intercultural Pedagogy
(Liddicoat, 2008:284)

图8.4 跨文化教学法的互动过程

2. 课程目标设计

跨文化英语教学的基本出发点是将英语作为国际通用语进行教学,将培养跨文化能力作为教学的最终目标(张红玲,2007:231)。基于这一基本原则,跨文化英语拓展课程的最终目标即跨文化能力的培养。学界对跨文化能力的界定有多重视角，侧重点各有不同，基于不同界定开发的跨文化能力模型多而繁杂，其中早期出现的情感-行为-认知ABC模型（Byram,1997; Deardorff, 2006）至今仍是接受度最高、应用最广的基础模型。上文所述的IMCSICD模型立足中国语境，借鉴ABC模型，提出认知理解-情感态度-行为技能三位一体、相互交织的跨文化能力内涵结构，其中丰富认知理解是基础，培养情感态度是重点，发展行为技能是目标（张红玲、姚春雨，2020）。具体来说，认知理解既包括对目的语文化的学习，也包括对世界其他文化的了解，还包括对本族文化的深入理解和反思。情感态度则是指在广泛接触和了解不同文化之间差异的基础上，增强学习者对中国文化的认同以及对世界其他文化开放、包容、理解和欣赏的态度，培养全球意识。行为技能则要求学习者将文化知识和跨文化情感态度转化为能力，形成善于倾听、观察、分析、阐释、比较、评价、创新以及批判思维和自主学习等能力，为讲述中国文化故事、参与中外人文交流、促进人类命运共同体建设做好准备。

基于以上对中国外语教育跨文化能力目标的理解，我们根据初中阶段与高中阶段学生不同的认知水平与思维能力，将课程目标进行了难度分化，具体罗列如下：

（1）初中英语拓展课程的跨文化教学总目标

1）认知理解

了解中国历史文化中的主要代表人物和一些经典著作，了解中国的基本国情和文化习俗；

初步了解世界各地文化中的生活方式、社交礼仪、风土人情等文化习俗；

了解思维方式、价值观念等文化要素，了解手势语、体态语等非言语交际行为。

2) 情感态度

对不同文化中的生活方式、社交礼仪、风土人情等文化习俗给予尊重和包容；

乐于理解并欣赏不同文化中的生活方式、社交礼仪、风土人情等文化习俗；

有兴趣学习自己所属文化群体的规范，并有意识地去遵守；

乐于了解中华优秀传统文化，感悟其精神内涵，增强民族自豪感；

乐于了解和学习世界各地的文化知识，理解"地球村"的概念和意义；

初步了解人类文明发展进程，比较了解国内外发生的重要事件。

3）行为技能

以开放的态度乐于倾听、用心倾听、仔细观察；

能描述和比较不同文化之间在生活方式、社交礼仪和文化习俗等方面的异同；

能用英语讲述自己的文化故事，能用英语向外国人简单阐述自己的思想和观点；

在遇到误解、矛盾以及冲突时，能有效控制自身情绪，不急于评判；

能对自我的跨文化交际行为及跨文化学习经历进行比较深入的反思。

（2）高中英语拓展课程的跨文化教学总目标

1）认知理解

了解中国历史文化脉络及各时期的主要代表人物，了解中国当代社会文化、经济、政治等的发展情况；

初步了解不同文化群体的思维方式和价值观念等；

初步掌握文化禁忌、文化中心主义、文化休克、交际风格等概念和理论。

2）情感态度

对不同文化群体提出的思想观点给予尊重和包容；

积极主动地探索不同文化中的生活方式、社交礼仪、风土人情等文化习俗及其历史渊源和社会意义；

基于对中国历史文化的理解，初步认识"我是中国人"的文化身份；

认同并遵从中国文化价值观，积极关注当代中国社会发展及其在世界经济、政治、文化等领域所扮演的角色和所面临的挑战；

在不断丰富世界文化知识的基础上，培养全球视野；

乐于关注当今世界发展动态，了解世界各国面临的全球性问题。

3）行为技能

在用心倾听的过程中，积极思考，仔细观察，形成自己的理解；

能简单描述和比较不同文化群体的思维方式和价值观念等方面的异同；

能用英语简单讲述中国文化故事，能用英语较深入地阐述自己的思想和观点；

在跨文化交际活动中，能对误解、矛盾以及冲突产生的原因进行判断和分析；

能在深入反思的基础上，总结自己的跨文化交际行为及跨文化学习过程中的经验教训。

3. 课程内容设计

课程内容的核心为各个层面的文化现象，那么这里必须厘清三个关键问题：课程内容包括谁的文化？哪些方面的文化？什么层面的文化？

首先，如前所述，认知理解的对象包括目的语文化、世界其他文化以及本族文化。并且，由于文化不仅仅存在于国家或民族的层面，每个国家和民族内部也具有丰富的文化多样性，因此，各类群体的亚文化也是认知理解的重要对象，如不同地域的文化、不同性别的文化、不同年龄的文化、不同兴趣群体的文化，等等，不可尽数。

其次，文化知识可以分为具体文化（culture-specific）知识和普遍文化（culture-general）知识，两者在跨文化学习中占据重要的地位（Paige, 2006: 40-41）。其中，具体文化知识学习是对某一具体国家和群体文化内涵、文化产品的了解与掌握，涉及目的语文化、本族语文化以及跨文化交际过程中不同文化表现出来的共性特征。而普遍文化知识可以理解为与各种文化行为相关的文化理论知识（Bhawuk, 1998: 636）。

再者，文化存在于显隐程度不一的各个层面上。饮食、服饰、文学、艺术、语言、习俗，等等，这些可观察的、与人类所说所做的行为层面相关的文化，是显性的表层文化（explicit surface culture）（Hall, 1976），而在这些容易被感知到的文化之下，蕴藏着远为丰富的隐性的深层文化（implicit deep culture），与人们的所思所想有关，甚至常常是无意识的，比如信仰、价值观、态度观点等。通常，语言教师们仅仅关注到了表层的文化，但我们认为，深层的文化也应该纳入教学内容，甚至应该成为核心内容，以帮助学生进行更深入的体验与反思。

文化所涉范围可谓广而无边，但限于教学时间，主题内容的选择必须有所取舍。我们认为，应以真实性、适切性、相关性、趣味性为原则选择合适的主题作为教学内容。必须选用真实的教学资源，考虑学生的认知水平、情感发展以及英语能力等因素，结合学生的兴趣点，选择与他们日常生活和学习息息相关的话题，让学生们有话可说、乐于参与且对他们来说实用有益。

4. 课程教学模式设计

根据跨文化外语教学的理念，我们认为应采用基于主题、内容和任务的融合式教学（integrated, theme-based, content-based, task-based instruction）方法，注重体验学习与合作学习。每次课围绕既定主题设计教学活动，以超越传统课堂的事实性知识传授模式，并将前文所述的跨文化学习的互动过程串联起来，提升学习者的多元视角意识及批判性思考能力。教学活动主要包括文化讲解（mini-lecture）、文化比较（comparison）、文化讨论（group discussion）、文化对话（pair work dialogue）、文化辩论（debate）、文化扮演（role play）、文化分析（case study）、文化展示（presentation）等活动，包含若干教学步骤。教师在教学活动中主要担当活动设计者、组织者和引导者的角色。

常规的课堂教学可按如下模式进行：

（1）热身引入环节（Warm-up）

教师可首先从学生亲身经历出发引入文化主题，通过问答组织学生开展讨论，引发学生对生活中文化现象的关注，激发学生对不同文化的好奇心和对文化学习的兴趣。

（2）活动体验环节（Activities）

创设跨文化交际情境，让学生在各种文化学习活动中学会倾听、观察、描述、比较、交流、沟通、反思和评价，认识文化多样性的价值，培养用英语表达思想、与人交流的勇气和能力。

（3）总结引申环节（Wrap-up）

从自身文化和异文化两个视角归纳和总结主题内容，进一步增强他们进行文化比较与反思的能力以及用英语讲述中国故事的意识和能力。同时，可适当设计课后任务，帮助学生将课堂中获得的能力运用到更广阔的情境中。

三、中学英语拓展课程跨文化教学设计的实施与评价

1. 课程实施案例

在课程实施阶段，研究团队首先在学期初对教师们进行了一次简单的培训，介绍跨文化外语教学的理念、原则及方法，并提供了可供选择的主题内容及课例作为参考。在一学期的课程实施

过程中,教师们在研究团队的指导下按照各自学生的具体情况,选择合适的主题搜集教学材料并设计教学活动。

(1)课堂教学案例

我们以七年级的一节题为"What do you know about food?"的课为例介绍具体的教学设计与实施。

1)教学目标

首先,基于IMCSICD模型、课程教学总目标和主题内容,我们设置了以下三维教学目标:

- 认知理解:能了解一些著名的中外特色食物;能了解世界范围内食物的多样性;能了解食物与文化的关系。
- 情感态度:能理解不同文化中的饮食禁忌与偏好;能对不同文化中的饮食禁忌给予尊重与包容;能欣赏饮食文化多样性的价值。
- 行为技能:能用英语简单地描述、介绍一些世界著名的特色食物;能用英语较为完整地介绍某一种中国特色食物;能在跨文化交际中避免或解决因饮食文化差异而产生的误解与冲突。

2)教学过程

根据前文所述的教学方法原则,我们设计了如下教学步骤:

- 热身引入环节

教师通过三个问题(Do you like different kinds of food? What is your favourite food? Have you tried any food from other countries?)引入主题,帮助学生联系个人生活经验,激发学生兴趣,调动课堂气氛,引发学生对食物相关文化现象的关注。

- 活动体验环节

活动1 文化讨论

组织学生围绕问题(What do you think the national food is in China? Why do you think so?)进行讨论,发表观点,引发学生对自身文化的思考,并使用英语进行表达。

活动2　文化展示

课前将学生分组，3至4人一组，每个组代表一个国家，要求学生对各自所代表国家的特色食物进行了解，搜集文字介绍及图片，在课堂上对食物的制作原料、口味特色、历史渊源、食用方式等各个方面进行展示和介绍。学生在这个活动中，通过合作学习了解某一具体国家的特色食物，学习与食物相关的语言表达，并锻炼英语表达的能力。教师在每一组展示后，选取其中部分内容与台下聆听的同学进行互动，确保课堂参与度，同时加深同学们对文化知识与语言知识的印象。

活动3　文化分析

教师提供以下三个跨文化交际场景：

Scenario 1: Suppose Jim, one of your American friends, is coming to visit you at your home this weekend, what do you have to know before inviting him to dinner?

Scenario 2: Suppose Raj, one of your Indian friends, is coming to visit you at your home this weekend, what do you have to know before inviting him to dinner?

Scenario 3: Suppose Mahdi, one of your Iranian friends, is coming to visit you at your home this weekend, what do you have to know before inviting him to dinner?

要求学生两人一组，选择其中1个场景，分析讨论邀请外国朋友来家用餐前应了解哪些信息。在此基础上，讨论制作一份包含中国特色食物的菜单，并附上理由。

在这一活动中，学生交换文化知识，了解其他文化的饮食禁忌与偏好，并与中国饮食文化建立对比，提升对文化差异的敏感性。

- 总结引申环节

最后，教师再一次抛出本次课的主题："What do you know about food?"让学生在回顾整节课内容的基础上进行总结与反思，帮助学生强化对世界饮食文化多样性以及对不同文化饮食禁忌的了解，提升对不同饮食文化的尊重与包容意识，并学习如何在跨文化交际中避免饮食文化差异可能带来的误解与冲突。

在总结整节课的要点后，教师围绕主题，创设以下跨文化冲突情境：

Suppose you will be invited to dinner by a local family when you travel or study abroad (in US, UK or other countries), what would you do if you are not feeling comfortable with the food or drink they serve?

该项任务要求学生在课后创作英文对话，并在下一次课上进行文化扮演。在该项活动中，学生通过体验具体的跨文化交际情境，锻炼解决跨文化冲突的能力，同时有助于他们转换视角进行思考。此外，在文化扮演之后，教师还应组织同学们对文化扮演所呈现的内容进行分析与评价，为学生们创造行动者与观察者两种视角的体验，帮助他们将跨文化能力运用到更广阔的跨文化交际情境中。

（2）课程设计案例

以七年级为例，一学期课程共开展了11次，如表8.1所示，教师根据学生的能力与兴趣，参考英语教材，结合自身特长选取了11个教学主题。教学内容涵盖表层文化（如各类文化习俗）以及深层文化（如价值观、社会关系及身份认同），囊括中国文化、世界文化以及其中各个层面的亚文化，也涉及普遍文化。在选定主题内容后，根据IMCSICD模型及教学总目标设定每一节课的具体教学目标，继而在我们给出的教学活动中选择合适的活动设计具体的教学步骤。

表 8.1 七年级跨文化英语拓展课程的教学内容、目标及活动

教学内容		教学目标			教学活动
领域	主题	认知理解	情感态度	行为技能	
Values & Identity	What is Chinese culture?	中国文化知识；普遍文化知识	理解、欣赏；自我认知、国家认同	聆听、描述；反思评价	文化讲解 文化讨论
Mindset & Values	Taoism	中国文化知识；世界文化知识	尊重、理解、欣赏；自我认知、国家认同、国际理解	聆听、描述、比较；反思评价	文化讲解 文化比较 文化辩论
Relationships & Values	Chinese Guanxi	中国文化知识；普遍文化知识	理解；自我认知、国家认同	聆听、描述、比较、交流沟通、冲突管理、反思评价	文化讲解 文化比较 文化讨论
Non-verbal Language	Body Language	普遍文化知识；世界文化知识	尊重、包容、理解、全球视野、国际理解	观察、描述、比较、交流沟通、冲突管理	文化讲解 文化对话 文化分析
Customs & Values	Western Festivals	世界文化知识；中国文化知识	理解、尊重、欣赏；国家认同、全球视野、国际理解	聆听、描述、比较；反思评价	文化讲解 文化讨论 文化比较 文化对话

（续表）

Institution & Values	Education Differences	世界文化知识；中国文化知识	尊重、理解；自我认知、全球视野、国际理解	聆听、描述、比较；反思评价、学习创新	文化讲解 文化比较 文化讨论
Customs & Values	Etiquette Culture	普遍文化知识；世界文化知识	尊重、理解；自我认知、全球视野、国际理解	聆听、观察、描述、比较；反思评价	文化讲解 文化比较 文化辩论
Customs & Values	Moving Customs	世界文化知识；中国文化知识	尊重、理解；全球视野、国际理解	聆听、观察、描述、比较；反思评价	文化比较 文化讨论 文化扮演
Customs & Values	Food and Tableware	中国文化知识；世界文化知识	尊重、包容、理解、欣赏；国家认同、全球视野、国际理解	聆听、观察、描述、比较；反思评价	文化讨论 文化比较 文化扮演
Customs & Values	What do you know about food?	中国文化知识；世界文化知识；普遍文化知识	尊重、包容、理解、欣赏；国家认同、全球视野、国际理解	聆听、观察、描述、比较；交流沟通、冲突管理、反思评价	文化讨论 文化展示 文化分析 文化扮演

（续表)

Socialization & Identity	Gender Stereotype	普遍文化知识	尊重、包容、理解、欣赏；自我认知	聆听、观察、描述；交流沟通、冲突管理、反思评价	文化讨论 文化扮演

2. 课程效果评价

为评价课程的有效性及适切性，我们在一学期中进行了数次课堂观察，并在学期结束后对师生进行了访谈。

（1）课堂观察

根据我们的课堂观察，课堂活动环节学生参与度高，愿意且勇于用英语进行表达。以前文作为案例的"What do you know about food?"这一节课为例，全班34人在40分钟的课堂中共有24人次主动举手参与活动，37人次参与了课堂与教师的问答互动及文化展示活动。从学生的表情来看：聆听时专注认真，表达时自信大方，参与活动时兴奋投入。从学生表达的内容来看：能体现一定的思维深度。如最初教师询问学生对食物的了解时，就有学生答道："People from different places eat different food according to their weather condition or their habits."体现出了对食物多样性及其形成原因的认知。当教师提问："What do you think the national food is in China?"一位同学选择了"窝窝头"，因为"it is very special, in western countries, they don't ... If we introduce it to the westerners, they won't understand what it is."体现出对文化差异和文化独特性的认识。当人身处异国他乡时，是否会喜欢或接受当地的食物？对这一问题，学生表达了各自不同的观点。有的学生表示，人们在异国他乡会思念故乡的食物，体现了他对饮食与个人所属文化关系的认识；有的学生表示，每个人对食物都有各自的偏好，但他会尊重他人，且乐于尝试不同食物，表现出较强的包容度和开放性；有的学生则表示他只爱中国的食物，表现出较强的国家文化认同感。当最终总结关于食物的认识时，更有学生做出了"the food is one of the symbols of one country"这样富有深度抽象思考的归纳。总体来说，各环节的活动设计有效调动了学生的积极性，激发了学生的深度思考。

（2）师生访谈

从学生访谈的反馈来看，大家都表示这门课程不仅气氛轻松活跃，内容适宜有趣，还让他们学到了日常课堂中学不到的文化知识，有用且有意义。他们非常喜欢文化讨论、文化扮演、文化展示这类活动，因为这些活动不仅帮助他们拓展了视野，也给了他们表达自己想法和展示自己的机会，并能从中听到不同的观点，给了他们崭新的视角。他们表示上完这门课后，对文化产生了兴趣，增加了与外国人交流沟通的勇气，也学会了对不同文化及不同观点给予尊重和包容。

从教师的反馈来看，学生课堂活动的参与投入度较传统英语课堂更高，课堂氛围活跃，对教师所选的大多数话题都表现出较高的兴趣，课后的任务也能认真完成。尤其初中阶段的学生更为兴奋，每次都对这门课非常期待，在文化扮演这类活动中非常有表现欲。相较而言，高中阶段的学生虽然没有初中阶段的学生那么积极主动，但整体的专注度高，参与度与兴趣度也比传统英语课堂高。

四、结语

本章简述了中学跨文化英语拓展课程的开发背景、开发意义、理论基础以及跨文化教学的设计、实施与评价过程。总体来说，该课程基本达成了培养学生跨文化能力的目标。所选课程主题及教学内容符合学生的年龄特点和认知能力，对学生来说具有较高的趣味性与实用性。教学活动的设计符合学生的心理特点，课堂参与度、投入度高,且能有效激发学生的表达欲,引发深入思考。但我们仍需更多的教学实验来对课程进行持续的验证与完善。

此外,在课程实施的过程中,我们也发现,教师对跨文化能力及跨文化外语教学理念的理解还不够全面,这导致他们在课程设计时受到限制。同时,由于他们对传统的以教师为中心、以知识为中心、以教材为依托、以测试为导向的教学模式仍有较强的依赖性,跨文化外语教学课程的开发设计对于他们来说是一个不小的挑战。因此,相应的教学模式、教学资源、测试手段及教师教育项目都亟待开发。

参考文献

Bhawuk, D. P. S. 1998. The role of culture theory in cross-cultural training: A multimethod study of culture-specific, culture-general, and culture theory-based assimilators. *Journal of Cross-cultural Psychology,* 29(5): 630-655.

Byram, M. 1997. *Teaching and Assessing Intercultural Communicative Competence*. New York: Multilingual Matters.

Deardorff, D. K. 2006. Identification and assessment of intercultural competence as a student outcome of internationalization. *Journal of Studies in Intercultural Education,* 10(3): 241-266.

Hall, E. T. 1976. *Beyond Culture*. New York: Doubleday.

Kolb, D. A. 1984. *Experiential Learning: Experience as the Source of Learning and Development (Vol. 1)*. Englewood Cliffs, NJ: Prentice-Hall.

Liddicoat, A. J. 2008. Pedagogical practice for integrating the intercultural in language teaching and learning. *Japanese Studies,* 28(3): 277-290.

Liddicoat, A. J. & A. Scarino. 2013. *Intercultural Language Teaching*

and Learning. West Sussex: John Wiley & Sons.
Paige, R. M. 2006. Dimensions of intercultural learning. In R. M. Paige, et al. eds. *Maximizing Study Abroad: A Students' Guide to Strategies for Language and Culture Learning and Use*. Minneapolis, MN: Center for Advanced Research on Language Acquisition, University of Minnesota, pp: 40-41.
程晓堂, 赵思奇. 2016. 英语学科核心素养的实质内涵.《课程·教材·教法》, 36(5): 79-86.
胡文仲. 2013. 跨文化交际能力在外语教学中如何定位.《外语界》, 6: 2-8.
李丽洁. 2009. 高中英语课堂教学跨文化目标的问题与对策.《教学与管理》, 25: 67-69.
梅德明. 2016. 基于核心素养的英语学科课程发展——课程目标演进的价值取向.《英语学习》, 12: 6-12.
钱文娟. 2013. 学生跨文化意识和交际能力现状与对策.《中国教育学刊》, S2: 1-2, 4.
邵思源, 陈坚林. 2011. 一项对高中英语教师跨文化交际敏感度的调查.《外语学刊》, 3: 144-147.
张红玲. 2007.《跨文化外语教学》. 上海: 上海外语教育出版社.
张红玲. 2012. 以跨文化教育为导向的外语教学: 历史、现状与未来.《外语界》, 2: 2-7.
张红玲, 姚春雨. 2020. 建构中国学生跨文化能力发展一体化模型.《外语界》, 4: 35-44, 53.
张卫东, 杨莉. 2012. 跨文化交际能力体系的构建——基于外语教育视角和实证研究方法.《外语界》, 2: 8-16.

第三部分

跨文化外语教学的创新方法

第九章

民族志跨文化外语教学[1]

进入 21 世纪以来，国内外关于外语教育政策和公民外语能力的讨论日趋热烈，各个国家纷纷制定外语教育政策与标准，推出外语教育改革举措，以满足新时代人才培养需求。纵观这些外语教育政策与标准，如美国《21 世纪外语学习标准》《加拿大语言能力标准》《欧洲语言共同参考框架》《中国英语能力等级量表》等，不难发现跨文化能力培养是外语教育的重要目标这一点已成为广泛共识。在我国，自《跨文化外语教学》（张红玲，2007）一书提出并系统阐述跨文化外语教学理论以来，跨文化外语教学理念获得越来越多外语教师和研究者的认同，跨文化外语教学实践和研究探索开展得如火如荼。然而，相比美国、英国、日本等国，我国当前的跨文化外语教学研究仍以思辨和阐释性研究居多，教学行动研究和实证研究偏少，一线教师则迫切需要了解如何在课堂教学中践行跨文化外语教学理念，落实跨文化能力培养，切

---

[1] 本章内容已发表于《外语界》2018 年第 3 期，pp. 2-9，原标题为"民族志跨文化外语教学项目的设计、实施与评价"，此处略有改动。

实提升学生的外语能力。

本研究提出民族志跨文化外语教学法，尝试将民族志方法应用于外语教学，设计和实施民族志跨文化外语教学项目，并通过项目实施效果评价，验证民族志跨文化外语教学法在融合语言学习和跨文化学习方面的作用与价值，以此为跨文化外语教学理念指导下的外语教学实践提供新的方法论视角。

一、民族志跨文化外语教学法

1. 从民族志研究法到民族志教学法

民族志是人类学、社会学、文化学、传播学、语言学等人文社会科学常用的一种质性研究方法，研究者通常以观察和访谈形式深入目标群体，考察研究目标群体的文化行为模式、习俗和生活方式，细描和阐释文化现象。近年来，民族志研究法不断被引入教育领域。研究者通过课堂观察，搜集第一手资料，分析教学行为，全面、详尽地阐释课堂教学中存在的问题，由此产生了教育民族志研究（柳夕浪，2003；叶澜、吴亚萍，2004；王鉴，2007）。民族志研究法之所以越来越受到传播学、语言学、教育学等领域学者的欢迎，一个重要的原因在于过去广泛运用的量化和实验研究方法无法充分解释人类的思维过程和行为模式，很多与人相关的活动必须借助类似于民族志的质性研究方法得到深入探究（李松林，2005：112）。

民族志作为一种教学方法，特别是语言文化教学方法，也引起了国内外教学界的关注。国内外代表性研究成果包括Roberts等人（2001）的民族志外语教学法、Cunico（2005）及龙梅、田洁（2007）的民族志戏剧教学法。Roberts等人（2001）从揭示外语学习的社会本质出发，阐述了语言学习与民族志之间高度契合的本质特点，提出了"语言学习者就是民族志学者"的观点，并通过民族志外语教学项目探讨了如何在外语教学中应用民族志方法，将语言学习和文化学习有机融合。民族志戏剧教学法则是着眼于戏剧对于增强学习者跨文化意识的价值和潜力，在外语教学课堂上引入戏剧，使学习者"深入探索人性体验并将之与自身经验进行比较和调适，同时通过对戏剧人物性格的探寻，更好地了解自己，认识社会"（龙梅、田洁，2007：64）。

卜卫（2010）明确提出民族志教学法，总结了民族志教学法的几大基本特征：（1）田野调查是了解特定人群及其文化的主要方式，是通过进入该群体的社会，与他们长期互动接触，获取关于该群体语言、行为方式和事件的意义；（2）将该群体及其文化置于完整的背景中去理解是从整体论角度了解其文化；（3）从局内人视角理解该群体的经验及其意义，在这个意义上民族志不是要调查群体，而是要向群体成员学习；（4）通过反省研究者身份的转换，即学者与学徒互换（Tedlock，2000：491）以及研究者与研究对象如何共同构建事实，来探讨研究的客观性。这些特征与跨文化外语教学强调以外语为媒介、以文化为内容的外语教学思想高度契合，成为民族志跨文化外语教学法的重要理论参考。

2. 民族志跨文化外语教学法

近二十年来，我国跨文化外语教学快速发展，从初期的研究队伍小众化、理论研究碎片化、成果定位边缘化，到如今教学大纲、教材、期刊、培训全面铺开，跨文化外语教学实践与研究进入大发展阶段，相关实践和研究成果不断涌现，推进了外语教学的人文性回归和育人化改革。然而，从当前外语课堂教学实践来看，广大教师对跨文化外语教学的理解还存在一些误区：其一，文化教学附属于语言教学，属于锦上添花的内容；其二，文化教学就是文化知识或文化信息的介绍和传授。

外语教学体系纳入文化教学是为了帮助学生了解语篇背后的文化信息，加深对语篇内容的理解，服务语言教学。更重要的是，外语教学具有深厚的人文性和育人性，承载着培养学生外语语言能力和跨文化能力的双重使命，语言教学和文化教学的地位同等重要（王守仁，2016）。在实际教学过程中，两者虽然可以分而治之，但最佳途径是通过恰当的教学设计有机融合两者。在跨文化教育中，学生通过接触和了解不同文化群体的生活方式、思维方式与价值观念，提升对文化差异的敏感性，培养对不同文化包容、尊重、理解和欣赏的态度，增强在多元文化环境中与人和谐相处、有效合作的能力。因此，外语教学中的文化教学不能仅仅关注文化知识，在衣、食、住、行等层面浅尝辄止，而是更需从跨文化意识、情感态度、行为技能等多个层面设计和开展教学活动。

民族志跨文化外语教学以培养学生的跨文化意识和能力为目标，注重语言教学与文化教学的有机融合，为学生提供运用所学语言进行真实人际交流的机会，学生与研究对象进行口头互动交流或自己撰写民族志研究报告，以此帮助学生丰富文化知识，增强跨文化意识，培养跨文化情感态度，提升跨文化能力。再者，民族志跨文化外语教学能使学习者通过具体文化学习，摸索和掌握文化学习的常用方法和跨文化交际的一般规律，对他们今后的文化学习和跨文化实践具有重要的启示意义。

二、民族志跨文化外语教学项目的设计与实施

民族志跨文化外语教学以学生为主体，教师指导学生以民族志研究者的身份融入某一文化群体，对该群体的语言、行为、文化等进行观察、访谈、记录，并撰写民族志研究报告。在这一过程中，教师首先对学生进行民族志培训，使用教材内容或相关文化故事和案例，帮助学生深刻认识民族志研究和学习活动的方法与意义。然后，学生围绕自选或教师指定的研究问题，对某一文化群体进行民族志研究。最后，学生对通过观察和互动交流搜集到的资料进行整理、分析、反思和评价，撰写民族志研究报告。学生在民族志教学过程中通过亲身体验跨文化交际，形成对某一文化的直

观认识，深化对文化的感知，培养跨文化意识。同时，在与研究对象的真实跨文化交际中，学生难免会遇到交际障碍或文化冲突，而为了完成民族志学习任务，学生必须自主克服障碍、消除冲突，从而通过在做中学，提高跨文化能力。

1. 项目参与者与材料

本项目在上海某大学依托"综合英语"课程开展民族志跨文化外语教学，旨在为学生提供用英语与外国人面对面交流沟通的机会，提升学生的跨文化意识和跨文化能力。

（1）项目参与者

本项目以新闻专业本科二年级一个班级的 23 名学生为对象，并招募了来自 12 个国家、精通英语的 13 名外国专家，每两名学生和一名外国专家组成一个文化学习小组，共有 11 个小组（一个小组有 3 名学生、3 名专家，其中 2 名专家中途回国后，另 1 名专家加入）。

（2）项目材料

我们联合"综合英语"授课教师提供的项目材料包括为学生准备的项目大纲、为外国专家提供的项目志愿者招募通知、学生培训使用的民族志报告撰写指南以及学生调查问卷和师生访谈提纲。问卷包括 9 个问题，除第 1 题基本信息题和第 8、第 9 题总体评价题之外，第 2–7 题分别涉及学生对项目的态度、项目对提高英语听说能力的作用、项目对提高写作能力的作用、项目对提高文化差异敏感性的作用、项目对了解外国专家所属文化的作用及项目对提高跨文化能力的作用。问卷选项采用五点量表形式，"1–5"分别代表"非常欢迎/作用很大"到"不欢迎/作用很小"。访谈主要围绕项目对提升英语语言能力和跨文化能力的作用展开。

2. 项目研究过程

民族志跨文化外语教学法是由培训、实践和报告 3 个步骤构成的参与体验式文化学习方法。本项目主要分为准备阶段、实施阶段和总结阶段，要求学生围绕4个问题展开探究学习：

问题1：外国专家在上海的工作和生活状况如何？描述其日常生活。

问题2：外国专家对自己在上海的工作和生活感觉如何？陈述其感受及其在上海的跨文化适应情况。

问题3：外国专家最感兴趣的中国文化层面是什么？列举其最感兴趣的问题。

问题4：外国专家代表的文化与中国文化的主要差异有哪些？阐述至少3个差异点。

（1）项目准备阶段

项目正式实施之前，一方面我们为学生提供民族志研究方法和民族志报告撰写培训，使他们明确民族志跨文化外语教学活动的具体要求。另一方面，我们通过微信群和参与项目的外国专家互动交流，回答关于项目的疑问，使他们深入理解项目的目的和意义。

（2）项目实施阶段

项目实施为期一个月，每个文化学习小组开展4次活动，建议活动包括互访做客、学生带专家参观上海景点等，学生以日志形式记录每次活动。第二周活动结束之后，学生提交中期民族志报告。"综合英语"课上，教师让学生报告活动进展情况，及时解答学生提出的问题，解决专家与学生在课外活动中遇到的技术问题。

（3）项目总结阶段

项目结束后，每个小组在教师指导下，撰写民族志跨文化外语学习研究报告。我们组织所有参加项目的学生参与问卷调查，了解学生参加项目后的感受及其对项目的评价和意见，并对19名学生（4名学生因故无法参加）进行了2小时的群体访谈，对授课教师进行了2小时的深度访谈。

三、项目实施效果分析

为了评估项目对增强学生英语使用能力和跨文化能力的效果，我们运用 AntConc 词频统计软件和 Voyant Tools 分析工具对学生提交的 23 份民族志报告进行统计分析，并讨论问卷调查和访谈结果。

1. 基于民族志报告的统计分析

民族志报告的词频统计分析主要围绕 4 个方面展开：外国专家在上海的日常生活、外国专家在上海的跨文化适应情况、外国专家对中国文化的兴趣表现和中外文化差异。

（1）外国专家在上海的日常生活

词频统计结果显示，China, Chinese, students, people, culture, Shanghai, time, life, English 等词是学生民族志报告中出现频次较高的名词（见图 9.1），说明学生能够围绕"中国、学生、上海、文化、生活、语言"等主题与专家互动交流并撰写报告。

图 9.1 词频统计的主要结果

（注：词的字号越大，表明出现频次越高，反之则出现频次越低）

随后，我们运用 Concordance、Fileview 等工具对包含 life 一词的 74 个句子片段进行分析，发现学生对外国专家在上海的日常生活情况有比较细致的观察和了解，对此从部分学生的描述中可见一斑（学生姓名均用字母代替）：

① 目前，在这里他（加拿大专家）一边任教，一边攻读博士学位，每天感觉忙得不可开交，生活节奏很难慢下来，压力较大。（学生 A）

② 她（以色列专家）平日非常忙，周一至周三在学校教希伯来语，周四至周五去其他学校上课。下班后，她喜欢做一些类似瑜伽和游泳的锻炼活动。她很喜欢和自己的孩子们视频聊天。到了周末，她会约上朋友一起外出放松自己。（学生 B）

这些基于参与观察而撰写的民族志报告在一定程度上说明，学生在与外国专家相处的过程中，能够按照项目要求，做到学会倾听、善于观察、勤于反思、及时总结，这些行为技能正是跨文化能力行为层面的重要内容。

（2）外国专家在上海的跨文化适应情况

我们在 Concordance 高级设置中输入 Shanghai、work、life 等词，并设置 Kwic sort 后，得到相关句子片段 143 个。句子片段梳理结果显示，虽然少数专家感觉在上海工作压力较大，但学校对他们的重视、关心和提供的宽松、包容的环境使他们对上海的工作和生活感到满意。

然后，我们运用 Collocates 和 Clusters 工具统计分析动词短语 accustomed to、adapt to 的搭配词及其所在句段（见表 9.1、表 9.2），发现外国专家在上海的跨文化适应主要与生活习惯、习俗、工作、天气、饮食等有关。

表 9.1 accustomed to 搭配词表

名次	频次	左频次	右频次	搭配强度	搭配词
1	1	0	1	12.66948	overtime
2	1	0	1	10.66948	habits
3	1	0	1	10.34755	weather
3	1	1	1	10.34755	hand
5	1	0	0	9.21004	working
5	1	0	1	9.21004	customs
7	1	1	1	8.86212	something
–	–	–	–	–	–

（注："–"表示省略的名次、频次、左频次、右频次、搭配强度和搭配词，表 9.2 同）

表 9.2 adapt to 搭配词表

名次	频次	左频次	右频次	搭配强度	搭配词
1	1	0	1	12.66948	cuisine
2	1	0	1	11.66948	taco
2	1	1	0	11.66948	easily
2	1	0	1	11.66948	bell
5	1	1	0	10.34755	strong
6	1	1	0	10.08451	international
6	1	1	0	10.08451	ability
–	–	–	–	–	–

借助 Fileview 工具，我们可以看出外国专家在上海的跨文化

适应都比较顺利,比如有些学生这样报告:

③ 来自法国的专家来中国之前在其他国家生活过多年,具有丰富的跨文化经历和较强的适应能力,因此来上海后也能很快适应。(学生 E)

④ 来自意大利的专家来中国之前学过中文,因此适应上海的生活对她来说并不难,只是有时会因没有朋友感到孤独。她很想交朋友,但由于中意文化对待朋友方式的不同,她遇到一些困扰,不过最终通过努力解决了困难。(学生 G)

⑤ 来自印度的专家对上海的快节奏生活表示惊讶,对加班工作表示不习惯,因为这和印度人慢节奏的生活形成对比。(学生 D)

以上表述说明,学生对外国专家在上海的跨文化适应情况进行了细致的民族志调研,这不仅有利于他们深入理解文化冲击、跨文化适应等相关概念和理论,而且能使他们通过比较和反思,更好地适应今后的跨文化生活。

(3)外国专家对中国文化的兴趣表现

由图 9.1 词频统计可知,China,Chinese 排名位居前二,说明与 China,Chinese 相关的话题是民族志报告描述的主要内容。运用 Concordance 工具对 interested,interest 的多词检索结果显示,相关句子片段有 19 个。借助 Fileview 工具和上下文语境,我们发现外国专家对中国历史、哲学、文学、艺术、语言等表现出浓厚的兴趣,如:

⑥ 来自意大利的专家对中国的哲学(如孔子、孟子、《道德经》等)、艺术与建筑(寺庙、宫殿等)以及文学很感兴趣。(学生 G)

⑦ 来自印度的专家对中国的歌曲和舞蹈很感兴趣,特别是被中国传统舞蹈所吸引,并觉得中国中老年人跳广场舞很有趣。(学生 D)

⑧ 来自以色列的专家对中国的风水,尤其是房屋风水观很感兴趣,认为风水很神秘,不可思议。(学生 B)

外国专家的文化兴趣调查对于参加项目的中国学生具有两方面作用:其一,外国专家谈中国文化是一种"他者"视角,学生能够通过"他者"视角审视自己的文化,增强对本族文化的认知和认同;其二,通过与外国专家围绕中国文化的沟通和交流,学生在介绍和传播中国文化的同时,可以了解文化交流的障碍等问题,包括文化偏见和缺失,为他们今后在多元文化环境中更好地讲述中国故事、促进中外人文交流积累经验。

(4)中外文化差异

图 9.1 词频统计显示,形容词 different 也属于高频词汇。我们运用 Concordance、Fileview 等工具分析包含 different 的句子片段和搭配词,发现学生通过与外国专家交流互动感知到的文化差异主要体现在教育、家庭生活和饮食习惯等方面,如:

⑨ 相比中国,意大利的高中分为理科高中、文科高中、外语高中、艺术高中及音乐高中等,大学入学考试相对容易……60 岁以上的意大利老年人不怎么喜欢运动,大多喜欢去酒吧聊天或打牌,与中国的老年人有很大不同。(学生 G)

⑩ 相比匈牙利人,中国人对"吃"很有研究,而且会根据气候和季节搭配不同的食物。对于来自匈牙利的外国专家而言,这是一种非常健康的饮食方式,因此她很喜欢。(学生 I)

⑪ 很多印度人是素食主义者,因此在饮食习惯上与中国相比有很大差异。中国传统舞蹈的柔美与印度舞蹈的热情形成鲜明对比。(学生 D)

上述差异描述表明,学生在参与项目的过程中,围绕中外文化差异开展了有效的民族志研究,这是他们增强对文化差异的敏感性、增进对文化多样性认识的重要途径。

2. 基于问卷和访谈的项目评估分析

项目结束后，所有 23 名学生完成了调查问卷，问卷回收率 100%。部分学生和授课教师还参与了半结构访谈。以下根据问卷第 2–7 题的评价结果（见表 9.3）和访谈结果，重点评估项目效果。

表 9.3 学生对项目实施效果的评价

问题	评价（百分比）				
	非常欢迎/很大	比较欢迎/较大	一般	不太欢迎/较小	不欢迎/很小
2	60.8%	39.1%	0%	0%	0%
3	73.9%	8.7%	17.3%	0%	0%
4	4.5%	52.4%	17.3%	21.7%	4.0%
5	26.2%	60.8%	13.0%	0%	0%
6	40.7%	40.5%	18.7%	0%	0%
7	8.7%	60.8%	30.4%	0%	0%

（1）提高英语运用能力的评价

问卷调查结果（见表 9.3）显示：99.9% 的学生表示非常欢迎或比较欢迎民族志跨文化外语教学项目；82.6% 的学生认为该项目在很大或较大程度上提高了英语听说能力；56.9% 的学生认为该项目在很大或较大程度上提高了英语写作能力。

对学生和授课教师的访谈表明，学生一致认为本次民族志跨文化外语教学项目对英语语言能力，特别是口语和听力能力的提高作用很大。在写作能力训练方面，学生觉得与之前教师简单布置作文题目的方式相比，这个项目的写作任务让他们有东西想写，有东西可写。在英语听说能力培养方面，学生的收获更大，感受更加强烈。在本项目中，英语是学生与外籍专家交流互动的唯一语言媒介，一个月里学生与专家相处的时间从10个小时到30个小时不等，为学生提供了大量使用英语的机会。再者，来自加拿大、印度、意大利、以色列、泰国、荷兰等不同国家的专家使用的英语各具特色，使学生接触了英语的不同变体。虽然一开始学生在听力理解上遇到很大困难，有的学生甚至考虑放弃互动，或者要求更换专家，但出于完成项目的需要，他们尽力适应，一段时间之后他们惊喜地发现与外国专家的交流已经变得较为顺畅，自己对英语变体的适应能力和英语运用能力也由此得到提升。正如学生 G 在访谈中所提及的："参加这个项目对提高听力能力的作用还是挺大的……外教讲话带有口音，对听力理解的挑战很大，不过听多了慢慢也就习惯了，而且锻炼了我们的注意力和信息获取能力。在口语方面，我也觉得自己比以前敢讲了。"由此可见，学生通过项目感受到用英语表达个人思想、讲述中国文化故事的快乐和意义，这进一步激发了他们的英语学习动机。

（2）提高跨文化能力的评价

表9.3问卷调查结果显示，87.0%的学生认为项目在很大或较大程度上增强了自己的跨文化敏感性，81.2%的学生认为项目丰富了自己对专家所属国家文化的理解，69.5%的学生认为项目提高了自己的跨文化能力。

通过访谈我们发现，学生的收获还表现在，本项目增强了他们参与跨文化交际的积极性和自信心，培养了他们的跨文化情感态度。学生 D 表示："通过这次活动，我能更加勇敢地与外国人进行交流，对印度口音的英语也适应了。这次活动打破了我原有的一些文化偏见，提升了我的文化认知水平。"

对授课教师的访谈为本项目提高学生跨文化能力的作用提供了进一步的数据支持。在授课教师看来，这个项目弥补了课堂教学因为时空限制导致的实践训练不足的问题，为学生创造了良好的用英语进行实景交流沟通的机会，大大提高了学生学习英语的兴趣，增强了他们的跨文化敏感性和跨文化能力。教师的反馈还表明，学生非常认可这个项目，积极参与项目活动，与专家的交流互动都比较和谐顺利，遇到问题能及时与教师沟通，也能主动化解交流中的误解和冲突。例如，学生D在报告中说："一次我们和印度专家在一家餐馆吃完饭后要'AA制'付钱，专家很不高兴。后来我们请教印地语专业的同学，了解到在印度和长辈们一起吃饭时都是长辈出钱，我们这才恍然大悟，并及时向印度专家做了解释。"

（3）项目存在的问题

关于项目的不足或需要改进之处，我们征询了学生和授课教师的意见。学生大都认为项目实施的时间应该延长，一个月内既要完成田野调查，又要撰写报告，教学过于仓促。授课教师则希望今后将民族志跨文化外语教学活动纳入教学计划和学期成绩评价模块。

作为研究者，我们也对项目的设计和实施进行了反思，认为没有对外国专家开展反馈调查是项目的一大缺憾。相关问题将在今后的项目设计和实施中陆续得到解决。

四、结语与展望

本研究将民族志研究法应用于外语教学，设计、实施和评价了民族志跨文化外语教学项目。从项目的实施情况来看，民族志跨文化外语教学表现出以下主要特点：（1）民族志跨文化外语教学将外语课堂教学延伸至课外，充分利用社会资源，丰富学生的外语学习体验，为学生创造学以致用、在用中学的外语学习机会，有利于提高学生的外语运用能力；（2）作为一种文化探索学习途径，民族志跨文化外语教学法在学生感知异国文化、开展跨文化交际实践、增强跨文化敏感性、提高跨文化能力等方面发挥了重要作用；(3)民族志跨文化外语教学法具有较强的适用性和灵活性，教师可以因地制宜，利用学校和社会现有的外国文化资源设计周期长度不等的项目。整体而言，民族志跨文化外语教学项目实现了语言教学和跨文化教育的有机融合，能够同步提升学生的语言运用能力和跨文化能力。

今后的研究将继续深入探索外语学习者与外国专家结对成组的民族志跨文化外语教学方法和路径。根据师生的反馈和项目组的反思，我们将进一步加强项目实施前的民族志研究方法培训，提高学生的民族志报告撰写能力，并对外国专家参与项目后的总结和反馈提出要求，从多维角度分析项目效果，完善项目的设计与实施。

参考文献

Cunico, S. 2005. Teaching language and intercultural competence through drama: Some suggestions for a neglected resource. *The Language Learning Journal,* 31(1): 21-29.

Roberts, C. et al. 2001. *Language Learners as Ethnographers*. New York: Multilingual Matters.

Tedlock, B. 2000. Ethnography and ethnographic representation. In N. K. Denzin & Y. S. Lincoln eds. *Handbook of Qualitative Research (2nd Edn.).* London: Sage, 455-502.

卜卫. 2010. 民族志教学：以第一届"打工文化艺术节"的参与式传播为例.《新闻学研究》, 18: 229-251.

李松林. 2005. 论教学研究中的教学行为分析方法.《首都师范大学学报(社会科学版)》, 1: 109-113.

柳夕浪. 2003. 建立学生导向的课堂新秩序.《江苏教育》, 19: 22-23.

龙梅, 田洁. 2007. 戏剧在外语教学中的文化输入作用.《成都大学学报（教育科学版）》，12: 63-65.

王鉴．2007.《课堂研究概论》.北京：人民教育出版社.

王守仁．2016.《大学英语教学指南》要点解读.《外语界》，3: 2-10.

叶澜，吴亚萍．2004.改革课堂教学与课堂教学评价改革.《辽宁教育》，3: 39.

张红玲．2007.《跨文化外语教学》.上海：上海外语教育出版社.

第十章

基于慕课的混合式跨文化外语教学[1]

在我国，外语教育是培养跨文化交际能力的主要渠道，培养具有跨文化交际能力的高素质人才已成为大学英语教学的重要目标之一（葛春萍、王守仁，2016：79）。教育部最新制定的《大学英语教学指南》（以下简称《指南》）明确提出，大学英语教学的目标是培养学生的英语应用能力，增强跨文化交际意识和交际能力，同时发展自主学习能力，提高综合文化素养，使他们在学习、生活、社会交往和未来工作中能够有效地使用英语，满足国家、社会、学校和个人发展的需要（王守仁，2016：5）。为实现《指南》提出的培养目标，大学英语教学在课程设置上将主要内容分为通用英语、专门用途英语和跨文化交际三个部分，并由此形成相应的三大类课程。不同类别的课程内容在具体教学过程中可以灵活设置，比如跨文化交际可以独立成课，也可以融入通用英语课程。

---

[1] 本章内容已发表于《外语界》2018年第3期，pp. 89-96，原标题为"基于慕课的混合式跨文化外语教学研究"，此处略有改动。

本研究通过混合式教学实验，探讨跨文化交际主题慕课融入传统大学英语课堂的教学效果，以期为大学英语教师通过跨文化外语教学培养学生英语应用能力和跨文化交际能力提供一种全新的思路和途径。

一、文献回顾

1. 跨文化外语教学

文化在外语教学中的地位和作用演变大体经历了分别以文学欣赏、语言交际能力和跨文化交际能力为主要教学目标的三个阶段（叶洪，2012：117）。跨文化教学是对传统文化教学的变革和发展，是大学英语教学的新尝试（常晓梅、赵玉珊，2012：34）。随着跨文化交际能力培养成为大学英语课程的主要目标之一，学界开始探讨跨文化外语教学的基本理念与实施方法。张红玲（2007）首建了跨文化外语教学的理论体系，并将跨文化交际能力培养定位为外语教育的人文目标或最高目标。杨盈、庄恩平（2008）提出通过背景知识导入、文化内涵探索、案例分析、角色扮演与情节模仿、实例搜集等五种教学方法提高学生的跨文化意识和思维能力，以实现跨文化能力培养目标。张红玲（2012）主张外语界学者在外语教学实践中从课程体系调整、教学方法更新、教学材料编写等方面探讨跨文化教育理念运用。

近年来，有学者开始在理论建构的基础上开展跨文化外语教学的实践探索。例如，黄文红（2015）研究发现，过程性文化教学通过鼓励学生主动探索、反思及对比中西文化，能够显著提升大学生情感和行为层面的跨文化交际能力。付小秋、张红玲（2017）将跨文化培训方法用于跨文化外语教学，为培养大学生跨文化交际能力提供了一条可行途径。杨华、李莉文（2017）采用行动研究方法，通过教学目标和任务设计与实施、教学过程观察和教学效果反思，构建了"产出型语言文化融合式教学模式"。

上述理论构建和实践探索开拓了我国跨文化外语教学领域，有力推动了英语类专业和大学英语学生跨文化交际能力的培养。然而，跨文化交际能力培养是一个复杂且长期的过程，实现这一目标不能仅仅依靠课堂教学，还需课外活动的配合（胡文仲，2013：2；葛春萍、王守仁，2016：79）。为了突破大学英语课堂中师生交流的局限性，拓展语言文化学习的外部空间（孔德亮、栾述文，2012：26），有必要探索如何将跨文化交际实践有机融入语言教学框架，构建课堂教学与课外活动相辅相成的跨文化外语教学新模式。

2. 混合式外语教学

混合式教学是指传统课堂教学和在线教学相结合的教学方式（Auster，2016：40）。混合式教学可以采取多种模式，其中替换模式（replacement modality）和补充模式（supplement modality）是十分常见的两种（Twigg，2003：30-35）。前者指减少课堂授课时间，并将相应时间用于课外在线教学；后者指保留原有课堂授课时间，利用课外时间开展在线教学。国内最早倡导混合式教学理念的何克抗教授认为，混合式教学将传统课堂教学与在线教学的优势相结合，既发挥教师引导、启发、监控教学过程的主导作用，又充分体现学生作为学习主体的主动性、积极性与创造性（转引自张其亮、王爱春，2014：27）。

基于慕课的混合式外语教学理念与方法已经引发学者研讨。陈坚林（2015：7）认为，仅仅观看网络视频课程不能取得最佳效果，合理整合线上线下教学内容、运用翻转课堂等理念的混合式学习将是实现高效学习的主要途径。吾文泉、周文娟（2014）主张运用结合慕课的 ESP 教学理念，培养学生的自主学习能力与协作学习意识。孙慧、魏芳芳（2016）提出基于慕课和语料库驱动的大学英语混合式教学模式。

在国外，基于数字教育（digital education）（Elboubekri，

2017：520）的跨文化外语教学已经相继出现（Kozar, 2015; Sasaki, 2015）。然而，如何将慕课融入跨文化外语教学，实现大学生外语应用能力和跨文化交际能力提升的双重目标，目前国内尚无专门研究。为此，我们尝试基于慕课，依托大学二年级"综合英语"课程，开展混合式跨文化外语教学实验，并对实验结果进行分析和总结。

二、研究设计

1. 研究问题

我们将慕课平台 FutureLearn 上由上海外国语大学开设的"跨文化交际"课程与"大学英语"课程相结合，开展为期 6 周的混合式跨文化外语教学实验，主要探讨以下两个问题：

（1）基于慕课的混合式跨文化外语教学是否有助于提升大学生的跨文化交际能力？

（2）基于慕课的混合式跨文化外语教学是否有助于提升大学生的英语应用能力？

2. 研究对象与材料

本研究的对象是我国东部某所"211"高校新闻传播专业的 49 名本科二年级学生，其中女生 40 名，男生 9 名。在线教学使用的"跨文化交际"慕课课程主要包含跨文化交际基本概念、身份认同、交际风格、价值观以及跨文化适应五大内容。课堂教学使用的课文"A French Fourth"取自何兆熊主编、上海外语教育出版社出版的《综合教程》第四册，内容涉及第三文化和跨文化适应主题。

3. 教学实施

本教学实验主要采用补充模式（Twigg, 2003：32）的混合式教学。前 5 周内，49 名学生以每周一个单元的进度自主学习"跨文化交际"慕课课程，并以 4—5 人为一组准备课堂展示；第 6 周，学生进行课堂展示，教师讲解课文。具体而言，混合式教学主要表现为 4 个方面：

（1）教学目标上，语言学习目标与跨文化交际能力提升目标相结合。教学实验旨在检验基于慕课的混合式跨文化外语教学对提升大学生跨文化交际能力和英语应用能力的有效性。

（2）教学形式上，教师的主导作用与学生的主体地位相结合，线上自主学习与线下翻转课堂相结合。学生在线自主学习慕课课程，掌握跨文化交际的基本概念和内容。课堂教学以学生展示为主，教师结合课文选择性讲解部分慕课内容，引导并鼓励学生相互探讨学习重点和难点。

（3）教学手段上，课堂讲解与多媒体技术运用相结合。在线学习过程中，学生通过多种方式自主学习，如观看视频、阅读文本、在线发表评论、拓展阅读、撰写学习日志等。课堂教学中，学生以小组形式用 PPT 或短视频展示学习内容和成效，其间穿插小组讨论、角色扮演、教师答疑等活动。

（4）教学评价上，过程评价与结果评价相结合。教学实验采取多元评价方式：学生每周完成慕课学习内容，在讨论区发表至少 10 条针对课程内容的评论；每周用英语撰写 200 词以上的学习日志；分组进行课堂展示，小组互评打分。3 项考核内容的分数按 10%、10%、30% 的权重计入期末总评成绩。

4. 数据收集与分析

本研究分两个阶段收集和分析数据，数据主要来源于教学笔记、在线评论、学习日志、深度访谈以及半开放式问卷调查。

第一阶段分析以质性数据为主。自主学习环节，49 名学生共提交 245 篇学习日志以及 2,050 条在线评论；课堂展示环节，教师观察并记录教学状况。教学实验结束后，我们随机选取 10 名学生，围绕 3 组问题对他们逐个开展约 45 分钟的面对面访谈：（1）你认为将慕课融入课堂教学对于课堂教学有何影响？（2）总体而言，你如何评价混合式教学实验？它是否有助于你提升跨文化意识和敏感性？它对你的英语学习是否有帮助？（3）未来你是否愿意参与更多类似的混合式教学课程？为什么？数据收集完成后，我们对访谈内容和教学笔记进行质性分析，并利用 AntConc 软件对学习日志和在线评论进行初步的词频分析，以确定学生在自主学习环节的关注焦点。

第二阶段分析以量化数据为主。为了验证第一阶段数据分析结论的可靠性，我们根据初步结论设计了学生满意度调查问卷。问卷共发放 49 份，回收 48 份。问卷内容包括：（1）跨文化交际能力提高情况；（2）英语应用能力提高情况；（3）整体教学效果满意度。每个板块包含 1 个概括性陈述和 3-5 个细分陈述。跨文化交际能力涉及认知、态度和技能；英语应用能力涉及学习热情、思维与表达能力、学习习惯；整体教学过程满意度涉及教学内容和方法、评价方式与跨文化语境。每个问题采用 3 级计分的方式测量满意度，从 A-C 分别代表"满意、较满意、不满意"。问卷还设计了 D 选项，供学生写出选择某个答案的理由。

三、研究结果与讨论

从调查结果看（见表 10.1），经过为期 6 周的自主学习和翻转课堂实践，48 名研究对象中分别有 94%、90%、92% 的学生对自己的跨文化交际能力提高、英语应用能力提高以及整体教学效果比较满意。由于英语基础薄弱、在线学习受限，少数几个学生对这三个方面表示不满意。这说明教学实验的整体效果良好。

表 10.1 学生满意度调查结果

评价指标	评价结果（人数／比例）		
	A.满意	B.较满意	C.不满意
跨文化交际能力提高情况	39（81%）	6（13%）	3（6%）
英语应用能力提高情况	36（75%）	7（15%）	5（10%）
整体教学效果满意度	37（77%）	7（15%）	4（8%）

以下从跨文化交际能力、英语应用能力以及整体教学效果评价几个方面，对研究的质性数据和量化数据进行讨论。

1. 跨文化交际能力

跨文化交际能力的组成部分主要包括认知、情感态度和技巧行为层面的能力（Lustig & Koester, 1996; Spitzberg, 1997）。由此，跨文化交际能力提升可从认知、态度和技能三个方面的表现展开分析。

（1）跨文化认知

跨文化认知指对跨文化交际相关知识、信息的习得和理解，包含他文化知识、我文化知识以及对交际过程的认知（Byram, 2014：35）。学生的学习日志显示，教学实验中学生跨文化认知水平提高主要体现于对自我文化与文化差异的认知变化。

一方面，学生开始重新认识自我文化，树立文化自信。超过 80% 的学生自我文化信心增强，自我文化身份认同感有所提升。例如，学生 H 提到："世界上原来存在这么多的文化，它们各具特色，不可替代。我们自己的文化同样如此。文化无优劣之分，我们应该为自己的文化感到骄傲。"

另一方面，学生开始拥抱多元文化，认知文化差异。他们通过阅读国际学员的在线评论并参与讨论,接触了解了包括英国、美国、法国、德国、印度、巴基斯坦、西班牙、希腊等一百多个国家和地区的文化知识,加深了他们对文化差异的认识。文化差异是导致跨文化冲突的重要因素之一,对于文化差异的认知能够帮助人们有效预测交际过程的趋向并降低不确定性,从而减少跨文化误解和冲突的发生。

(2)跨文化态度

跨文化态度指参与或期望参与跨文化交际的感受、需求、意愿和决心,类似于 Chen & Starosta(2007)提出的情感维度,包含移情能力、悬置判断能力、对文化差异的包容态度等。对第一周和第五周在线讨论的对比分析显示,超过 90% 的学生对待跨文化交际的态度由"担忧""恐惧"走向"自信""包容"和"舒适"。学习日志也显示,学生的跨文化态度在三个方面有所转变:

第一,学生走出舒适区,开展跨文化交流的意愿增强。为提升跨文化交际能力,学生首先要具备开放包容的心态以及敢于"冒险"的精神。对于日常生活中缺乏真正跨文化交流经历的学生而言,教学实验为他们提供了与世界各地学员互动的机会,帮助他们树立自信,勇敢迈出跨文化交流的步伐。

第二,学生逐渐消除偏见,走近文化他者。偏见、歧视、焦虑、民族中心主义等是导致跨文化交流障碍的心理因素。当个体被恐惧、焦虑或厌恶等情绪主导时,他们倾向于逃避跨文化交流。教学实验帮助学生减少负面心理因素的影响,以积极的心态投入跨文化交流。

第三,学生学会换位思考。一个具有跨文化能力的人应该能够把握不同文化的内涵,感同身受地理解不同文化的关切和逻辑(孙有中,2016: 1)。教学实验帮助学生从他者文化视角分析、阐释他者行为,培养了对比、分析能力以及移情能力(Byram, 2014: 37)。例如,学生 Z 在评论中分享了她采访一位日本学者的失败经历,并作出评价:"如果当时我能考虑到日本的文化特征以及那位学者含蓄、内敛、高语境的交际风格,我可能会更好地理解我们之间产生误解的原因。"

(3)跨文化技能

跨文化技能指有效、得体地进行跨文化交际应具备的行为技巧,包括使用各种语言和非语言交际策略的能力(Chen & Starosta, 2007)。要真正提升跨文化交际技能,最好的方法是开展跨文化交际实践。虽然参与在线跨文化交际实践的时间有限,学生在养成一定跨文化态度和获取一定跨文化知识的基础上,还是积累了一些简单的交际策略。这些策略主要包括:

第一,学会做一个积极的聆听者。学生 L 这样描述自己的学习体会:"一开始,我对跨文化交际知之甚少,很少发表评论或做出判断。我选择阅读别人的在线评论,了解他们的跨文化故事。这个过程让我逐渐走进了一个多元文化世界。"访谈中,不少学生也提到,"积极聆听"是帮助他们顺利完成 5 周在线交流的重要技巧之一。

第二,学会通过积极沟通消除误解。跨文化交际中,人们需要不断解决交际信息的丢失、误解等问题,以实现跨文化适应(毕继万,2014:76)。在访谈中,超过半数的学生表示在线上讨论时曾与其他学员产生过误解,但会选择继续追问、澄清问题等方式直面问题,消除误解。

认知和态度是成功交流的先决条件,交际技能也是必备要素之一(Byram, 2014: XVI)。然而,交际者在实践层面要兼具认知、情感和行为层面的能力,是一个很高的目标(胡文仲,2013:7)。参与教学实验的学生在 6 周内虽然不可能习得大量具体的文化行为,但是他们的跨文化认知和态度都发生了积极变化。从中可见,基于慕课的混合式跨文化外语教学对跨文化能力之"道"(高一虹,2002:28)的培养是具有潜能和效果的,而对"器"的培养则受限于教学实验的形式和时间等,有待进一步完善。

2. 英语应用能力

大学英语的跨文化教学属于大学英语语言教学范畴，而语言教学的核心是培养学习者运用语言进行交际的能力（葛春萍、王守仁，2016：81）。学生的英语应用能力，即用英语进行跨文化交际的能力发展是本研究的重要关注点之一。融合数字化媒介的跨文化教学能够提升学生的英语学习动机和效果（Elboubekri，2017：522）。教学实验显示，学生在英语学习和应用方面发生了以下改变：

第一，学习热情得到激发。90%的学生认为，"跨文化交际"慕课课程借助视频、文本与拓展阅读相结合的方式呈现教学内容，采取由易到难、环环相扣的教学步骤开展任务式教学，通过在线评论实现学员之间的互动，极大地激发了他们的学习热情，并在潜移默化中改变了他们英语学习的被动态度。

第二，思维能力和表达能力得到一定提升。问卷调查显示，分别有83%、86%和80%的学生认为教学实验锻炼了英语思维能力，提升了英语口头表达能力，提高了英语写作能力。纵观学生5周的自主学习表现，他们在线评论的长度和质量都呈上升趋势。在讨论区，多数学生一开始仅持旁观者心态，不发表任何评论；后来，他们逐渐尝试发表简短的评论；课程进行到第4周和第5周时，80%的学生不仅能够使用复杂的长句发表评论，而且能够积极回答其他学员提出的问题，有效实现了"微观"即语言能力和"中观"即交际能力两个层面的外语教学目标（胡文仲、高一虹，1997：46）。

第三，学习习惯有所转变。一些学生通过实验认识到：英语学习本身不应只局限于词汇和语法学习，而应能学会如何应用语言学习新知识并进行沟通和交流。例如，学生S开始时总是纠结于语法错误而不敢发表评论；几周之后，他逐渐开始发表评论并积极与其他学员交流，这使他不仅获得了学习语法和改正语法错误的机会，而且学到了新的跨文化技能。

3. 整体教学效果评价

大学英语课程综合评价体系的指标包括课程设计、教学目标、教学方法和手段、教学内容、评价与测试、教学管理、教师发展等（王守仁，2016：7）。综合教学笔记、学生访谈及问卷调查结果可以发现，基于慕课的混合式跨文化外语教学实验取得了较好的效果。学生对整体教学效果的满意度主要体现在以下三个方面：

第一，教学内容丰富，教学方法多样。课堂教学内容因素是导致部分大学生英语学习动机衰退的主要原因之一（孙云梅、雷蕾，2013：64）。不少学生表示，教学实验破除书本内容的局限，引入相关主题的慕课课程内容，令人耳目一新；慕课的在线学习方式也提升了他们的自主学习体验。同时，课堂教学过程中采用的教师讲解、视频观看、交流讨论等多种教学方法激发了学生的创新性和批判性思维，营造了良好、活跃的课堂气氛，表征了高质量的课堂教学状态（王守仁，2016：8）。

第二，评价方式合理科学。教学实验尝试改变传统的以终结性评价为主的考核方式，引入在线评论、学习日志、同伴互评等更加人性化的多元评价方式。这种持续的过程评价与学习过程交互作用，对学习产生导向性的影响（姜艳华，2007：53），并促使学生对学习过程进行积极反思和总结，因此受到学生欢迎。

第三，跨文化语境真实有效。跨文化交际能力的评价标准之一是能否在真实的语境中得体、有效地进行跨文化沟通（Deardorff，2006：249）。不少学生表示，教学实验的在线交流环节为他们提供了真实的跨文化语境。学生通过与世界其他国家学员交流互动，彼此加深了理解，增进了友谊，实现了得体、有效的跨文化沟通，践行了体验式跨文化教学的理念（孙有中，2016：22）。

四、结语与建议

本教学实验研究将"跨文化交际"慕课与传统大学英语课堂教学有机融合,开展线上线下相结合的混合式教学,整体教学效果评价良好,比较成功地实现了大学生跨文化交际能力与英语应用能力提升的双重目标,较好地回应了大学英语教学改革的要求,凸显了慕课在课程设计中细分教学目标、采用不同教学手段等方面的优势(迟若冰等,2016:33)。因条件所限,本研究未使用对照组,数据分析以质性分析为主,是基于慕课的混合式跨文化外语教学的实践性探索,其结论的普适性还有待系统性验证。基于现有研究结论,在此对未来基于慕课的混合式跨文化外语教学实践提出以下建议:

第一,教师在混合式教学过程中可以翻转传统教学模式,让学生在课外完成知识点和概念的自主学习,将课堂变成师生互动场所,主要用于答疑解惑、汇报讨论,这样能更有效地利用课堂时间,解决传统教学课时有限、教学内容单调、学生参与度低等问题,取得更好的教学效果。

第二,教师在混合式教学的评价中不仅可以引入学生的自主学习反思性小结,还可充分利用慕课平台,鼓励学生参与在线讨论和同伴互评,从而更全面地评价学生的英语应用能力和跨文化交际能力,有效实现跨文化外语教学的综合培养目标。

参考文献

Auster, C. J. 2016. Blended learning as a potentially winning combination of face-to-face and online learning: An exploratory study. *Teaching Sociology,* 44(1): 39-48.

Byram, M. 2014. *Teaching and Assessing Intercultural Communicative Competence.* Shanghai: Shanghai Foreign Language Education

Press.

Chen, G. M. & W. J. Starosta. 2007. *Foundations of Intercultural Communication*. Shanghai: Shanghai Foreign Language Education Press.

Deardorff, D. K. 2006. Identification and assessment of intercultural competence as a student: Outcome of internationalization. *Journal of Studies in International Education*, 10(3): 241-266.

Elboubekri, A. 2017. The intercultural communicative competence and digital education: The case of Moroccan University students of English in Oujda. *Journal of Educational Technology Systems*, 45(4): 520-545.

Kozar, O. 2015. Language exchange websites for independent learning. In D. Nunan & J. C. Richards eds. *Language Learning Beyond the Classroom*. New York: Routledge, pp. 105-114.

Lustig, M. W. & J. Koester. 1996. *Intercultural Competence: Interpersonal Communication Across Cultures*. New York: Harper Collins.

Sasaki, A. 2015. E-mail tandem language learning. In D. Nunan & J. C. Richards eds. *Language Learning Beyond the Classroom*. New York: Routledge, pp. 115-125.

Spitzberg, B. H. 1997. A model of intercultural communication competence. In Samovar L. A. & R. E. Porter eds. *Intercultural Communication: A Reader*. Belmont, CA: Wadsworth, pp. 379-391.

Twigg, C. A. 2003. Improving learning and reducing costs: New models for online learning. *EDUCAUSE Review*, 38(5): 28-38.

毕继万. 2014.《跨文化交际理论研究与应用》. 北京：北京语言大学出版社.

常晓梅，赵玉珊. 2012. 提高学生跨文化意识的大学英语教学行动研究.《外语界》, 2: 27-34.

陈坚林. 2015. 大数据时代的慕课与外语教学研究——挑战与机遇.《外语电化教学》, 1: 3-8, 16.

迟若冰, 张红玲, 顾力行. 2016. 从传统课程到慕课的重塑——以《跨文化交际》课程为例.《外语电化教学》, 6: 29-34.

付小秋, 张红玲. 2017. 综合英语课程的跨文化教学设计与实施.《外语界》, 1: 89-95.

高一虹. 2002. 跨文化交际能力的培养:"跨越"与"超越".《外语与外语教学》, 10: 27-31.

葛春萍, 王守仁. 2016. 跨文化交际能力培养与大学英语教学.《外语与外语教学》, 2: 79-86.

胡文仲. 2013. 跨文化交际能力在外语教学中如何定位.《外语界》, 6: 2-8.

胡文仲, 高一虹. 1997.《外语教学与文化》. 长沙:湖南教育出版社.

黄文红. 2015. 过程性文化教学与跨文化交际能力培养的实证研究.《解放军外国语学院学报》, 1: 51-58.

姜艳华. 2007. 试论过程性评价与结果性评价的同一.《当代教育论坛》, 4: 52-53.

孔德亮, 栾述文. 2012. 大学英语跨文化教学的模式构建——研究现状与理论思考.《外语界》, 2: 17-26.

孙慧, 魏芳芳. 2016. 基于慕课和语料库驱动的大学英语混合式教学模式研究.《山东社会科学》, S1: 524-526.

孙有中. 2016. 外语教育与跨文化能力培养.《中国外语》, 3: 1, 17-22.

孙云梅, 雷蕾. 2013. 大学英语学习动机衰退影响因素研究.《外语研究》, 5: 57-65.

王守仁. 2016.《大学英语教学指南》要点解读.《外语界》, 3: 2-10.

吾文泉, 周文娟. 2014. 基于"慕课"现象的ESP教学思考.《现代教育技术》, 12: 57-63.

杨华, 李莉文. 2017. 融合跨文化能力与大学英语教学的行动研究.《外语与外语教学》, 2: 9-17.

杨盈, 庄恩平. 2008. 跨文化外语教学: 教材与教法——外语教学跨文化能力模式的应用.《江苏外语教学研究》, 2: 16-21.

叶洪. 2012. 后现代批判视域下跨文化外语教学与研究的新理路——澳大利亚国家级课题组对跨文化"第三空间"的探索与启示.《外语教学与研究》, 1: 116-126.

张红玲. 2007.《跨文化外语教学》. 上海: 上海外语教育出版社.

张红玲. 2012. 以跨文化教育为导向的外语教学: 历史、现状与未来.《外语界》, 2: 2-7.

张其亮, 王爱春. 2014. 基于"翻转课堂"的新型混合式教学模式研究.《现代教育技术》, 4: 27-32.

第十一章

电影在课堂跨文化外语教学中的应用

世界在变，中国的外语教学也在不断调整。其中，英语教学的目标已经从无限接近母语者转变为培养"跨文化的人"（an intercultural speaker）（Kramsch, 1998; Byram, 1998），也就是培养具有跨文化交际能力的人。"一个跨文化的人了解多种文化知识，具有一种或多种文化身份，即使在面对自己从未直接接触和了解的文化群体，也能够友好相处，有效交流。培养这样的具有跨文化交际能力的人才是新时代外语教学的目标。"（张红玲，2007：78）

其实，外语教学本身就是跨文化性质的。因此，从全面培养学生的目的出发，外语教学的目标不应该只限于对目的语的学习和掌握，而应该在此基础上促进学生对目的语文化的理解和对母语文化的反思，把培养跨文化敏感性作为一个持续进行的目标，最终培养学生具有一定的跨文化交际能力，从而也更能适应社会发展的需要。

跨文化的外语教学在具体操作中，材料的选择是一个比较实际的问题，真实性程度高的资源总是受到青睐。比如不少外语教师在综合英语、阅读和写作课上常常使用原版报刊上的文章或其他直接来自目的语国家的素材、从网络上获得的最新新闻等材料用于听力课等，这些资源不仅提供原汁原味的语言素材，同时还具有丰富的文化信息，对于学生的语言和文化学习都非常有益。除此之外，很多视频材料如影视、录像等同样也可以用于课堂。实际上，由于它们综合了多种媒体和表达方式，文化内容更丰富，表现力也更强，更有助于提升学生的学习兴趣和动力。

本章将探讨以电影作为资源和手段进行文化教学，从而达到外语教学的跨文化目标。

一、电影作为教学资源用于外语教学的特点和优势

1. 电影作为教学材料的功能和特点

电影经过一百多年的发展，已经成为其他任何艺术都无法比拟的最现代化、最有影响力的综合性艺术。现在的电影种类、题材、形式繁多，涉及人物、社会、事件等方方面面，"具有教育作用、认识作用、审美作用、娱乐作用、信息作用、宣泄作用等多种功能"（史小妹，2007：293），影响到全世界的人。与纯粹的文字阅读相比，人们更容易记住他们有多种体验的内容，比如声像的接触和输入。当今的学生处在一个视觉时代，与其他教学工具和手段相比，他们对多媒体更为敏感。而包括电影在内的多媒体在提供语言内容（声音）的同时，还提供了别的感受和体验（图像和音乐等），它们之间相互强化，最后在头脑中形成的印象必然更深刻。确实，越来越多的教师意识到，电影作为一种重要的资源和工具，用于课堂教学有其独特的功能和特点：

电影可以调动学生主观能动性而使他们积极参与课堂活动。跨文化学者和培训师尚普认为电影对学生来说是一个熟悉和舒服的媒体，因为它可以使一些抽象的理论和概念形象化，所以学生

们参与讨论和学习的兴趣也会有所提高（Champoux，1999）。实际上，有电影播放的环节学生往往参与度高，课堂气氛也更活跃和生动，师生和生生之间都会有更多的互动和沟通。

电影可以充实书本或课程内容。电影是多种媒介的综合体，与书本相比，其包含的知识更多、信息量更大。因此，将电影用于教学可以在单位时间内增加课堂信息量，在多样化的知识呈现方式中融会贯通，这是普通教科书无法达到的。尤其是对理论性强的科目，恰当地使用电影（或片段）会使抽象的理论变得浅显易懂，学生也更容易理解教材从而领会教学内容。

电影可以丰富教学方式。"与传统教学方式中教师讲授、学生听课的方式不同，通过电影教学，学生可以置身于电影所创造的情景中，利用电影中的情节，结合课本的知识，理解比较枯燥深奥的理论，这拓宽了学生的思维宽度和广度"（张卿雅，2014：164）。将电影和教材内容结合起来，根据课程特点，设计出有针对性的活动和练习，可以将某片段当作案例，也可以观看后让学生进行角色扮演和小组讨论等，这样无形中就使教学方式实现了多样化。

电影用于教学有助于学生鉴赏能力和批判性思维能力的培养。教学中选择的电影必须是有代表性的优秀电影，由于其生动的艺术魅力常常给学生在学习、生活、修身等方面以启迪，再加上有教师的引导，多接触这样的电影自然会提高学生的鉴赏能力。通过观赏、讨论和分析等活动，还可以逐步培养他们的独立思考、理解、判断和表达的能力，最终对思路的开拓和批判性思维能力的提高大有裨益。

电影利用得当就能在课堂上充分发挥其优势，教学效果肯定会得到提升，因此已经被广泛使用到很多学科的教学上，不仅是文科类的（如，外语、历史、哲学、社会学、法学等），甚至在理科课堂（如，物理、化学、生物等）也受到青睐。当然，电影不是万能的，教师应该牢记，它只是一种教学材料和辅助手段，而不是目的，必须要和其他教学设计和活动并用才能达到理想的教学效果。

2. 电影用于外语教学的意义与必要性

声像资料能够生动地传达当代的文化信息，并且是以一种交际的方式，从这一点上说，它们不愧为理想的教学资源。其中，电影综合了多种艺术表现形式，可以从多方面（如，语言、行为和心理等）呈现一种文化。而且，一般来说它们并不昂贵，外语教师有条件在课堂上使用外文原版电影，使学生有机会了解目的语在真实情景下的使用情况。实际上，电影中鲜活的语言对学习者交际能力的培养有很显著的作用。

英语教师们很早就注意到电影在这方面的独特作用，针对英语专业本科生、非英语专业本科生和研究生都有开设比较系统地利用电影的电影赏析课和视听说课。近年来，相关教材更是层出不穷，形式也越来越多样化（林恩，2005；徐志英，2009；赵英男，2009；李盛、张琳，2011；马蓉雅、杨捷，2011；桑玉萍，2011；吉乐、李雪梅，2012；郭蕾，2013；庞雅，2013；张珍珍，2013；王镇平，2014）。这些教材一般都按影片的类型或主题来选择相关电影，并围绕部分场景和情节设计一些练习和活动，如问答题、填空、配音、翻译、讨论等，充分挖掘了电影语言真实性程度高的优点。

英文原版电影对于英语语言学习的好处显而易见：它首先提供了一个逼真生动的语言环境，学生可以把视、听、说结合起来，不仅看得到场景，还要仔细听，使他们对英语的语音语调、词语搭配、措辞表达都能有立体的了解，和书本相比，更能帮助他们熟悉地道、自然的英语，从而更准确地了解英语在实际中的具体运用，再进一步通过跟读模仿、做相关练习等锻炼提高听力理解和口头表达等能力，最终强化综合运用语言的意识。

其实，除了语言能力，莫兰（Morain，1997: 363）认为外语教师还应该帮助学生培养视觉能力（visual literacy）。在他看来，一个具有视觉能力的人能够分辨周围自然和人造的符号，并且可以像生活在这种环境里的人那样解释它们的意义。显然，这种能力的获得对外语学习者的文化学习具有很大意义。但是很多时候，外语教师把重点放在了帮助学生提高语言方面的理解能力上，对非语言方面则不太重视，而非语言却是文化和交际很重要的一个方面。因此，有必要把这一层面，也就是了解目的语文化的非语言交际方面、培养视觉能力，也纳入外语教学。而电影在这方面无疑具有独特优势，因为它们为语言的使用提供了丰富多彩、真实鲜活的素材与环境，外语教师有必要对其加以充分利用，促成教学目标的实现。

3. 电影作为跨文化教学手段的特点和优势

电影常常蕴含了一个国家、民族和社会鲜明的特色，因此能够给观看者提供某种文化体验，这一特点是被广泛认识到的。电影自从诞生之日起，就是因为以生动的形式给观看者提供了了解各种人物生活的机会而受到喜爱。后来，随着电影综合技术的发展，比如特技、剪辑和配乐等手段的利用，电影给人们带来了更丰富、更具体的观影体验。从某种意义上说，人们不需要像旅游那样花费较多时间和金钱，却可以享受部分直观的体验。

与传统的"课本+讲述"方法相比，电影可以帮助教师把重难点内容用生动的声像方式表现出来。从这一点上说，电影也是利于外语学习者的。总的说来，电影（尤其是故事片）比起普通的课本和书籍能以更戏剧化、更集中和更动态的形式表现文化习俗和行为等。如果有得体的教学设计，电影还可以帮助学生不再停留在对情节和相关文化表面现象的认识上，而是能够看得更深，比如对行为表现下的价值观和民族心理等的理解。这样，电影给文化学习提供了理想的环境，就更有利于学生对母语文化和其他文化进行探索性的学习。

第十一章 电影在课堂跨文化外语教学中的应用

从另一方面来说，电影还以一种经济的形式替代了实地考察和其他实地文化学习方式，并且大多数电影的内容基于现实又超越现实，这样可使学生获得一般课堂上不可能有的体验。这些体验既可能是认知方面的，也可能是情感层次的。电影制作人不只是利用电影讲故事，他们还会通过讲故事使观影者达到一个新的情绪感受的目的。伍晓慧（2005：49）就建议在外语教学中让学生观看反映本族文化和目的语文化的电影来提高跨文化交际能力的情感层面。当电影中的某些场景具有很强的情感内容时，还可以促进讨论和多种教学活动的进行，并有助于巩固学习效果。

对于外语学习者来说，观看外国电影就是一条有效接触原汁原味外语、了解异国文化，进而逐渐积累跨文化经验的途径。每部电影都通过这样或那样的方式表现了某种文化或者文化的某一方面和层次。美国跨文化学者萨默菲尔德总结了电影作为文化教学的优势，她认为电影能够增长对他国和自身文化的了解，提高对他国和自身文化的意识、兴趣和好奇心，提供体验他国文化的机会，提高移情（empathy）、倾听（listening）和留意（mindfulness）等跨文化技巧能力，使一些抽象的跨文化概念（如，文化休克，同化过程等）具体化，还可以促使我们思考自己的价值观，逐渐减少并抛弃民族中心主义（Ethnocentrism），促进我们形成多元视角（Summerfield, 2006）。她指出，教师可以利用电影在文化教学上的这些独特优势，帮助学生理解不同文化的共通和相异之处，尤其是在价值观、历史、语言交际方式和非语言交际方式等方面。通过了解其他文化，学生们自然还会对自身的文化、语言和价值观等进行反思和比较，进而开拓视野。

电影所提供的很多非语言内容，如时间空间概念、社会习俗和价值观等，是文化中很重要甚至核心的部分，在很多情况下对跨文化交际的成功与否至关重要。但是，由于教学资源的局限性，语言课堂上一般都是强调语言方面而忽略了非语言层次。一般的教学材料和工具如课本和音频等也难以帮助学生了解分辨不同文化的非语言交际差异。而电影因为它独特的可视性和其他特点则能够形象生动地达到这个目的。电影在使学生接触语言的同时，还可以通过画面、背景和音乐等特点帮助学生直观地了解文化的这些方面，弥补一般语言课堂的不足。教师应该在课堂上充分利用电影的这些特点和优势以帮助学生更全面地理解和分析文化现象，从而也为他们以后在真实语境中的跨文化交际做准备。

总之，由于电影的种种特点和优点，它在语言文化教学方面的潜力有待于被充分挖掘出来，以期更有效地运用于外语教学中跨文化意识及能力的培养和提高。

二、在外语课堂使用电影进行文化教学的应用举例和教学设计

1. 电影用于文化教学的实践和研究现状

如前所述，由于外文电影对于语言学习显而易见的好处，这些年来很多教师对电影用于外语课堂的语言教学做了大量探讨。同时，鉴于电影在文化教学上的独特优势，近年来越来越多的教师和学者们开始尝试将电影用于文化教学，并对此进行了实践并出版了相关教材和著述：

比如，教材类的《西方文化影视欣赏》（王玉括，2006）、《透过电影看文化》（陈红，2013）、《跟随电影看美国》《跟随电影看英国》《跟随电影看世界》（金利，2013a，2013b，2013c）等，另有著述类如《西方文化与电影》（史小妹，2007）、《大学英语文化主题教学探索与实践》（魏朝夕，2010）和《电影视阈中的跨文化研究》（张明娟，2012）等，这些教材或著述都精心挑选相关电影用于西方文化某个方面的学习，如古希腊罗马文化、西方宗教哲学、美国价值观、英国王室等，通过观看书中所选的具有代表性的电影，外语学习者有望对西方文化（尤其是欧美文化）有更直观的了解。以上教材或著述的编著者们大都简介了所

选电影的故事情节,但其中除了《西方文化影视欣赏》针对每部电影提了三个问题之外,其他的都没有设计如何将所推荐的电影具体用于文化教学的练习和活动。

而樊葳葳等(2009)主编的《跨文化交际视听说》、冒兮等(2010)主编的《文化英语视听说》和杨蕾达、吴文妹(2012)编著的《美国电影文化体验》则体现了对课堂教学操作的重视。《跨文化交际视听说》是"国内第一本跨文化交际视听说教材",围绕相关影视片段设计的视听活动和练习也比较具体,包括填空、判断、排序、搭配、角色扮演、分析讨论等,类型多样化,学生再通过结合阅读和口语活动来促进他们对影视场景和相关跨文化理论的理解。《文化英语视听说》以欧美电影为主要素材,以文化为切入点,强调"侧重培养学生对文化信息的理解,增强其跨文化的敏感度",大部分练习与所选电影的内容和情节关系不大,但大都具有启发性和开放性,由此来增加学生的文化知识储备并锻炼他们的听、说、读、写和思维等方面的综合语言能力。《美国电影文化体验》根据美国社会和文化主题,如美国梦、教育、媒体、时尚、经济、婚礼习俗、家庭结构和多民族融合等,选用了八部电影作为教学素材,每部影片选择四个片段,围绕相关片段设计了听力和口语的多样化练习,包括判断、简答、听写、填空、记笔记、排序、多项选择、讨论、配音、主角扮演、演讲等,充分体现了该教材"以文化为先导,以视听说为主体,以其他技能跟进为指导思想"。

美国学者萨默菲尔德很早就注意到电影用于跨文化教学的特点和优势,她的专著《透过电影跨越文化》(*Crossing Cultures Through Film*, 1993)和《观看大片:通过电影了解美国文化》(*Seeing the Big Picture: A Cinematic Approach to Understanding Cultures in America*, 2006)就体现了她对此进行的系统、细致的研究。与上述国内著述不同的是,她的著作目的是如何围绕相关电影促使美国大学生加深对其社会多元文化的理解,因此并没有上述教材中的语言练习。但她根据每个单元的主题和电影精心设计了很多活动，尤其是在《观看大片》中。该书有10个单元，其中前8个单元的文化主题是印第安人及在美国的非裔、华裔、墨西哥裔、爱尔兰裔、聋哑人等，基本上每个单元精选一部电影，通过一幅有简要说明的照片（一般都和某族群的历史或现状有关）导入，接着是电影的相关信息，如内容和角色介绍、导演和演员的创作过程、相关术语、历史背景（此部分篇幅不小）等，此后设计的活动非常多样化，并且延伸到课堂外。通过相关环节要求学生去实地体验某种文化，并让学生尝试制作电影中相关族群的典型饮食，此外还非常重视学生的理解、思考和表达甚至想象和表演能力的锻炼，多方位挖掘电影背后的文化内容。每章最后还特别推荐了与该章主题相关且有一定影响力的书籍和电影，并附简介，方便学生查找。作者希望通过教师的引导与学生各种方式和途径的参与，学生们能从电影出发但又不局限于电影本身，最终不仅对美国社会多种多样的文化有深入了解，还能提高对其他文化的宽容度和跨文化敏感度及灵活处理文化差异的能力。尚普（Champoux，1999）曾总结了电影作为一种资源用于教学时的八个功能：电影可以作为案例（film as case）、体验式练习（film as experiential exercise）、隐喻（film as metaphor）、讽刺素材（film as satire）、象征符号（film as symbolism）、意义（film as meaning），电影还可以提供经验（film as experience）和历史（film as time）。该书的活动和设计无疑使电影实现了以上绝大部分功能。

2. 跨文化题材电影用于外语课堂教学的尝试

笔者将借鉴以上教师和学者利用电影进行文化教学的方式和方法，基于课堂教学实践，建议将跨文化题材电影用于外语课堂教学中，从而更有针对性地培养并提高学生的跨文化意识、跨文化敏感度和跨文化交际能力。

近年来，随着各国间跨文化交流的日益频繁，出现了很多相关题材的电影，这些电影的故事内容涉及两种甚至多种文化，情节反映了这些文化的相互影响和作用、冲突与融合等，比如曾经在学术圈内得到广泛解读的《喜福会》（1993）、《喜宴》（1993）、《刮痧》（2001）、《面子》（2006）（这些影片都聚焦中美文化的冲突和交融）等，在市场上有良好口碑的《我盛大的希腊婚礼》（2002）（有关希腊文化和美国文化）、《迷失东京》（2003）（有关日本文化和美国文化）、《追风筝的人》（2008）（有关阿富汗文化和美国文化）、《印式英语》（2013）（有关印度文化和美国文化）、《墨西哥女佣》（2004）（有关墨西哥文化和美国文化）、《新美国梦》（2002）（有关爱尔兰文化和美国文化）等数不胜数的跨文化题材影片，这些影片都以英语为主要语言，内容涉及两种甚至两种以上的文化，对于学生们的跨文化学习有独特的优势。将这类影片或者其片段以恰当的形式用于外语课堂，不仅能使学生对英语和英语的多种变体有更具体的体会，还能更直观地了解多个民族多样化的文化，逐渐积累跨文化经验，使他们对跨文化交际的重要性有更深层面的认识，能深入思考跨文化问题。

除此之外，随着越来越多的外国人在中国大陆学习、工作和生活，近两年国内也出品了一些跨文化题材电影，如《土婆婆PK洋媳妇》（2009）、《纽约客@上海》（2012）、《孙子从美国来》（2012）和《洋妞到我家》（2014）等，这些影片既反映了作为制片人的中国人的视角，更看得到来自其他文化的人近距离对中国文化的理解和适应程度，可以使中国观众从另一个角度更深入地了解和反省自身文化，对于培养外语学习者的跨文化交际能力也很有借鉴意义。

教师在平日里可以留意并收藏此类电影，观看时做笔记后将其整理并分类，在准备课程时将相关的片段和内容拿来利用。结合所上课程的特点和内容有针对性地设计具体的课堂教学活动：最常用的是问答或讨论，教师根据片段情节设计一些有关文化的问题，学生在观看后自己思考或和他人讨论总结后进行回答；可以是选择题,教师设计多个选项,播放电影片段后由学生从中选择符合某个文化情景的解释;还可以设计角色扮演,安排学生"在另外一个假定的文化情境中演绎类似的情节,看他们会如何设计行为的差异"(严文华,2008:177),此活动特别适合不同文化的比较;也可以是记笔记,要求学生在观看中关注某一个人的行为和语言,并记录下来,然后分析他/她的做法是否符合某个文化的规矩和准则;其他的还有填空、复述、听写、排序、判断、搭配、配音等传统视听说练习和活动,都可以根据情况设计利用。通过这些具体的练习和活动来引导学生加深对某文化或文化的某一方面的了解,提高跨文化敏感度,同时在语言表达和思辨能力上也能得到锻炼,达到提升外语专业学生语言修养、培养并提高跨文化交际能力的教学目标。

(三)以《喜福会》(*The Joy Luck Club*)为例的教学活动设计

华裔导演王颖的作品《喜福会》从著名美籍华裔作家谭恩美的同名小说改编而来,该片和原著小说都在世界范围内取得成功,具有广泛的影响力。故事描述的是四位华人女性和她们四个女儿之间的故事。四位母亲虽然已移居美国几十年,会说英语,但她们身上都深深打着传统中国文化的烙印,在很多方面还以中国文化的准则要求女儿。而她们的女儿都在美国出生和长大,从身份上说是不折不扣的美国人,虽然有中国人的面孔和血液,但既不会读写中文,也不了解中国文化。两代女性由于在语言、文化、地域和经历等方面的不同而产生了不少矛盾和困扰,展现在情节上既有无形的代沟和情感的隔膜,更多的是文化的沟壑,比如中国文化和美国文化在社交礼仪、家庭教育、价值观、爱情和婚姻等方面的冲突,最终四对母女的和解不仅体现了两代人在情感上还有两种文化之间的理解与尊重。本章将以该片为例给出一个教学设计,来说明如何在课堂上使用跨文化题材电影进行教学。

A Sample Lesson Plan for *The Joy Luck Club*
Understanding and Speaking Interculturally
Scene 1: Suyuan and little June
Watch the movie clip and answer the following questions:
1. What makes little June unhappy and "rebel" against her mother? What did she say?
2. What is Suyuan's idea of daughters? Why does she think so?
3. Do you think the argument between Suyuan and little June would happen to ordinary Chinese mothers and daughters? Why or why not?

Scene 2: Lindo and little Waverly

Lindo has a fight with little Waverly about chess playing. Lindo says something that native speakers would not say. Her English is spoken with an accent and the grammar as well as her vocabulary is imperfect, but it is still fluid, vivid and even sounds more colorful. Some of her words are listed below. Write what you think a native speaker of English would say.

1. What? Embarrass you be my daughter?
   _____

2. Then what you say?
   _____

3. This girl not have concerning for us. We not concerning this girl.
   _____

4. You think it is so easy. One day, quit. Next day, play.
   _____

Scene 3: Rich and Waverly's family at dinner

Watch this movie clip carefully and take notes of what Rich says and does when he's having dinner with Waverly's family. Then analyze why his behavior is unacceptable for Chinese but ok for Americans.

Scene 4: Love and Marriage between Rose and Ted

Watch the movie clip and match the words on the left with their speakers on the right.

"It's just that he is going to be working with his father in the company, and he's going to be judged by people of a different standard: publishers, authors, critics and their wives. And they won't be as understanding as we are."   Rose

"Really, I meant what I said. I want to hear what you want. It's just that once in a while I would like to hear what you want."   An-mei

"I tell you the story because I was raised the Chinese way. I was taught to desire nothing to swallow other people's misery and to eat my own bitterness. And even though I taught my daughter the opposite but still she came out the same way."   Mrs. Jordan

"I couldn't believe what she was telling me. It was straight out of some awful racist movie... — like *The World of Suzie Wong*." ......"I'm not Vietnamese. I'm American."   Ted

Exploring Interculturally

1. Do you think parents have a hard time knowing their own children if they are raised in a different culture from their own? Or do you think that no matter under what cultural background, the parent–child relationship is the same? Why do you think so?

2. Imagine that an American (or French, Japanese) friend invites you to have dinner with his/her family at his/her home, describe how you would prepare yourself for the cultural differences you might encounter.

3. Read Amy Tan's book *The Joy Luck Club* and compare it with the film. What differences can you find? Do you like the way the novel was adapted for the screen? Why or why not?

4. Try other novels by Amy Tan or some other influential works written by Chinese Americans such as Maxine Hong Kingston's *Woman Warrior*, Jade Snow Wong's *Fifth Chinese Daughter*, Frank Chin's *Gunga Din Highway* and Gus Lee's *China Boy* to know more about Chinese American literature. Share your findings with your classmates.

三、讨论

从实际效果来看，电影用于外语课堂总是受到学生们的欢迎，其中原因之一就是它有别于传统和常用的教学方式，具有直观性，学生们在兴趣被激发的情况下学习语言的具体使用，更容易接受。除了语言，相关文化元素也以多渠道的方式（如图像、音乐、角色行为、社会背景等）呈现，比如学生们可以体验到英语国家和其他一些民族在饮食、习俗、宗教、历史、地理、政治等文化上的特点。他们不仅在语言学习和文化层面的认知有所积累，拓宽了知识，了解了世界文化，还通过相关的各类课堂活动锻炼培养了他们独立思考和批判性思维能力。除此之外，在观看有些优秀电影后，不少学生对原著和背景也产生了浓厚的兴趣，开始研读原著和相关作品，进一步拓展了阅读面，提升了文化素养；通过小组活动，尤其是课外分配的利用图书馆、网络分工查询信息，为课上的小组讨论和课堂演讲寻找依据的过程锻炼了学生的自我学习和研究能力及合作精神。总的来说，在外语课堂教学中运用电影进行文化学习使学生学习时体会到乐趣，最后又得到多方面的收获。

当然，任何事情都是有利有弊的，和其他教学材料和方式一样，利用电影进行跨文化的外语教学也有一定的局限性。首先，不论是商业类电影还是文艺类电影，拍摄的初衷都不是给外语学习者用来学习语言和文化的，因此电影中的语言有很大的随意性，尤其是跨文化题材电影中角色的语音语调常有很大差异，有的学生容易不加区别地盲目照搬；其次，由于大多数电影都是虚构的，又为了票房等市场目的，片中所描述的社会文化并不完全符合现实，而学生可能想当然地以为那些情节描述的就是真实情况；再次，由于电影制作者个人的主观感受或者为了夸大戏剧效果，某些影片中的场景和情节流于表面，甚至歪曲了事实，或者没有帮助消减而是加强了民族中心主义和刻板印象。因此，教师在选择用于课堂教学的电影或片段时要慎重，尽量降低其局限性和负面效果。

为了达到最佳效果，教师在将电影作为文化教学资源和手段时应该遵循一些原则，注意相关事项。

第一，对电影的选择要慎重，因为这一点关系到教学质量和效果。所选电影应该内容健康，不涉及暴力、色情等内容；所选电影要主题鲜明、具有浓郁的文化特色，能够反映某一文化的典型方面，或者能够代表某些文化的主流方面，而不是边缘性的；所选电影最好时代气息强一些，能够反映现当代社会文化，这样可以给学生提供较现实和具体的实例，对以后可能的跨文化交际具有参考价值。另外，正如前文所述，以跨文化为目标的外语教学既重视目的语语言和文化的学习，也把对母语及其文化的反思纳为教学很重要的一部分，在两者的对比和反思中培养学生的跨文化意识和能力。因此，在电影的选择上也应该考虑这个因素。

第二，要摆正学生观影的态度和方式。在不少学生眼中，电影就是一种娱乐方式，最多也只是一个轻松的学习活动，并没认真当它可以提供知识性学习和文化体验。很多学生观影时仅满足于视觉享受和情节观赏，忽略了影片本身所体现的社会文化价值。没有动机和约束的学习并不能取得理想效果，因此，教师作为课堂的组织者，要充分设计好具体并且最好多样化的课堂活动，促使学生认真、积极主动而不是被动地观看电影，这样他们也会有所收获，否则就不容易达到教学目标。

第三，课堂所用电影（或片段）必须和教学关联性强，目的一定要明确。要充分考虑到教学目标、教学内容和学生情况等选择和运用电影资源，精心设计恰当的活动来促进教学。切忌只是因为某部电影有趣就将其在课堂上从头到尾放一遍，看后只泛泛提几个关于理解的问题，导致学生似懂非懂，最终只起到放松和调节的作用，浪费了宝贵的课堂时间。

第四，注意课堂上电影篇幅的把握。电影（或片段）的使用应当只是一种辅助教学的手段，而不是教学的全过程，更不能喧宾夺主代替教学或占用过多的课堂时间。整片最好能安排在课前规定的时间段内（如周末）要求学生观看，这样不至于太久远忘记电影情节；课堂上每个片段的播放时间在 5 分钟左右，这样保证包含一定量的内容，最好不要超过 10 分钟，防止学生过度沉浸在情节中。

第五，教师必须做好一切准备，不仅是课堂活动设计，还要对教室多媒体的使用十分熟悉。将电影用于教学中最尴尬的场景就是课上电影的播放不顺畅，也许是音响功放有问题，只有图像没有声音，也许是播放软件不对，只有声音没有图像，或者投影仪出现某个问题，导致学生看不到大屏幕等；另外，教师多次前进或后退都找不到所需片段的恰当起始时间，面对满是期待的学生们急得满头大汗等，这些无疑都会影响课堂教学效果，需要教师在课前做细致的准备（如详细标注好所选片段的具体起始时间或者用软件剪好所用片段）、试用和检查设备。

除此之外，有些学生可能提出与课堂主题无关的问题，教师简洁说明后要能够迅速带过，以免喧宾夺主；对学生们争论较多的一些问题，教师应能引导并做总结。当然，由于电影的主观性，而且每个学生的知识储备和阅历各不相同，对电影的理解自然就有差异，有些争论往往没有唯一正确答案。

本章讨论的都是在外语教学中如何使用影片，这对并无影视专业基础和背景的外语教师们提出了挑战，促使他们在语言教学之余要有一定的观影量，并能从中遴选、挖掘出对跨文化外语教学有意义的电影和片段、情景，也许要观看若干遍，自己充分理解消化后再根据教学主题设计课堂活动。另外，教师在引导学生们发表见解、促进跨文化敏感度和跨文化能力提高的同时，不妨也放低姿态，借鉴学生们的视角，进一步促进自己对电影的深入理解，挖掘用于教学的其他可能，最终达到"教学相长"的目的。

四、结语

在技术高度发达的今天，将电影用于课堂教学已经不存在技术上或设备方面的限制。电影（尤其是跨文化题材电影）由于富含鲜活的文化信息，完全可以用于外语课堂，通过细致深入的引导和课堂活动设计，培养学生的跨文化敏感度、宽容度及跨文化交际能力，使"学习者可以开拓视野，学会从不同角度、立体地去感知和理解社会现象和事物，并在各种跨文化交际情况下，能够调整自己的语言和非语言行为，做到恰当有效地进行交际"（张红玲，2007：81）。除了电影，英文的电视节目（如电视剧、新闻报道、对话访谈等）、纪录片甚至广告等视频材料都因为语境真实度高、内容生动、题材广泛、贴近现实生活等特点可以用于跨文化的外语课堂教学，以帮助学生直观了解英语国家的社会、生活、习俗和思维方式等文化的方方面面。结合精心设计的各类课堂活动和练习，通过对这些文化内涵丰富的视频材料的运用，最终达到提高外语学习者的语言能力、人文素养和跨文化意识，同时培养他们的批判思维能力、自主学习能力、合作学习能力的目的，以适应社会发展的需要。

参考文献

Byram, M. & M. Fleming. 1998. *Language Learning in Intercultural Perspective*. Cambridge: Cambridge University Press.

Champoux, J. E. 1999. Film as a teaching resource. *Journal of Management Inquiry*, 6(2): 206-217.

Kramsch, C. J. 1998. *Language and Culture*. Oxford: Oxford University Press.

Morain, G. 1997. Visual literacy: Reading signs and designs in the foreign culture. In P. R. Heusinkveld. *Pathways to Culture: Readings on Teaching Culture in the Foreign Language Class*. Main: Intercultural Press.

Summerfield, E. 1993. *Crossing Cultures Through Film*. Main: Intercultural Press.

Summerfield, E. & S. Lee. 2006. *Seeing the Big Picture: A Cinematic Approach to Understanding Cultures in America*. Michigan: The University of Michigan Press.

Tan, A. 2006. *The Joy Luck Club*. New York: Penguin.

陈红.2013.《透过电影看文化》.北京：人民邮电出版社.

樊葳葳等.2009.《跨文化交际视听说》.北京：高等教育出版社.

郭蕾.2013.《英文类型影片赏析》.北京：北京大学出版社.

吉乐，李雪梅.2012.《经典影视赏析》.西安：西安交通大学出版社.

金利.2013a.《跟随电影看美国》.北京：科学出版社.

金利.2013b.《跟随电影看世界》.北京：科学出版社.

金利.2013c.《跟随电影看英国》.北京：科学出版社.

李盛，张琳.2011.《电影英语视听说（1.动画片音乐片）》.合肥：中国科学技术大学出版社.

林恩.2005.《英语电影赏析》.北京：外语教学与研究出版社.

马蓉雅,杨捷.2011.《电影英语视听说(2.爱情片喜剧片)》.合肥:中国科学技术大学出版社.

冒兮,林东涛,肖莎.2010.《文化英语视听说》.重庆:重庆大学出版社.

庞雅.2013.《英语电影赏析》.广州:暨南大学出版社.

桑玉萍.2011.《英语电影精彩对白赏析》.武汉:湖北教育出版社.

史小妹.2007.《西方文化与电影》.西安:西北工业大学出版社.

王玉括.2006.《西方文化影视欣赏》.南京:南京大学出版社.

王镇平.2014.《高级英语视听说(第二版)》.北京:外语教学与研究出版社.

魏朝夕.2010.《大学英语文化主题教学探索与实践》.北京:中国农业科学技术出版社.

伍晓慧.2005.《论跨文化交际情感因素的教学》.上海外国语大学学位论文.

徐志英.2009.《英语电影视听说》.北京:外语教学与研究出版社.

严文华.2008.《跨文化沟通心理学》.上海:上海社会科学院出版社.

杨畅,肖邦文.2008.《英语电影欣赏》.重庆:重庆大学出版社.

杨蕾达,吴文妹.2012.《美国电影文化体验》.北京:中国人民大学出版社.

张红玲.2007.《跨文化外语教学》.上海:上海外语教育出版社.

张明娟.2012.《电影视阈下的跨文化研究》.厦门:厦门大学出版社.

张卿雅,秦碧珍.2014.关于《社会学》教学中使用电影教学的反思.《韶关学院学报》,9: 163-166.

张珍珍.2013.《英语电影欣赏》.武汉:武汉大学出版社.

赵英男.2009.《英文影视赏析(第二版)》.北京:清华大学出版社.

第十二章

基于英语报刊的跨文化外语教学[1]

《高等学校外语类专业本科教学质量国家标准》和《大学英语教学指南》（以下简称《指南》）均把跨文化能力培养作为重要的教育和教学目标。《指南》明确提出，大学英语教学要增强学生的跨文化交际意识和交际能力，提高学生的综合文化素养（王守仁，2016：5）。外语教学已经发展至开展跨文化教育、培养学生跨文化能力的重要阶段，"更新跨文化教学理念、创新跨文化教学方法是当务之急"（张红玲等，2018：60）。外语报刊是方便快捷的大众传播媒介之一，与文化息息相关（Wilson, 1995：24）。报刊反映世界各国在政治、经济、军事、文化等领域的发展动向，可以作为资源多样性的能力型教材。外语教学引入报刊亦早已有之。英语报刊运用得法能够帮助学生了解世界文化、掌握现代英语、拓宽知识视野，并且培养学生的分析能力、综合归纳能力和观点创新能力（徐锡华，2009：16），进而提升他们的

---

[1] 本章内容已发表于《外语界》2018年第3期，pp. 18-23，原标题为"外语教学中的跨文化教育实践与思考——以英语报刊公选课为例"，此处略有改动。

全球化视野、跨文化传播意识和批判性思维能力（刘琛，2012：ii-iii）。

在跨文化教育背景下，本章尝试将外语报刊教学与学生跨文化能力培养相结合，阐述报刊课程的跨文化教学，包括教学目的与原则、教学资源选用及教学活动设计，以此创新跨文化外语教育，提升学生的跨文化能力。

一、跨文化教育与英语报刊课程

进入21世纪以来，跨文化教育的重要性日益显现，因为"跨文化教育不仅是解决现实问题的需要，而且是构成人文通识教育和思辨能力培养的不可缺少的组成部分"（孙有中、Bennett，2017：2）。《指南》也提出了跨文化教育的重要性："帮助学生了解中外不同的世界观、价值观、思维方式等方面的差异，培养学生的跨文化意识，提高学生的社会语言能力和跨文化交际能力。"（王守仁，2016：6）

跨文化外语教育首先需要建设多层次、多元化的教学目标体系，深化学生对语言文化与交际的认识和了解，多方位提升学生的人文知识水平和语言综合应用能力，提高学生的跨文化交际能力。除了能够使用所学外语与不同文化背景的人有效地交际，学生还要增强文化批评意识和创新思维能力，真正了解跨文化语境中言语行为的感知过程，掌握跨文化综合表达能力（束定芳，2013）。美国外语教育界为了提高自己国家学生的外语能力以适应经济全球化的需要，制定了21世纪外语学习5C标准，即"communication（交际），cultures（文化），connections（贯连），comparisons（比较），communities（社区）"（陆效用，2001：23-24）。5C标准把文化看作一个由主观、客观和行为三方互动的整体和系统，而不是文化知识和事实的总和，确定了文化教学的系统性和多层次性（陈白颖，2016：70）。

英语报刊课程对于跨文化教育具有很好的可及性和适用性。Bennett认为，一般意义上的文化知识（culture-general）比具体文化知识（culture-specific）更有利于培养学生的跨文化能力，一般意义上的文化知识、原则和不同文化背景知识学习，即"文化地图拼装"能使学生有信心面对来自不同文化的沟通挑战（孙有中、Bennett，2017：4-5）。在课堂教学层面，一般意义上的文化知识学习和跨文化能力培养路径多样。外语教育中的跨文化能力培养绝不能随性发挥，而必须有指引原则、有设计规划，必须精心选择有利于跨文化能力培养的跨文化学习材料（孙有中，2016）。报刊富含宝贵的"文化信息"，其中的文化词可以传递文化经历、知识、价值观、信仰、情感、态度等（Sanderson，1999：2）。学生在英语报刊阅读中可以通过获取文化信息了解不同文化的动态，并进行文化比较，逐渐掌握文化知识，培养文化意识。英语报刊阅读课实质上是将报刊视作文化的载体，学生通过接触目的语文化了解世界，在语言学习中熟悉文化，最终提高跨文化交际和沟通能力。

国内外不少学者对报刊课程教学中的跨文化能力培养开展了研究。Monda等人（1988）发现，新闻阅读有助于激发学习者了解外国文化的热情。Kramsch（1996：185-189）专门讨论了如何利用《时代周刊》的文章进行教学，指出报刊资源"真实可靠"，但是学习者不了解文化语境就不能理解文章的"文化内涵"，也不能真正提高文化能力。Akdemir等人（2012）在交际法教学模式下探讨了外语口语教学使用新闻报纸的可行性，认为报纸提供了原汁原味的教学材料，但鉴于其文体特殊性（如标题通常并非完整句、助动词省略等），在教学之前教师有必要针对学生的实际情况选择合适的新闻内容。Doganay等人（2013）通过对来自不同国家的80名学生的跟踪调查，发现报刊教学模式能提高学生的英语交际和英语语言能力，并能提高他们的跨文化交际能力。端木义万（2002）指出，报刊作为大众传媒报道新闻的同时，也在广泛传播相关文化；报刊课程运用得当，可以增强学生对外国文化的敏感性，从而培养学生的跨文化交际能力。

教育是一种文化行为，跨文化教育的目的是培养学生对文化差异的理解和包容，养成多维、立体的思维方式和宽容、开放的情感态度，提高综合素质，从而有效进行跨文化交际（张红玲，2007：VII-VIII）。外语报刊课程通过新闻、话题、专栏、特稿等帮助学生深入理解多元社会文化现象，将具体文化知识学习和一般文化知识学习有机结合，通过讨论与分析报刊中跨文化交际的实际案例来理解跨文化交际的原理和技巧，实现课堂知识传授与跨文化能力、思辨能力培养。

二、英语报刊公选课的教学目的与原则

英语报刊公选课以提高跨文化能力为基点，引导学生通过广泛阅读获取文化信息和知识，提高文化认识水平和文化差异理解能力，有机结合英语语言能力培养与跨文化能力培养。该课程的主要教学目的是：（1）阅读英语报刊了解国内外时事，开阔国际视野，提升文化素养，增强跨文化能力；（2）接触各个领域真实、鲜活的英语，扩充不同语境下的英语词汇，提高英语阅读能力；（3）通过报刊案例分析和讨论，培养批判性思维能力和用英语表达思想的能力，打好跨文化交际的基础。

报刊课程设计的原则是融合听、说、读、写、译教学，提高学生的语言综合应用能力。各项语言技能密切相关，必须协同发展，报刊课程设计注重融合这些技能的综合应用。听力能力训练充分利用报刊的语音资源作为听力材料。口语能力训练鼓励学生积极发言与讨论，小组讨论自由说，课堂发言大胆说。阅读能力训练注重阅读方法和策略使用，简要新闻快读，分析评论细读，书评影评多读，社论专栏深读。写作能力训练要求学生根据报刊内容写出相关文化背景知识、阅读感想和体会。翻译能力训练选

取短小精悍的新闻或评论的精彩段落,学生边读边译,教师提供点评并及时纠正学生错误。当然,实际课堂教学中各项技能训练并非孤立操作,而是有机结合,整体推进。例如,课堂上学生阅读一篇关于美国电影《博物馆奇妙夜3》的影评"*Night at the Museum: Secret of the Tomb*"之后,对其中反复出现的Smithsonian(博物馆机构史密森尼学会)非常感兴趣,提出了不少疑问和思考:史密森尼学会下设多少个博物馆?各个博物馆里有什么特别的藏品?由此,教师布置了"史密森尼学会"专题课外作业,学生查阅了大量音频、视频和书籍资料,有的甚至观看了原版《博物馆奇妙夜》的整个系列电影,不仅探求了相关问题,而且丰富了古生物学等学科领域的词汇知识和博物馆知识。

三、英语报刊公选课的教学活动设计与实施

1. 教学活动设计

英语报刊可以作为一门跨文化教育课程,首先在于教学资源具备文化知识多样性等特点。端木义万(2015:1)指出英语报刊具有四点显著优势:内容新颖、语言现代、资料丰富、词语实用。报刊中的新闻报道、社论争鸣、书评影评、人物采访等具有时效性、实用性、新颖性,能使学生了解世界政治、经济和文化的最新动态,为他们的西方文化学习开辟一个窗口(马玲玲,2008:127)。

为贯彻教学目的与原则,报刊公选课教学活动设计必须努力变被动教学为主动学习,促进学生的自主学习。Dickinson(1987)认为,自主学习是一种学习态度,更是一种独立的学习能力;学习自主性是教育的最终目标(Brookes & Grundy, 1988:1)。教学活动设计要把学生放在每个教学步骤之中,因此英语报刊课程活动设计的前提是充分了解学生英语学习的需求和能力。开课前,教师可以通过问卷调查、微信的微调查以及访谈等了解学生对英语报刊课程的期望、学生的基本词汇量和学习习惯等,为开设课

程搜集必要的学生需求信息。

报刊课程的教学活动设计具体采用SIIIN教学模式,有机融合英语语言能力培养与跨文化能力培养。SIIIN教学模式中的S(Student-centered)指以学生为中心,引导学生学会读英语报刊,促进学生自主学习;I(Interaction-oriented)指以互动为主导实施课堂教学,让学生主动投入教与学的过程;I(Integrated-skills focused)指以综合技能运用为主线,融合听、说、读、写、译技能训练,提高学生综合运用语言的能力;I(Intercultural-competence based)指以提高跨文化能力为基点,引导和启发学生使用报刊资源提升文化素质和跨文化能力;N(New-media-teaching approach auxiliarized)指以新媒体教学手段为辅助,通过立体型教学激发学生学习热情,提升课堂教学效果。这一模式的关键点是以学生为中心的自主学习,落脚点是语言综合应用能力和跨文化能力培养,难点是互动的有效开展,操作点是新媒体的灵活运用(颜静兰,2017:23)。

2. 教学资源选择和使用

教学资源选用的宗旨是助力跨文化教育的实施,促进教学中语言与思维能力的融合培养(隋晓冰、周天豪,2012)。报刊课程一般采用外刊,其优点是语言原汁原味,文化信息丰富,能使学生熟悉英美新闻的文化表达。在"一带一路"倡议下,包括英语报刊课程在内的外语教育课程也要注重中国文化,使学生能向外国人介绍中国文化,推动中华文化走出去。

我们选用 *21st Century English Newspaper* 和 *China Daily* 作为英语报刊教学的主要资源。*21st Century English Newspaper* 内容资源多样,包含社会、经济、政治、科技、文化资讯等,另有特稿介绍国际时事、文化知识以及英语学习方法,阅读词汇量在五六千。*China Daily* 主要涵盖国内外文化、社会、新闻资讯与重大政策解读,介绍我国和世界其他国家的文学、教育、科学技术、考古、医药、影视、戏剧、音乐、舞蹈、旅游等领域的现状与发展，内容集知识性、趣味性、服务性于一体，信息量大，可读性强。尤其是每周三的 China Daily 特设青年版专刊，含有中外青年与大学生创业发展、世界青年文化等报道与专稿，更适合大学生英语报刊课程。

课堂教学中教材的筛选、定量很重要（Sanderson, 1999: 13）。学生希望使用英语广泛获取各种文化知识和信息。每堂课我们先挑选两个版面 20 条左右的简要新闻来了解国内外热点时事，然后对四五个文化信息含量较大的版面详略有当地进行讲解和讨论，以便学习与积累文化知识。我们还选用 China Daily 的"Buzzword""Hot Word"等专栏，结合具体语境介绍讲解文化词。

Byram 指出，文化思辨能力培养融入教材教学十分重要（转引自郑晓红，2018: 82）。学生在汲取文化信息、提高语言能力的同时，应能学会文化思辨（thinking culturally）（Davis, 2001: 170-172）。报刊资源可以用于构建启发学生文化思辨的语境，使其了解不同文化现象背后的政治和历史含义等，或对文章语篇隐含的文化现象进行批判性解读（郭金秀，2011: 47）。譬如，世界瞩目的奥斯卡颁奖典礼在一定程度上折射出美国的文化偏见和文化霸权。我们借用 2016 年 3 月 China Daily 的评论文章《奥斯卡很难改变美国的文化偏见》，引导学生从"Oscar So White"（奥斯卡太白）的角度对文化多元性进行思考和讨论。

3. 教学方法和手段

英语报刊公选课的主要教学方法是参与式教学法，即教学以互动为主导，变单向教学为互动教学，让学生主动投入教与学的过程。报刊课程的参与式互动活动以课堂新闻默读和朗读、校园新闻交流、听音频、看视频、讨论发言为主，也涵盖课外资料查找、自办校园英语报等活动。

课堂互动是指自然状态下的课堂教学过程中，教师与学生之间、学生与学生之间围绕既定或生成的目标从事的言语交际活动（杨华、文秋芳，2014）。现代外语教学要求教师营造和谐、交互、宽松的课堂学习环境生态，组织学生开展有目的、有计划、有效能的学习活动。无互动的单向教学课堂是不利于教育可持续发展的异化课堂，也无助于学生跨文化能力的培养。课堂中的互动教学能够有效调动学生参与知识构建的自觉性，师生密切合作、相互信任，在和谐、愉悦的情境中实现教与学的共振。

Dewey（2004：145）认为学习体验由"作为"（doing）和"施为"（undergoing）组成。单纯听教师讲课、接受信息属于"作为"，而课上通过合理教学手段引导学生踊跃发言则属于"施为"，两者的和谐统一才能形成学习体验的完整闭环。*21st Century English Newspaper* 和 *China Daily* 都设有"Comment""Forum""Opinion"等专栏。教师可充分利用这些专栏作为互动活动的资源，根据内容安排专题讨论和自由发言，从而"通过讨论和互动交流活动将理解付诸行动"（Kramsch, 1996：185）。比如，*21st Century English Newspaper* 的热点新闻栏目"Buzz"有一期的论题是"Time to Slash Star Pay?"我们先引导学生阅读专栏中提出的问题——政府是否应该采取措施大幅削减娱乐明星的收入？然后请学生自由发言展开讨论。商学院学生从市场经济视角出发，认为明星收入只要符合市场经济便是合理的；社会学学生认为从社会公正视角来说，明星高薪不合理，政府应采取监管措施使其薪水合理化。在讨论过程中，学生不仅学到了 sky-high paychecks（极高的薪水）等词汇，而且学会了从不同角度进行思考和辩论。教师在报刊课堂中作为参与者进行点评或提问。课堂教学中的师生互动、生生互动、课内外互动等（颜静兰，2016：43-44）能够有效促进学生知识习得和能力培养，学习者的学习经验通过互动得到重现和重构，其跨文化能力也在潜移默化中得到发展。

再者，报刊课堂教学根据教学内容和目标，选用恰当的新媒体方式辅助文化知识的多维教学，带来事半功倍的教学效果。新媒体是信息存储、传播和表现的新载体，为文字、声音、图像等信息提供新的表达方式，具有表现力强、容量大、交互性优等特征。新媒体和网络的音频、视频等提供了丰富的教学资源，利于改进教学结构，提升学生的教学内容关注度，使其多维、深入地理解内容。比如，课程中读到关于 Higgs particle（希格斯粒子）、gravitational wave（引力波）、quantum mechanics（量子力学）等的科技新闻时，教师可能难以讲清其原理和特征，这时就可借用新媒体三维视图，结合音频清晰、生动地展现它们的概貌。对于恐怖组织、核安全等国际问题，学生可以观看相关数字媒体资料，全面了解重要背景知识，从而有利于报刊内容的理解和讨论。报刊课程以新媒体教学手段为辅助，使学生积极投身于新媒体时代的 E-Learning（数字化学习）和 U-Learning（泛在学习）（杨现民、余胜泉，2011），利用报刊网站、微博、微信公众号等提供的丰富数字资源开展移动学习、实时学习、互动学习，从而把文化知识动态地、多维地渗透到整个教学过程。

四、结语

跨文化教育的根本目的是开阔学生的国际视野，让学生能与不同文化背景的人进行有效的跨文化沟通（王守仁，2016：7）。新时期外语教学应该围绕跨文化教育和培养学生跨文化交际能力的目标展开（胡文仲，2014：111）。英语报刊公选课的教学实践是"在课堂上落实跨文化教育理念"（孙有中、Bennett, 2017：4）的有益尝试，帮助学生获取更广泛的一般意义上的文化知识，满足学生的目的语文化学习需求，使学生真正提升跨文化意识和敏感性，增强跨文化沟通能力。

参考文献

Akdemir, A. S., M. Barin & H. Demiroz. 2012. Broadsheet English: Teaching speaking through newspaper articles. *Procedia – Social and Behavioral Sciences*, 46: 3967-3971.

Brookes, A. & P. Grundy. 1988. Introduction: Individualization, autonomy and English for Academic Purposes. In A. Brookes & P. Grundy eds. *Individualization and Autonomy in Language Learning*. Hong Kong: Modern English Publications in Association with the British Council, pp. 1-11.

Davis, L. 2001. *Doing Culture: Cross-cultural Communication in Action*. Beijing: Foreign Language Teaching and Research Press.

Dewey, J. 2004. *Democracy and Education*. North Chelmsford, MA: Courier Corporation.

Dickinson, L. 1987. *Self-instruction in Language Learning*. Cambridge: Cambridge University Press.

Doganay, Y., M. Ashirimbetova & B. Davis. 2013. Making culture happen in the English language classroom. *English Language Teaching*, 6(10): 11-16.

Kramsch, C. 1996. *Context and Culture in Language Teaching*. Oxford: Oxford University Press.

Monda, L. E., C. O. Vail & M. A. Koorland. 1988. Use the news: Newspapers and LD students. *Journal of Reading*, 31(7): 678-679.

Sanderson, P. 1999. *Using Newspapers in the Classroom*. Cambridge: Cambridge University Press.

Wilson, S. L. R. 1995. *Mass Media/Mass Culture: An Introduction*. New York: McGraw-Hill.

陈白颖. 2015. 跨文化交际课程中文化素养的培养及其改革与实践. 载陆建非，戴晓东.《跨文化交际研究新动态》. 上海：上海三联书店，pp. 69-75.

端木义万. 2002. 谈谈外刊教学中的文化导入.《外语与外语教学》，6: 28-31.

端木义万. 2015.《英美报刊阅读教程（第三版）》. 南京：南京大学出版社.

郭金秀. 2011. 后现代教育思维下的英语报刊阅读教学重构.《教育探索》，12: 46-47.

胡文仲. 2014. 试论我国英语专业人才的培养：回顾与展望.《外语教学与研究》，1: 111-117.

刘琛. 2012.《英语报刊阅读：跨文化交际与批判性思维》. 北京：高等教育出版社.

陆效用. 2001. 美国21世纪的"5C"外语教育.《外语界》，5: 22-27，72.

马玲玲. 2008. 英语报刊阅读选修课教学中的文化渗透.《科技信息（学术研究）》，24: 127-129.

束定芳. 2013. 关于我国外语教育规划与布局的思考.《外语教学与研究》，3: 426-435.

隋晓冰，周天豪. 2012. 外语教材的研发与学生外语能力的培养——基于我国高校主要外语教材的分析与探讨.《外语电化教学》，6: 52-59.

孙有中. 2016. 外语教育与跨文化能力培养.《中国外语》，3: 1, 17-22.

孙有中，J. Bennett. 2017. 走向跨文化教育：孙有中教授和Janet Bennett博士学术对话.《外语与外语教学》，2: 1-8.

王守仁. 2016.《大学英语教学指南》要点解读.《外语界》，3: 2-10.

徐锡华. 2009. 第七届全国高校英语报刊教学学术研讨会会议综述.《外语研究》，6: 16.

颜静兰. 2016. ESP教学互动反思与复合互动模式探析.《中国ESP研究》，1: 39-46.

颜静兰. 2017. 英语报刊课堂教学生态建设探析. 载端木义万, 郑志恒.《高校英语报刊教学论丛(第四辑)》. 北京：北京大学出版社.

杨华, 文秋芳. 2014. 外语课堂即时形成性评估的"相倚性"研究.《外语教学》, 4: 41-45.

杨现民, 余胜泉. 2011. 泛在学习环境下的学习资源进化模型构建.《中国电化教育》, 9: 80-86.

张红玲. 2007.《跨文化外语教学》. 上海：上海外语教育出版社.

张红玲, 虞怡达, 沈兴涛. 2018. 基于竞赛的跨文化能力评价研究——以"外教社杯"上海市高校学生跨文化能力大赛为例.《外语界》, 1: 52-61.

郑晓红. 2018. 跨文化交际视角下的教材评价研究——与Michael Byram教授的学术对话及其启示.《外语界》, 2: 80-86.

第十三章

关键事件在跨文化外语教学中的应用

随着国际化和全球化进程的不断加深,跨文化交际能力的重要性日益显著。培养"跨文化交际的能力"已经成为外语教学的根本目的。跨文化能力是一个多层面的立体框架,而跨文化敏感性是这一框架中的一个重要层面。"关键事件法"是跨文化培训中常被使用的训练方法之一。本章将探讨如何在外语课堂教学中运用"关键事件"这个跨文化培训的常用方法,来培养学生的跨文化敏感性和跨文化交际能力。

一、关键事件概述及其应用于外语教学的可行性分析

1. 关键事件概述

在诸多跨文化学者和实训者(Gudykunst, Hammer & Wiseman, 1977; Triandis, 1977; Brislin, 1979; Bennett, 1986)的研究基础上,陈国明和Starosta(Chen & Starosta, 1998)将跨文化培训的模式归纳为以下六种:课堂模式,模拟模式,自我认识模式,文化意

识模式，行为主义模式，交互模式。

关键事件法属于跨文化培训中的文化意识模式这一类。它与案例分析法类似，但耗时较短且见效较快（Hoopes & Pusch, 1979）。一个关键事件通常是现实跨文化交际中的一个典型的失败案例。关键事件法的培训步骤主要如下：首先，培训者先描述一个事件，在事件中，来自不同文化的交际双方在跨文化交际中产生了误解或冲突；其次，培训者就误解或冲突产生的原因给出四个选项供受训者选择；再次，受训者不断地进行选择、直到选出正确的选项。由于关键事件法中使用的事件都是源自现实的跨文化交际实践，并在描述过程中经过提炼和概括，张红玲（2007）认为这一培训方法能很好地吸引受训者，能有效地引导受训者在阅读事件和选择选项的同时进行思考，能有效地培养其跨文化敏感性。

2. 关键事件应用于外语教学的可行性分析

在外语教学中，关键事件法如何助力外语教师培养学生的跨文化敏感性和跨文化交际能力？实际效果如何？笔者通过一个实验性的实证研究，科学衡定和探讨关键事件应用于外语教学的可行性。

目前，被广泛运用的针对跨文化敏感性的测试方式和量表主要有三种，即 Colleen Kelley 和 Judith Meyers 共同研发的 CCAI（Cross-cultural Adaptability Inventory），由 Mitchell R. Hammer 研发的 IDI（Intercultural Development Inventory）以及由陈国明和 Starosta 共同研发的 ISS（Intercultural Sensitivity Scale）。

笔者在实验中采用了 ISS 测试量表（详见本章附录）。量表共有 24 项，可以归纳为跨文化交际敏感性的五个层面：（1）跨文化交际的参与度，共有 7 项；（2）对文化差异的尊重，共有 6 项；（3）跨文化交际的自信度，共有 5 项；（4）乐于进行跨文化交际，共有 3 项；（5）跨文化交际的专注度，共有 3 项（转引自 Penbek, Yurdakul & Cerit, 2009）。

a. 样本和实验性培训内容

在这项实证性研究中，首先是对实验对象进行了一项运用关键事件法进行的跨文化交际实验性培训。这些实验对象是福建某私立高校132名正在修学"大学英语"这一课程的、大二非英语专业学生，来自4个班、3个不同专业（包括金融、国贸、经济学）。其中有57名男学生，75名女学生。具体的样本信息见表13.1：

表 13.1 实验对象的基本信息

专业＼实验对象	女学生	男学生	学生数
金融 (1个班)	24	15	39
国贸 (1个班)	18	16	34
经济学 (2个班)	33	26	59
总人数	75	57	132

实验性培训的内容是运用关键事件法进行的为期2周、共4次的跨文化交际培训。由于"关键事件"法很强调受训者就事件本身进行充分思考和讨论，因此并没有对132名实验对象进行集中培训，而是以原始班级为单位分别使其接受小班化培训，以确保受训者有更多思考的时间和讨论、发言机会，从而保证培训效果。每个班、每次培训过程持续约70–80分钟，视具体的培训材料而定。

每次培训使用7个关键事件，4次共28个事件，都是由笔者从相关的跨文化交际案例教材或著作中选择的案例进行改编、并编写相应的问题和每题的四个选项。在选编关键事件的过程中，笔者着重选取了具有代表性的、能基本涵盖跨文化交际各个方面的事件，以期使受训者能关注到跨文化交际研究的主要层面，包括：言语交际中的语用语言失误和社会语用失误；非言语交际，如肢体语言、身体接触、着装、气味、空间、时间、副语言等；跨文化商务沟通，如工作中的跨文化冲突，跨文化商务谈判，跨文化团体构建等。

在为每个关键事件编写相关问题和选项时，笔者有意融入了一些跨文化交际术语和背景知识。由于不熟悉相关术语，受训者在阅读选项和做出选择时可能一开始会感到有些困难和疑惑，然而，当他们开始分析讨论事件本身并最终选出正确答案后，这些术语又会令其有醍醐灌顶、恍然大悟之感。在讨论和发言的过程中，培训者也鼓励受训者尽量使用相关术语。

b. 培训前后的两次 ISS 测试方法

在进行实验性培训项目前后，实验对象各接受了一次 ISS 量表测试。受试者按照自身的实际情况给每个项打分，分数值在 1–5 之间，其中 1= 强烈反对，5= 强烈赞同，以此类推。

实验中所获得的数据主要通过 Microsoft Office Excel 2003 和 SPSS 19.0（Statistical Package for the Social Sciences）来进行统计和分析（详见表 13.2、表 13.3）。数据的平均值和标准偏差是用于进行配对 t 测试的主要基础（Reinard, 2006）。两次 ISS 测试的数据结果再通过配对 t 测试的方式进行对比（详见表 13.4），以发现 ISS 量表中的 24 项的每一项是否存在培训前后的明显差异以及受训者跨文化敏感性的五个层面是否存在培训前后的明显差异。

c. 两次 ISS 测试数据统计结果

从表 13.4 可见，在量表的 24 项中，有 15 项的 $p<0.05$，证明有明显差异。对于跨文化敏感性的第一个层面"跨文化交际的参与度"，共有 7 项（No. 9, 13, 14, 15, 21, 22, 23）。在这 7 项中，只有 3 项 [No.9(p=0.0196), No.15(p=1.39E-05), No.23(p=0.0160)] 的 $p<0.05$，被证明有明显差异，其余 4 项均无明显差异。第二个

层面是"对文化差异的尊重",共有 5 项(No. 2, 8, 16, 18, 20)。这 5 项中,共有 4 项[No.2(p=0.0036),No.8(p=0.0272),No. 16(p=0.0330),No. 20(p=0.0006)]的 $p<0.05$,被证明有明显差异,只有 1 项无明显差异。第三个层面是"跨文化交际的自信度",共有 6 项(No. 3, 4, 5, 6, 10, 11)。这 6 项全部是 $p<0.05$,被证明有明显差异。第四个层面是"乐于进行跨文化交际",共有 3 项(No. 1, 12, 24)。其中只有 1 项[No.1(p=0.0036)]的 $p<0.05$,被证明有明显差异。第五个层面是"跨文化交际的专注度",共有 3 项(No. 14, 17, 19)。其中有 1 项(No. 19)的 $p<0.05$,被证明有明显差异。

综上,此次以实验性培训为基础的实证研究证实了在外语教学中,关键事件能明显提升学生跨文化敏感性的两个层面,即"对文化差异的尊重"和"具有跨文化交际的自信度"。因此,在外语教学中,教师可结合实际的教学内容和教学材料、适时地运用关键事件这一跨文化培训方法,重点培养学生在跨文化交际过程中对文化差异的理解和尊重以及自身的交际自信心。

表 13.2 培训前的 ISS 测试结果(第一次测试)

量表选项序号	金融(1个班)		国贸(1个班)		经济学1班		经济学2班	
	平均值	标准偏差	平均值	标准偏差	平均值	标准偏差	平均值	标准偏差
No.1	3.615	0.8148	3.971	0.6269	3.516	0.7690	3.821	0.4756
No.2	2.051	0.8255	1.824	0.7165	1.968	0.7951	2.179	0.6118
No.3	2.821	0.7905	3.265	0.7096	2.677	0.6525	3.321	0.5480
No.4	3.128	1.0047	2.735	0.8637	2.968	0.9481	3.107	0.9165
No.5	2.564	0.7879	2.794	0.7294	2.194	0.6542	2.714	0.8545

（续表）

No.6	2.359	0.9028	2.706	0.7988	2.484	0.8513	2.643	0.8698
No.7	1.949	0.5595	2.147	1.1046	1.968	0.6575	2.143	0.7052
No.8	4.487	0.5559	4.353	0.7739	4.194	1.0139	3.821	0.9449
No.9	2.667	0.8057	2.294	0.9384	2.806	0.9458	3.214	0.7868
No.10	2.872	0.8329	3.029	0.7972	2.742	0.6308	3.286	0.8100
No.11	3.821	0.6833	3.559	0.7859	3.581	0.7199	3.786	0.5681
No.12	2.333	0.8057	2.147	0.7020	2.839	0.7788	2.571	0.6901
No.13	3.872	0.6561	3.941	0.5472	3.774	0.7169	3.750	0.7515
No.14	3.590	0.6373	3.559	0.7046	3.129	0.6704	3.500	0.6939
No.15	2.667	1.0345	2.235	0.8896	2.645	0.7978	2.821	1.0560
No.16	4.256	0.5946	4.206	0.8801	3.935	0.5736	4.036	0.6372
No.17	4.154	0.5399	4.088	0.7121	3.581	0.7199	3.857	0.5245
No.18	1.949	0.7591	1.735	0.6183	2.258	0.7732	2.071	0.6627
No.19	2.872	0.9228	2.882	0.4777	3.032	0.8750	3.143	0.7052
No.20	2.846	0.9608	2.294	0.9384	2.774	0.9560	2.857	0.6506
No.21	3.744	0.7152	3.441	0.8236	3.419	0.6204	3.357	0.6215
No.22	2.615	0.7819	2.529	0.9288	2.581	0.8072	2.357	0.7310
No.23	3.897	0.5523	3.941	0.4887	3.258	0.9298	3.393	0.6289
No.24	3.487	0.9140	3.941	0.6486	3.516	0.6256	3.786	0.7382

表 13.3 培训后的 ISS 测试结果（第二次测试）

量表选项序号	金融（1个班）		国贸（1个班）		经济学 1 班		经济学 2 班	
	平均值	标准偏差	平均值	标准偏差	平均值	标准偏差	平均值	标准偏差
No.1	3.821	0.9423	4.088	0.7535	4.000	0.6831	4.036	0.5762
No.2	1.744	0.6774	1.706	0.7988	1.774	0.6170	2.000	0.9027
No.3	3.205	0.7671	3.412	0.7831	3.419	0.6204	3.357	0.6785
No.4	2.744	0.9095	2.559	0.9274	2.774	0.8046	2.429	0.7902
No.5	3.077	0.7393	3.147	0.7020	3.161	0.8204	3.000	0.6086
No.6	3.385	0.7475	3.294	0.8714	3.000	0.6325	3.429	0.9201
No.7	1.949	0.7930	1.794	0.6410	2.194	1.1081	2.214	0.8325
No.8	4.410	0.7853	4.382	0.8533	4.548	0.5680	4.357	0.7310
No.9	2.462	0.9416	2.471	0.8956	2.290	0.6426	2.750	0.7515
No.10	3.410	0.7511	3.294	0.9055	3.613	0.6152	3.286	0.6587
No.11	4.128	0.6951	4.206	0.4786	4.065	0.5122	3.536	0.6372
No.12	2.256	0.6373	2.471	0.9288	2.484	0.7690	2.536	0.8812
No.13	3.795	0.9509	3.882	0.8444	4.161	0.7347	3.750	0.8872
No.14	3.538	0.7555	3.265	0.7096	3.774	0.6688	3.500	0.6383
No.15	1.974	0.8425	1.824	0.7165	2.161	0.8601	2.464	1.0709
No.16	4.231	0.7767	4.412	0.6089	4.258	0.6816	4.143	0.5909
No.17	4.128	0.7320	3.971	0.7171	4.000	0.6325	3.929	0.8133
No.18	1.949	0.6863	2.029	0.9040	1.935	0.7718	2.607	0.9165

(续表)

No.19	3.282	0.8255	3.000	0.8165	3.323	0.7478	3.286	0.7629
No.20	2.103	0.6804	2.235	1.1297	2.613	0.9549	2.214	0.7382
No.21	3.641	0.7429	3.647	0.7337	3.419	0.7199	3.679	0.6696
No.22	2.872	0.6951	2.765	0.8549	2.258	0.8932	2.893	0.8317
No.23	3.462	0.7199	3.412	0.7014	3.806	0.6542	3.107	0.5669
No.24	3.641	0.8107	3.735	0.9312	4.000	0.9661	3.679	0.6118

表 13.4 两次 ISS 测试结果对比分析

量表选项序号	第一次测试（培训前）			第二次测试（培训后）			对比分析（方法：配对 t 测试）
	人数	平均值	标准偏差	人数	平均值	标准偏差	p（单尾）
No.1	132	3.727	0.710	132	3.977	0.766	0.0036 (supported)
No.2	132	2.970	0.751	132	1.795	0.748	0.0170 (supported)
No.3	132	3.007	0.736	132	3.340	0.718	0.0002 (supported)
No.4	132	2.984	0.940	132	2.636	0.867	0.0011 (supported)
No.5	132	2.568	0.783	132	3.098	0.718	1.1E-08 (supported)
No.6	132	2.537	0.859	132	3.280	0.803	1.6E-11 (supported)
No.7	132	2.045	0.780	132	2.022	0.860	0.4098
No.8	132	4.242	0.848	132	4.424	0.742	0.0272 (supported)
No.9	132	2.719	0.918	132	2.484	0.833	0.0196 (supported)
No.10	132	2.969	0.790	132	3.401	0.750	1.82E-05 (supported)
No.11	132	3.689	0.700	132	4.007	0.636	9.49E-05 (supported)

（续表）

No.12	132	2.454	0.785	132	2.424	0.801	0.375055
No.13	132	3.840	0.663	132	3.893	0.867	0.293857
No.14	132	3.454	0.691	132	3.515	0.714	0.242494
No.15	132	2.583	0.965	132	2.083	0.891	1.39E-05 (supported)
No.16	132	4.121	0.688	132	4.265	0.675	0.0330 (supported)
No.17	132	3.939	0.662	132	4.015	0.720	0.183633
No.18	132	1.992	0.725	132	2.106	0.849	0.113302
No.19	132	2.969	0.771	132	3.221	0.797	0.0063 (supported)
No.20	132	2.689	0.917	132	2.280	0.902	0.0006 (supported)
No.21	132	3.507	0.715	132	3.598	0.718	0.1472
No.22	132	2.530	0.814	132	2.704	0.844	0.0525
No.23	132	3.651	0.720	132	3.454	0.702	0.0160 (supported)
No.24	132	3.674	0.767	132	3.758	0.848	0.1984

二、在外语课堂应用关键事件的教学设计

在外语教学的课堂上，"关键事件"法既适合于放在导入或者总结部分，作为教学内容的切入或者提升概括，也适合于单独作为一堂课的教学。如果是作为导入或者总结，教师选用一至两个事件即可，点到为止。如果是作为一堂45分钟的课堂教学，则可选用六至七个事件。本章将以一堂45分钟的课堂教学为例给出一个教学设计，来说明如何在外语课堂上使用关键事件法进行教学。

Teaching procedures:

(1) Teacher hands out a set of teaching materials to each of the students. In each set, there are 7 critical incidents each followed by a

relevant question and four choices.

(2) Students are then required to finish reading the first critical incident and make a choice for the relevant question according to their own understanding.

(3) Teacher inquires about students' answers until the correct one is given.

(4) Teacher organizes discussions on this critical incident among students in forms of pair discussion, group discussion, self-presentation and free talk, etc.

(5) Teacher summarizes the discussion and makes a brief comment or analysis.

(6) After the first critical incident is finished, teacher moves on to the second one.

(7) Procedures (1) to (6) are repeated in each critical incident until all 7 critical incidents are finished.

Suggested Teaching Materials of Critical Incidents:
Option 1: Critical Incidents 1-7

1. Wayne, a recent Harvard MBA graduate, is assigned by his company to the Paris office for a two-year period. Being confident about his proficiency in the French language, Wayne is looking forward to getting to know his French colleagues on a personal level. During the first week in Paris, Wayne has an opportunity to socialize. While waiting for a meeting with top executive to begin, Wayne introduces himself to Monsieur LeBec. They shake hands and exchange some pleasantries, and then Wayne told LeBec how excited his family was to be in France. Wayne then asks LeBec if he has any children. LeBec replied that he had two daughters and a son. But when Wayne asks other questions about LeBec's family, his French colleague becomes distant and uncommunicative. Wayne wonders what he has done

wrong. (adapted and recomposed from 庄恩平, 2004: 13)

Question: What Wayne has done wrong?

A. Wayne's French is too bad.

B. Wayne speaks too much.

C. Monsieur LeBec doesn't like Wayne.

D. Wayne asks wrong questions.

2. (An American English teacher living in Thailand was glad to see her former student, who had just returned from a year in the United States)

Teacher: Oh, Mr. Sittipunt Welcome back. How was your trip to the United States?

Mr. Sittipunt: Well, I'm glad to be home. In the United States, I saw old people trying to look young and young people trying to look old. I found you Americans say "yes" when we would sometimes say "no". People said "How are you" and then they didn't even wait for an answer—they just continued on their way. I met unmarried couples living together, and married couples who were not living together. American women are just as aggressive as men. I'm really glad to be home. I just don't understand your American way of life. I had heard about the American Dream but take my word for it—it's no dream; it's nightmare. (adapted and recomposed from 庄恩平, 2004: 29)

Question: What's wrong with Mr. Sittipunt's trip to the United States?

A. He thinks the way of life in his own country is superior to that in America.

B. He doesn't like Americans.

C. He has experienced culture shock during his stay in the United States.

D. He found American people strange.

3. (Visa application interviews)
Part 1
Interviewer: You should look at me when you are speaking and could you please speak louder? I can't hear you (in a commanding tone). How do you plan to pay for your tuition of your first year?

Interviewee: My uncle is going to be responsible (looking down).

Interviewer: Which to which? Your uncle or your father (in an accusatory manner)? You indicated earlier that your father is going to be paying your way (indicative of believability problem).

Part 2
Interviewer: I'd like you to look at me when you speak (simple assertion).

Interviewee: OK, sir. I'll try (he adjusted his behavior accordingly).

Interviewer: Who is responsible for paying your tuition?

Interviewee: My uncle, Mr. White.

Interviewer: So your uncle will be paying for your tuition throughout your stay abroad.

Interviewee: Yes, sir. There (pointing to a document in the interviewer's hand) is the affidavit from him.

Interviewer: What a nice uncle you must have…

(adapted and recomposed from 庄恩平, 2004: 75)

Question: Which mistake does the first interviewee NOT make?

A. He avoids eye contact in a conversation, which is considered as unfriendly, impolite and inattentive by the interviewer.

B. He speaks in a very low volume and his words are self-contradictory due to his nervousness, which causes the interviewer's suspicion.

C. He is absent-minded and he doesn't respect the interviewer.

D. He is not aware of the influence of non-verbal communication in a conversation.

4. Malaysian: Can I ask you a question?
American: Yes, of course.
Malaysian: Do you know what time is it?
American: Yes, it's two o'clock.
Malaysian: Might you have a little soup left in the pot?
American: What? I don't understand.
Malaysian: (Becoming more explicit, since the colleague is not getting the point) I will be on campus teaching until nine o'clock tonight, a very long day for any person, let alone a hungry one!
American: (Finally getting the point) Would you like me to drive you to a restaurant off campus so you can have dinner?
Malaysian: What a very good idea you have!

(adapted and recomposed from 庄恩平, 2004: 88)

Question: Which one is NOT the reason for the difficulty between the two speakers in this conversation?

A. The Malaysian intends to ask the American to drive her to dinner, but she didn't say it out directly.

B. The Malaysian is too politc and the American is too slow to get the point.

C. The American doesn't get the Malaysian's point at first, because the Malaysian beats around the bush.

D. The Malaysian is from high-context culture (强交际语境文化), while the Amcrican is from low-context culture (弱交际语境文化).

5. When Brandon Hunt was sent to Mexico to have a business inspection for his company, he was surprised by the lack of seriousness about work on the part of Mexican workers. Employees were frequently late for work, left early, or did not come in at all. When questioned, employees explained that they had to help members of their families with their problems. (adapted and recomposed from 庄恩平, 2004: 108)

Question: Which of the following statements is WRONG in describing the apparent difference in US American and Mexican attitudes toward work?

A. Mexicans are too lazy and they are not serious enough about their work, so they often make excuses to get away from work.

B. Americans consider work as a means to fulfill self-value and to gain social status, which is a trait of individualism culture.

C. For Americans, a person deserves other's respect not because of his family background but because of his achievements obtained through his own hard work.

D. Mexicans belong to collectivism culture, which attribute an individual's success to supports from his group or family. Therefore, Mexicans choose to take care of their families when there is a contradiction between work and family.

6. On his first trip to Mexico, Harry, a U.S. manager who intended to negotiate a contract with a Mexican firm, was invited to a dinner party by his Mexican counterpart. Since the invitation indicated that cocktail would begin at 7 p.m., Harry arrived promptly at that time. His host seemed surprised, and no one else had arrived. People began arriving at about 8 p.m. Harry knew he had read the invitation correctly but felt he had gotten off a bad start. (adapted and recomposed from 庄恩平, 2004: 121)

Question: Which of the statements can NOT explain the awkward situation of Harry?

A. Mexicans are not punctuated and they don't respect the host of the cocktail because they are so late for the party.

B. Americans are monochromic (单向计时制) people who take time commitments seriously and emphasize promptness.

C. Mexicans are polychromic (多向计时制) people who change plans easily and base promptness on the relationship.

D. "Time talks", because different cultures have different attitudes and ideas toward "time".

7. Mark was in charge of a negotiation team sent to Japan. Learning the importance of gift-giving to a successful business relationship in Japanese culture, prior to departure he asked his secretary to wrap these gifts: a clock with the company logo, a leather briefcase, a country ham, and a pen and pencil set marked "Made in Japan". His secretary wrapped the gifts attractively in bright red paper and with matching bows and mailed them to his Japanese host. (adapted and recomposed from 庄恩平, 2004: 202)

Question: What rules for appropriate gift giving in this culture have been followed and which have been violated?

A. Choosing gifts for business purpose, Americans prefer practical items of lower prices, while Japanese prefer expensive items of luxurious brands like Gucci, Tiffany, etc.

B. Japanese feel insulted while receiving gifts marked "Made in (an Asian country)".

C. Gifts for Japanese should be carefully wrapped, but ornaments like bows are not welcome by Japanese.

D. Japanese don't like bright red paper for gift-wrapping.

Option 2: Critical Incidents 8-14

8. A young Chinese woman in the U.S. was complimented by an American woman for the lovely dress she was wearing: "It's exquisite. The colors are so beautiful!" She was pleased but somewhat embarrassed. In typical Chinese fashion, she replied: "Oh, it's just an ordinary dress I bought in China." Hearing this, the American woman was quite embarrassed.

Question: Why was the American woman embarrassed?

A. Because she had said something wrong.

B. Because the Chinese woman had said something wrong.

C. Because the Chinese woman couldn't understand her praise.

D. Because she couldn't understand Chinese people's modesty.

9. Catering to the needs of small farmers (farmers of small-sized farms), a farming implement plant carried out a large scale advertisement campaign in the U.S., while it didn't enjoy the same popularity in Europe. Why? The reason is that in Europe, "small farmers" refer to the bumpkins who are supposed to be short-sighted and illiterate. Who is willing to give a look to the "small farmers"? (adapted and recomposed from 庄恩平, 2004: 43)

Question: Why is the advertisement campaign a failure in Europe?

A. The advertisement campaign is not large enough to be influential.

B. The farming implement plant doesn't consider the needs of the small farmers.

C. The advertisement makers fail to take into account of a word's cultural usage/context.

D. The instruments advertised are not good enough.

10. Monsieur LeBec is native French. Two years ago, he went to the United States and has been staying there since then without returning home. Recently, Monsieur LeBec had his first trip home. Surprisingly, he found it really hard because he had forgotten a lot of his native language and he spent most of his time translating everything in his head first before he could express it in proper French. He also had a lot of problems readapting to French society and the way of doing things. One of his worst episodes was going to a post office and being very angry at the people around him because he perceived them as not knowing how to properly behave in a public space: They didn't form a waiting line but seemed to be packed in front of the teller, and they were also very close to each other without respecting the personal space that he had been accustomed to while living in the United States. (adapted and recomposed from 庄恩平, 2004: 148)

Question: Which statement is NOT true?

A. French people are rude due to lack of rules and considerateness.

B. Monsieur LeBec thinks the way of life in the United States is superior to that in France.

C. In Monsieur LeBec's opinion, Americans respect the personal space better than the French.

D. Monsieur LeBec has experienced culture shock while readapting to his native culture.

11. Mr. Shapiro: David, is the new computer procedure working yet?

Mr. Chen: There are some minor problems.

Mr. Shapiro: How soon will it be ready?

Mr. Chen: It's hard to tell, Mr. Shapiro. We need to look into it more carefully.

Mr. Shapiro (impatiently): Whose idea was this new procedure anyway?

Mr. Chen (with apologetic smile): Well... we'll definitely be more careful next time. We've learned from this lesson.

Mr. Shapiro (decisively): It came from Peter Lee's division, didn't it?

Mr. Chen (hesitantly): Well, many people worked on this project, Mr. Shapiro. It's hard to tell...

Mr. Shapiro (frustrated): All right, just give me a definite timeline when the procedure can be up and running. I've got to run to the next meeting. I don't have time to waste.

Mr. Chen: We will pull together to fix the problem as soon as possible.

Mr. Shapiro (a bit angrily): I want a definite timeline!

(adapted and recomposed from 庄恩平, 2004: 187)

Question: Which statement is NOT correct?

A. Mr. Shapiro is of individualism and thinks that an individual should be responsible for his own fault, while Mr. Chen is of collectivism and thinks that the whole group rather than any specific individual of the group should be responsible for the fault.

B. Mr. Shapiro belongs to the culture of high uncertainty avoidance (强不确定性回避), while Mr. Chen belongs to the culture of low uncertainty avoidance (弱不确定性回避).

C. Mr. Chen's group is not capable enough so that he can't tell Mr. Shapiro the definite timeline of fixing the computer processor problem.

D. The conversation draws our attention to different ways of conflict-solving in intercultural communication.

12. Practicing English

One night a Chinese student majoring in English sat on the steps of foreign students' residence and talked with two young male foreign students, one German and one American. The two foreign students didn't speak a word to her on their own initiative, but she asked many questions to get a conversation started. Although every time they answered her with only one or two words, she was determined to practice her English so she tried to keep the conversation going. "How do you spend your weekend?" she asked. The German boy answered immediately, "Fishing," and the two boys looked at each other meaningfully. "Fishing?" She was really confused. "But where do you fish?" she asked. "Fishing has two meanings. One is the literal meaning. The other is just sitting here or walking on the street and waiting for some girls to come up to us." Then they both burst out laughing. She was annoyed. She sat there silently and then suddenly stood up and walked away without saying good-bye.

Question: Which one is NOT the reason for the embarrassment of the Chinese girl?

A. She was in the stage of EXCITEMENT among the five stages of the cultural adaptation process (文化适应过程的5个阶段: excitement, confusion, frustration, effectiveness, appreciation), so she tried to make the conversation going by asking questions while the two foreign students are not really willing to talk.

B. She was in the stage of CONFUSION among the five stages of the cultural adaptation process because she couldn't understand the cultural usage/context of the word "fishing".

C. She was in the stage of FRUSTRATION among the five stages of the cultural adaptation process after she was aware that the two foreign students are making fun of her.

D. She was in the stage of EFFECTIVENESS among the five stages of the cultural adaptation process because she can speak English so fluently and carry out a conversation with foreigners.

13. Off to a Bad Start

David Hu had just started working for the foreign-owned company. He was sitting at his workstation but had not been given any assignment that he should be doing at this moment. He was relaxing and waiting and then thought he would take the opportunity to have a look around. He poked his head into several offices just to see what there was to be seen. Suddenly Mr. Parker came up to him and angrily asked him what he was doing. David Hu was embarrassed. He laughed and quickly started to move back toward his workstation. This did not seem to satisfy Mr. Parker who started to talk rapidly and angrily. Hoping to calm him down, Mr. Hu smiled and apologized, trying to explain that he was trying to learn more about the department. However, Mr. Parker got even angrier. Finally, another worker came by and calmed him down, but as Mr. Parker left he still looked angry. Mr. Hu sighed; he knew he had made a bad start, but still didn't understand why.

Question: What has Mr. Hu done wrong?

A. He was irresponsible because he didn't focus on his work but wandered around.

B. He was not serious about his work, so Mr. Parker was angry.

C. He had violated other colleague's privacy and the group working culture of foreign companies.

D. When Mr. Hu smiled and apologized after Mr. Parker got angry, he was trying to cover his fault by telling a lie.

14. What is true friendship?

Yang worked as a secretary in an Australian company in

Melbourne. She became friendly with Cathy, one of the Australian secretaries. The two usually ate lunch together and Yang often asked Cathy for advice on problems she faced adjusting to Australian society. Cathy gave her a lot of advice and helped her move from one apartment to another. Cathy went with Yang to the Immigration Bureau several times to help sort out some problems. Yang visited Cathy several times at home but did not invite Cathy to her apartment because she shared it with four other people. If they did not see each other over the weekend, they usually talked on the telephone. As Yang was also preparing to take an English test, she was able to get a lot of help with English in this way. However, something seemed to be going wrong. Cathy seemed to be getting impatient, even a little cold. She started going out by herself at lunchtime instead of eating with Yang, and seemed reluctant to answer questions. Yang was puzzled. She couldn't imagine what the problem was.

Question: Which one is NOT the reason for the problems of this friendship?

A. Western people expect friends to be independent, so they do not feel comfortable in a friendship in which a person is giving more and the other person is dependent on what is being given.

B. Chinese people tend to base their friendship on mutual benefit, so they often ask help from their friends.

C. Chinese people do not use those polite forms in their close relationships, which may seem to be too direct or demanding to their Western friends.

D. Chinese can usually expect more from their friends than westerners, so they have more direct and intimate talks with their friends.

Option 3: Critical Incidents 15-21

15. Is 龙 a dragon?

Huang studies in America. One day she had a chat with her landlady Susan about family relationships and child-raising. She said, "In China, parents are more likely to make decisions for children, and the children are not supposed to make their own decisions when they're young." Susan said, "Really? But in America every person is encouraged to act independently and be responsible for his actions, so children are encouraged at an early age to start making decisions. This allows them to learn to express their individual desires and make choices." Huang said, "But whatever the parents do, they do it for the sake of their children because all the parents in China hope their children will become dragons." After hearing that, Susan felt very surprised, "Dragons? Why do you Chinese parents hope their children to be Monsters?" (adapted and recomposed from 廖华英, 2010: 31)

Question: What is NOT the conflict in the incident?

A. In China, 龙 is a symbol of royalty, good fortune power and even used as the symbol of China, while "dragon" in English refers to a very fierce, terrible, mythological beast in Western countries.

B. Chinese are proud of calling themselves the descendants of the dragon, however, according to Christianity, the dragon is a creature of ill omen, just like the serpent in the Garden of Eden.

C. Huang and Susan take it for granted that the two words (龙 / dragon) from two cultures are identical in every connection.

D. Susan has no idea about what dragon is so she couldn't understanding what Huang was talking about.

16. No, she is from Africa!

Mr. Jones works in an international company in China. One day, he commented on his secretary Cathy with his colleague, Wang Fei. "I think Cathy is a really white person." Mr. Jones said. "A white person?" Wang Fei was surprised, "No, she is from Africa." (adapted and recomposed from 廖华英, 2010: 33)

Question: What is NOT the conflict in the incident?

A. Mr. Jones made a mistake because he didn't know that Cathy was from Africa and her skin color is not white but black.

B. The apparent conflict in the incident is the misunderstanding of the "white" since Wang Fei only knows the surface meaning of "white".

C. "White" in the western culture stands for pure, honest and upright, such as "white hand".

D. Wang Fei get puzzled with the simple word "white" because the same color word will make people from different cultures connect different cultural meanings.

17. The Right to Choose

Iris is an American and has married a Chinese researcher, Ren Hua. They have a three-year-old son, David. One morning before breakfast, Iris kept asking David to choose between two different breakfast cereals and two different kinds of fruit juice. David was busy playing with a toy and wasn't listening to her. Then Ren Hua told Iris that it wasn't necessary or proper to ask a child to choose his/her breakfast and it was better just to give him what she thinks is the best for him. Iris was puzzled and argued that a child should be given the right to choose. (adapted and recomposed from 廖华英, 2010: 72)

Question: Why were they disagreeing? Which of the following reasons is NOT true?

A. Iris and Ren Hua have different ways of educating their son based on their own cultures.

B. The two breakfast cereals and the two kinds of fruit juice are both healthy and nourishing, so it is not necessary for the little boy to choose.

C. Iris is from an individualist culture and thinks that parents are responsible for encouraging children to act independently and be responsible for their actions and choices.

D. In a culture of hierarchical society like China, parents are more likely to make decisions for their young children or to only offer them something in the children's best interest.

18. Red rabbit or white rabbit?

Johnson, an ambassador to China sent his son Jack to a kindergarten in Beijing during his stay in China. Jack had one favorite hobby, drawing. Once Johnson went to the kindergarten to meet his son, Jack looked upset and showed his drawing with 60 marks on that. The red rabbit Jack drew was vivid and lovely and he thought it was the best one he had drawn. Johnson patted on Jack's head and said, "Never mind. Next time you will do better." "But the teacher said it was the color that spoiled the drawing. I am not allowed to paint it in red anyway because all the rabbits are in white or gray in the world." Johnson felt annoyed, and after talking over with his wife he sent his son back to his own country. (adapted and recomposed from 廖华英, 2010: 73)

Question: Which one is NOT true according to the incident?

A. The teacher in the kindergarten took the drawing the best one only when it shows the reality and vividness.

B. Johnson's culture emphasizes competence-oriented education, so Johnson regarded the imagination and creativity in children as the most important part in education.

C. What is much ignored in the Chinese family education is the potential, which includes the learning ability and creativity.

D. Johnson had no common sense about the color of rabbit, so he had a misunderstanding of the kindergarten teacher.

19. Is the curtain beautiful or not?

A Chinese paid a visit to an American friend. After he learned that the beautiful curtains were made by the friend's wife, he said to the friend, "Well, I didn't expect she could make such beautiful curtains." The hostess was upset by this remark and this spoilt the visit. (adapted and recomposed from 廖华英, 2010: 35)

Question: What caused the hostess to be unhappy?

A. She didn't actually make the curtains and she told a lie.

B. The speaker didn't praise her for making such beautiful curtains.

C. She thought the speaker previously thought that she was incapable of producing such delicate curtains.

D. The speaker meant that the curtains were not beautiful.

20. Thank you! I will try!

A Chinese researcher Lee was visiting America. One day, he was invited by his supervisor to dinner at home. Lee kept saying "Thank you," adding all the time "I will try to come." This irritated the American supervisor who wanted a simple "Yes" or "No". He had no idea whether the Chinese had accepted his invitation or not. (adapted and recomposed from 廖华英, 2010: 56)

Question: Why was the American supervisor irritated?

A. Because Lee refused his invitation.

B. Because Lee accepted his invitation.

C. Because Lee couldn't understand his intention.
D. Because he was confused by Lee's response to his invitation.

21. Why left me alone?

Some German business people would complain about the inefficiency of their Arabic partners. Schneider's experience might be a typical one. Schneider paid a visit to Abdullah, one of his potential clients in the Mid-East, and was hospitably received. But Abdullah spent a very long time on small chatting and Schneider got a bit impatient. But as he had known that Arabic people value friendship very much and a long chatting before setting to business is a norm, he exercised his patience. In addition, instead of showing what Abdullah would benefit from the program, Schneider told Abdullah that he himself would benefit a great deal, which always sounded persuasive and pleasant in Mid-East business field. Abdullah was pleased that he could help Schneider and agreed to have another further talk on the program.

On the appointed day, Schneider arrived on time and was again received with a long chatting before the talk started. However, in the midst of the talk, someone entered the room and said something to Abdullah, and then Abdullah stood up and apologized for an excuse. Schneider was left in the meeting room for another 2 hours. Schneider, well-organized and scheduled as his native people, was very upset with the unexpected pause during the talk. He couldn't help worrying about his dating on that evening because the talk might be ended later than he had supposed.

Finally, Abdullah returned and said in a casual way that one of his friends had just dropped in so he had to excuse himself to have a cup of coffee with the visitor. That's really the last straw for Schneider. He felt upset and angry. (adapted and recomposed from 廖华英, 2010: 216)

Question: Why did Schneider finally feel upset and angry?

A. Because Abdullah, the Arabic businessman of the cultural trait of "relation-driven" (以关系为导向的), spent a long chatting before setting to business.

B. Because Schneider, the German businessman of the cultural trait of "task-driven" (以任务为导向的), grew impatient about Abdullah's small chatting.

C. Because Abdullah valued "in-group relation" (圈内关系) very much just like other Arabic people and he wouldn't leave his own native folk (同胞) waiting though there was an important business meeting with a foreign partner, Schneider, and outsider (圈外人).

D. Because Abdullah refused the program for the reason that Schneider said that he himself rather than Abdullah would benefit a great deal from it.

Option 4: Critical Incidents 22-28

22. Is smiling always the right thing?

Peter is the general manger of an American company in China. Recently, Mr. Chen, one of the Chinese mangers made a mistake at work that caused a big loss. He was very upset about what had happened and came to Peter's office to make an apology. With a smile on his face, Mr. Chen said, "Peter, I've been very upset about the trouble I've caused to the company. I'm here to apologize for my mistake. I'm terribly sorry about it and I want you to know that it will never happen again." He looked at Peter with the smile he had been wearing since he walked into the office. Peter found it hard to accept the apology. He looked at Mr. Chen and asked, "Are you sure?" "Yes, I'm very sorry and I promise this won't happen again," smiling even more broadly than before. "I am sorry but I simply cannot accept your apology. You don't look sorry at all!" Peter said angrily. Mr. Chen's face turned red. He had not in the least expected Peter to react negatively. He was desperate to make himself understood. "Peter," he managed to smile again, "trust me, no one could feel sorrier than I do about it." Peter was furious by now, "If you are that sorry, how can you still smile?" (adapted and recomposed from 廖华英, 2010: 96)

Question: Why was Peter angry?

A. Because Mr. Chen was not sorry about the loss at all.

B. Because Mr. Chen was telling a lie about his being sorry.

C. Because Peter thought that Mr. Chen was smiling to show his indifference and disrespect.

D. Because Peter thought that Mr. Chen was smiling to show his sincerity and politeness.

23. Posture in the Classroom

Mr. Cohen is a teacher from the United States teaching in a university in Japan. He likes to conduct his class in a very casual way. This is particularly noticeable in the way he dresses and sits in class. He invariably wears jeans and a T-shirt and sits on the teacher's desk with his legs stretched out and his two feet resting on the edge of the student's desk in front of him. Once the senior teacher responsible for teaching affairs spoke to him about his very informal posture in class and told him that it was not acceptable. Mr. Cohen was annoyed at this criticism as he felt that by acting in this way in class he would help students to relax more and be ready to talk more. (adapted and recomposed from 廖华英, 2010: 105)

Question: Which statement is NOT true?

A. To Mr. Cohen, a casual posture will make students fell relaxed and create a more harmonious atmosphere in the classroom.

B. For Japanese, the teacher should be an example, so the senior Japanese teacher considers that such posture will undermine a teacher's respect and authority.

C. Mr. Cohen has violated Japanese's traditional ideas of teachers' proper behavior.

D. Mr. Cohen is not a good teacher and doesn't know how to behave appropriately.

24. Your skin is very white!

Calgary is the largest city in the Province of Alberta, Canada. The winter here is very long. Almost every year ice covers the ground from October to May. If they have the time and money Canadians enjoy going to exotic locations to "work on their suntan", that is to say they associate a dark tan with prestige, being part of the leisure class that has time to vacation. Ironically this is just the opposite of some people with darker skin pigmentation who associate white skin with prestige; being part of the leisure class that does not have to work outdoors. Yang Lin isn't aware of this western custom. In the office, he praised one of his colleagues, "Your skin is very white!" After hearing this, his colleague felt a bit embarrassed and continued to apologize that he had no time to travel and that was why his skin was so white. (adapted and recomposed from 廖华英, 2010: 117)

Question: Why was Yang Lin's colleague embarrassed by his praise?

A. Because Yang Lin wasn't praising his colleague but condemning him for not having a vacation.

B. Because Yang Lin's colleague didn't understand his praise.

C. Because Yang Lin's colleague didn't have time to travel and have suntan.

D. Because Yang Lin was laughing at his white skin.

25. Different Tastes for Drinking Coffee

While studying in the United States, Lin Jun made a few American friends. One day he invited two of them to his apartment and cooked them a meal. When his friends said they would like some coffee, he started boiling some water. Without asking any questions, he made three cups of coffee, the way he usually took it. His friends tasted the coffee and frowned. One said she always took coffee black; the other said he preferred to have less sugar in his coffee. They also told him that the spoon was for stirring the coffee rather than for drinking purpose. Lin Jun was embarrassed. He had thought that everyone drank coffee the same way he did. (adapted and recomposed from 廖华英, 2010: 122)

Question: Which statement is NOT correct?

A. In this case, the conflict lies in the misunderstanding of the coffee preparation, and Lin Jun should have asked his friends' preference before he made them coffee.

B. When coffee was introduced to China, it was known to go with milk and sugar; therefore, many Chinese people usually add milk and sugar to coffee to make it more tasteful.

C. For Americans, they like to put things into the coffee according to their own tastes, and sometimes they prefer some original coffee.

D. The coffee spoon was for drinking purpose rather than for stirring, that's why Lin Jun drank his coffee with the spoon.

26. Is he gentleman-like?

Xiaomei, a summer student from China, is studying in the University of Nottingham. She used to major in English in one Chinese university and is a middle school English teacher in Shanghai. She has a good command of English and has learned a lot about English culture, especially British culture. One day when she was visiting a historical site of interest, she came across a British man at a narrow stair. The stair is very narrow and only allows one person to go comfortably. If two people walk on it simultaneously, they cannot avoid hustling. Xiaomei was at the footstep and about to go upstairs while that man was about to go downstairs. Xiaomei stepped on the stair after thinking twice, and the man stood at the other side waiting for her to pass. She was impressed by the man's gentility, and said "thank you" while passing him. After coming back from the visiting, she told this to her British teacher as an impressive experience. But to her surprise her teacher just smiled and said nothing. Xiaomei was confused, and then she remembered the strange expression of the man when she looked up. Is he gentleman-like or not? (adapted and recomposed from 廖华英, 2010: 127)

Question: Which statement is NOT correct?

A. The British man is gentleman-like because he obeys the rule of "lady first".

B. Actually, the reason why the British man stands there waiting for Xiaomei to pass is that he doesn't want others to invade his personal space.

C. Xiaomei interprets the British man's behavior as the gentility of a gentleman.

D. The conflict in the above incident is caused by the misunderstanding of keeping a space or being a gentleman.

27. It's my woods (小树林)!

Mr. Zhang and his wife went to America to visit their son, who had settled there. Once, their son drove them to countryside to stay for a short period of time. One day after lunch, Mr. Zhang and his wife walked around and were attracted by one beautiful wood. They went directly into it and picked some nuts fallen from the trees. Then the barking of a dog could be heard. They did not care too much because they knew pets were often kept in the houses. They went deeper and the louder the barking was. The host of the house was woken up and took a gun. When he found them, he began to shoot at them while shouting, "Freeze! It's my woods!" Mr. Zhang wanted to leave quickly but his wife knew a little English and held him, "He asked us not to move. We just follow his order." Mr. Zhang was angry and said, "It's ridiculous. We did nothing and just walked in the woods. How can he treat us like that?" Then the man came close to them with the gun in his hand. After listening to Mr. Zhang's wife explaining, he telephoned their son. The son drove there quickly and apologized to the host. (adapted and recomposed from 廖华英，2010: 136)

Question: Which statement is NOT correct?

A. The conflict of the incident lies in the territory protection in different countries.

B. For most Chinese people, they usually regard the woods as a public territory because large population will rarely let people own one woods of their own.

C. The law of America endows the power for every citizen to shoot anyone enters his house or courts without being permitted, just as the western proverb goes, "Wind may come in, rain may come in, but the king may not."

D. The American in this incident is overacted because Mr. Zhang and his wife haven't done anything harmful but just walk in the woods.

28. Silence in the Classroom

Professor Johnson was invited to give a guest lecture at a Chinese university in the early 1990s. He could tell that the students were very attentive. They applauded warmly when the lecture came to an end. However, Professor Johnson was disappointed when no one asked any questions, even after they were encouraged to do so. In fact, most students avoided eye contact with him as he tried to communicate with them. (adapted and recomposed from 廖华英，2010: 150)

Question: Which is NOT the reason for the Chinese students' silence?

A. In Chinese classrooms, it is traditionally accepted that asking the teacher questions might be regarded as challenging the authority of the teacher and it might suggest that the student is slow and not clever enough to understand the lecture.

B. The lecture is not interesting enough for these Chinese students to raise question, and they are smart enough to have totally understood the lecture without any question to ask.

C. Western Universities encourage students to challenge conventional wisdom and exchange ideas, so a student's asking the professor questions means that he is interested in what the professor has explained and wants to know more about the topic.

D. In the Eastern tradition, the value of silence is highly emphasized, just as the old saying goes, "Silence is gold." In China, silence sometimes is regarded as a sign of politeness and maturity (成熟).

Keys: 1-7. D C C B A A D; 8-14. D C A C D C B; 15-21. D A B D C D C; 22-28. C D B D A D B.

三、结语

作为跨文化培训常用的方法之一，关键事件法具有事件真实、操作便捷、耗时较少、见效较快、融入性高等方面的优势。在外语教学课堂上，关键事件可作为导入、总结或单独成课来培养学生在跨文化交际过程中对文化差异的尊重和自身的交际自信心。

对于关键事件的内容选取,教师可结合实际需要、从真实的跨文化交际案例中进行选取并加以改编,增加相关问题和选项;也可以自己或者鼓励学生从自身或他人的实际跨文化交际失误经历中进行提炼、编写。通过分析、讨论甚至编写关键事件,学生在外语课堂上能更好地获得跨文化敏感性和跨文化能力的培养,从而更全面地达到外语学习的根本目的。

参考文献

Bennett, M. J. 1986. A developmental approach to training for intercultural sensitivity. *International Journal of Intercultural Relations,* 10: 179-196.

Brislin, R. W. 1979. Orientation programs for cross-cultural preparation. In A. J. Marsella, R. G. Tharp. & T. J. Ciborowski eds. *Perspectives on Cross-cultural Psychology.* New York, NY: Academic Press, pp. 287-303.

Chen, G. M. & W. J. Starosta. 1998. *Foundations of Intercultural Communication.* Boston, MA: Allyn and Bacon.

Gudykunst, W. B., M. R. Hammer & R. L. Wiseman. 1977. An analysis of an integrated approach to cross-cultural training. *International Journal of Intercultural Relations,* 2: 99-110.

Hoopes, D. S. & M. D. Pusch. 1979. Teaching strategies: The methods and techniques of cross-cultural training. In M. D. Pusch ed. *Multicultural Education: A Cross-cultural Training Approach.* La Grange Park, IL: Intercultural Network, pp. 104-204.

Penbek, S., D. Yurdakul Sahin & A. D. Cerit. 2012. Intercultural communication competence: A study about the intercultural sensitivity of university students based on their education and international experiences. *International Journal of Logistics*

Systems and Management, 2: 232-252.

Reinard, J. C. 2006. *Communication Research Statistics*. Thousand Oaks, CA: SAGE Publications.

Triandis, H. C. 1977. Theoretical framework for evaluation of cross-cultural training effectiveness. *International Journal of Intercultural Relations*, 1: 195-213.

廖华英. 2010.《跨文化交际案例分析》. 北京：北京理工大学出版社.

张红玲. 2007.《跨文化外语教学》. 上海：上海外语教育出版社.

庄恩平. 2004.《跨文化商务沟通案例教程》. 上海：上海外语教育出版社.

附 录
Intercultural Sensitivity Scale

Below is a series of statements concerning intercultural communication. There are no right or wrong answers. Please work quickly and record your first impression by indicating the degree to which you agree or disagree with the statement. Thank you for your cooperation.

5 = strongly agree 4 = agree 3 = uncertain 2 = disagree 1 = strongly disagree	Please put the number corresponding to your answer in the blank before the statement.

1. I enjoy interacting with people from different cultures.
2. I think people from other cultures are narrow-minded.
3. I am pretty sure of myself in interacting with people from different cultures.

4. I find it very hard to talk in front of people from different cultures.
5. I always know what to say when interacting with people from different cultures.
6. I can be as sociable as I want to be when interacting with people from different cultures.
7. I don't like to be with people from different cultures.
8. I respect the values of people from different cultures.
9. I get upset easily when interacting with people from different cultures.
10. I feel confident when interacting with people from different cultures.
11. I tend to wait before forming an impression of culturally-distinct counterparts.
12. I often get discouraged when I am with people from different cultures.
13. I am open-minded towords people from different cultures.
14. I am very observant when interacting with people from different cultures.
15. I often feel useless when interacting with people from different cultures.
16. I respect the ways people from different cultures behave.
17. I try to obtain as much information as I can when interacting with people from different cultures.
18. I would not accept the opinions of people from different cultures.
19. I am sensitive to my culturally-distinct counterpart's subtle meanings during our interaction.
20. I think my culture is better than other cultures.
21. I often give positive responses to my culturally different counterpart during our interaction.
22. I avoid those situations where I will have to deal with culturally-distinct persons.
23. I often show my culturally-distinct counterpart my understanding through verbal or nonverbal cues.
24. I have a feeling of enjoyment towards differences between my culturally-distinct counterpart and me.

第十四章

基于话剧表演的跨文化外语教学

In this chapter I intend to offer a less-explored perspective of using theatrical creation in intercultural communication education, and introduce a work process in a few distinct steps that can take the students to different levels of competence. My own theatre and educational practice serve as an experiential basis for this study. The objective is to raise the intercultural awareness of young adults by making them actively explore the target culture at a deep and empirical level. The young adults in this case are Chinese[1] students between 16 and 25 years of age[2] and the target culture is European culture, even though Europe itself is very far from being homogeneous.[3] From the

---

1 By "Chinese" I do not mean ethnic specification but students who have received their schooling in the state education system of the PRC.
2 The age slot is based on the final two years in secondary school and the years of BA and MA studies.
3 I wish to avoid excesses and will not use the term "Western" here despite its widespread use in Chinese academic literature. Myself being Hungarian, I know that even the term "European" might be overdrawn from the perspective of Europe's cultural diversity, so I would not venture beyond that. By "Europe", however, I do not mean the European Union, as this chapter will not focus on polity, but cultural traditions and contemporary approaches to them.

point of view of this chapter though, which is introducing a general trend in the recent past of European theatre and its radiations to other areas of study, this approach can most probably hold.[1]

Much has been written about the efficiency of situational exercises in foreign language education and in improving intercultural communication competence. Most of these exercises aim at language learning in simulated environments, and while I do acknowledge their worth, this study of mine will not tackle any of those issues.[2] What am I trying to demonstrate is the potential use of the introduction of a creative theatre workshop into the intercultural communications curriculum, and I was very happy to find support for my ideas in a recent study prepared by the Council of Europe.[3] The suggestions here will address teachers/workshop leaders of intercultural communication in China, most specifically those people who are preparing Chinese students for a stay in Europe. Although I am writing from the standpoint of a European theatre practitioner using European examples, most of my postulates will be applicable to North American conditions, as well.

The method to be introduced here is non-didactic in the traditional sense of the word. There is no factual knowledge to be learnt, so it is best to fit it into the curriculum as a non-degree course or a short but intensive workshop. From the teacher's part it demands only

---

1 I will be talking about certain general traits and without the implication that they apply to all artists, productions and audiences.
2 There is one more misunderstanding to be avoided: this study will not promote practices that deal with certain pieces of dramatic literature due to a (mis)perceived thematic proximity. Some authors consider Shakespeare's *The Merchant of Venice* as fitting material for students of finance (Giebert 2014), or Arthur Miller's *Death of a Salesman* for Business English classes (DiNapoli 2009). I am convinced of the opposite, namely, that it can be destructive: by narrowing the interpretation down to the extreme it dulls students' sensitivity and generates false impressions about theatre – and culture in the broader sense.
3 "At a more advanced level, learners may engage in activities which require them to take the perspective of the director, screenplay writer, or author to discuss their possible intentions or message... Such activities raise learners' *awareness of multiple perspectives* and develop their *critical thinking*..." (Huber-Reynolds, 2014: 44, italics in the original)

imagination and openness — and most importantly readiness to walk into a classroom where there are no right or wrong answers. It might discourage teachers from its use, yet I hope there will be some who venture for it, especially if its efficacy is recognized.

I. Terminology

As "drama" is a term that is already occupied for "any activity which asks the student to portray himself in an imaginary situation or another person in an imaginary situation" (Holden, 1981: 1), I decided to refrain from its use in order to avoid misunderstanding. Ever since the publication of Holden's book (and even the 1978 Maley & Duff volume), "drama" has meant the utilization of role play, simulation or any kind of situational exercise in the foreign language classroom to create a "more natural" language learning environment in which students can master certain phrases, dialogue patterns and situational competence. Of course, a theatre workshop that I am proposing here will facilitate language use, but in our case language is considered a tool, not a goal.

This chapter will use "staging" or "performance" for spoken dialogue that is acted out in front of an audience. "Script" or "play" will denote a written piece of work produced for stage use. Although there has been a strong tendency among performers to use any kind of text in several, even extreme varieties, the present essay will concentrate on dialogic text written for the stage written by non-contemporary authors in particular.

Whenever I speak of "theatre" I mean the art of a team (or possibly just one single performer) creating a live performance in a designated space for others to watch. Even if it is text-based, it never refers to the script.

II. Desired Objective

The objective of the workshop I am recommending here is trifold. Its first potential is to offer a valuable glimpse into some of the very basic traits of the so-called "European culture". Through the process of experiential learning students will have a much higher intercultural awareness that can serve as a guideline during their studies abroad or collaborative projects. It is especially helpful in the second level of intercultural awareness, when "through rational and intellectual analysis, we come to understand that cultural differences can be justified from the other culture's perspective" (Chen & Starosta, 1998: 33).

Its second potential lies in the fact that it might also shed light onto the logic underlying the expectations students will face, and understanding the whys makes it always easier to comply with the demands. It will also help to experiment with innovation, which in most cases is easier said than done, and students often face difficulties when they are expected to challenge whatever has been produced about a certain topic so far. Experiential learning is essential to achieve this, as it is not so much the actual product that matters but that the students acquire analytical skills. They should gain some stability in:

— identifying and naming problems;
— taking a personal position to them;
— sharing this position with others and arguing for their case;
— engaging in critical debate.

Thirdly, on the broadest intercultural level, students should also end up with a vision of culture not as a mass of accumulated knowledge but as a process with huge transformative potential. They are expected to transform, be transformed, and also to reflect on it, which might be a decisive experience before they venture out into their lives abroad.

III. Why theatre?

This workshop can offer a glimpse into the creative thinking that has characterized Europe and to a large extent North America for the past hundred plus years. My use of "creative thinking" can also translate as "creative logic" or "creative approach", of which theatre is an extremely representative case.

The so-called "director's theatre" (or "Regietheater" in the German-speaking world) is a fairly new phenomenon in Europe, its earliest traces go back to the late 19th Century, interestingly at around the time when spoken play (*huaju*) was introduced into China. The appearance of "director's theatre" signalled a completely new era in European culture: A renegotiation of the relationship between artist and tradition. Gradually and with an increasing speed, especially after the Second World War the author of any spoken play or opera has lost the status of being the decisive centre of a production. The centre shifted towards the director, and contemporary performances bear the director's name as a name card. The audience, if well-versed enough in the performing arts scene, will know what kind of theatre to expect from each director, and praise or criticism of performances is most often directed towards the director as the one who initiated and shaped the performance.

By saying "initiated" I do not exaggerate. Theatre productions, especially in art centres where there are several theatres existing side by side with strikingly different profiles and/or repertoires, productions are most often initiated by the directors themselves based on their wish to share their views with their audience. Theatre is considered to be a space for public debate, and the critics who are hired by all kinds of media outlets are there to represent the voices of certain audiences (communities) concerning the performance, and thus actively engage in the debate. These days through online blogs and forums the public has, of course, even greater space to express their voices.

Why has it become almost a norm to "distort" or "individualize" the ancient works of European culture? For a long time European theatre did not perform anything that had been created prior to its own age, or freely used it as a resource without indication of its origins. Shakespeare wrote only one single completely original play (*A Midsummer Night's Dream*), all other plays of his are relying on other, extremely diverse sources as far as the plot is concerned. A contemporary re-creation ("modernization" in a sense) of earlier narratives was the norm in Renaissance theatre and also for generations of theatre makers to come. No one thought that the classics should be performed using the original text, the scripts were produced by contemporary authors directly for the stage, very often upon commission from a given theatre. If earlier topics were used, like in the theatre of the Classicism, playwrights created their own versions of ancient narratives, like e.g. the French writer Racine creating his own *Phaedra*.

An interest in non-contemporary authors started — as I have said above — in the late 19th Century, when the Meiningen Court Theatre in Germany started to produce performances of earlier authors with historical accuracy. It gradually turned out though that "historical accuracy" is a dubious concept, as in several cases it is extremely hard if not impossible to define what is historically accurate. Let's take the example of *Romeo and Juliet*. It was written in 1595, but the families portrayed in the play lived in the early 14th Century Verona. If we want to be historically accurate, shall we try to reconstruct the 14th Century Italy or the conditions in England almost 300 years later? Unlike traditional Chinese theatre (*xiqu*), where students learn each role together with its costume, make-up and specific performance technique, there is no such received form in European theatre. The style that we consider as "traditional" or "official" Shakespeare was shaped by the romantic imagery of the late 19th Century and later by the BBC versions of educational rather than artistic value. Regarding these adaptations as "canonized" is a grave mistake.

What this all boils down to is that European theatre makers have no choice but to create their own stage versions. But the production does not even start with the question of how to stage it, because behind every "how" there is a "why". Why so? The question is not so much whether to remain in a more conservative vein or to modernize the play in casting and stage design (add rock music, disco light, etc.), but why to produce that particular play there and then. Royal Shakespeare Company had a performance of *The Tempest* in 2000 directed by James MacDonald, a production that is interesting in design but lacks novel ideas. When the director was asked at the press conference after the production toured Budapest, what his intention was with the performance, he said, he just wanted to "narrate the story as it is". He received heavy criticism in turn (not just in Budapest but also in his native Britain), and duly so. In Europe these days it is not possible to stage something without having an idea why.

IV. Then why non-contemporary scripts?

By staging non-contemporary scripts you are entering two dimensions of relationship: Two challenges. The first one is between you and the script/author. The second one is between you and the by now long lineage of people who have entered in this dialogic relationship before you. As a renowned Shakespeare researcher put it: "He who starts thinking about Shakespeare, will never be alone. His thoughts will be populated by earlier minds, his sentences will resonate with echoes from scholars and laymen, writers and readers, four centuries of world literature..." (Géher, 1993: 7)

To make things even more complicated, neither of these two relationships is a hierarchical one. The idea is that you, as a human being, living in the first half of the 21st Century, enter into meaningful dialogue with these people on a one-on-one basis. Whatever you think is just as valid as their ideas — in fact you cannot possibly fulfil your task if you consider yourself inferior. Of course it is a safer bet — and also ensures a box office success — to display not just your own individual idiosyncracies but to represent the ideas of a whole community behind you: A gender, a generation, a social stratum, etc. But it might just as well be enough to feel that you have something important to express, so important that it makes you engage inevitably into dialogue with the author and your predecessors — what is more, this thing you want to say can only be expressed through this double dialogue. It is not an accidental external structure, but a basic communication situation that your work is built upon — and it also will be understood as such.

Let me quote one of the greatest figures of Central European Theatre, József Ruszt, who, when asked about his role as a director, elaborated on this issue eloquently: "… based on their earlier experience as a reader or spectator, people tend to tie a concept to a playwright, some kind of credo, atmosphere or image, and then they insist on getting the same. They generalize the clichés, and then for instance the figure of Gergely VII by László Németh[1] exists in one single possible form for them, so that they find all other depictions strange. Gergely VII, however, has as many lives as the number of directors who stage him. … As soon as a script enters the theatre, it becomes the starting point for creative work, i.e. it becomes a virtual possibility. There is always a limited number of approaches, because our backgrounds and conditions always form a different matrix. How close can you get to this strange matrix of yours — this is what the approach or interpretation is about." (Ruszt, 2004: 61)

The above words were said in a 1977 interview, when director's theatre was in its pioneering phase in Central Europe. During the past decades it has become a decisive feature of European and to a certain

---

1 László Németh: Hungarian writer and playwright, 1901-1975.

extent of North American theatre, as well. It has received and keeps receiving criticism for its excesses, like dressing the chorus as lab rats in the 2010 production of *Lohengrin*[1] in Bayreuth or setting the action of *Fidelio*[2] in outer space as the director of the 2013 production did at the Lyon Opera.[3] But if the adaption is coherent and convincing enough, even the strangest visions can receive popular support — the weird *Lohengrin* with its rat-chorus had a run of five years at the most highly esteemed Wagner Festival.

The audience of present-day Europe expects the artists to come up with novel ideas and supports them in their endeavours, even if this is not a fully conscious attitude. In a recent talk with a German secondary school teacher I was stunned to hear that she first solemnly declared: "We perform the classics because they are 'Kulturgut'" (meaning "cultural heritage", with added stress on being unchangeable) — then she went on saying the current Berlin production of *Richard III*[4] was the best performance she had even seen. Now this production is one of the finest examples of director's theatre one could ever find, with Richard III sculpted as a nihilistic intellectual using media to achieve his power. That the two things merged seamlessly in my conversation partner's mind shows that she views "Kulturgut" as something that can and should be interpreted freely. Another lesson is produced by the critics of the same *Richard III* performance, which they compare to another legendary *Richard III* thirty years ago[5] with the protagonist being a "hedonist of seduction"[6]. This also demonstrates that the critic/

---

1 Wagner: *Lohengrin*. Directed by Hans Neuenfels. Bayreuth Festival Theatre.
2 Beethoven: *Fidelio*. Directed by Gary Hill. Lyon Opera.
3 It should not take the reader by surprise that I am bringing two operas as examples – the widespread practice of director's theatre is just as applicable to opera and works along the same principles.
4 Shakespeare: *Richard III*. Directed by Thomas Ostermeier. Richard III played by Lars Eidinger. Schaubühne, Berlin.
5 Shakespeare: *Richard III*. Directed by Claus Peymann. Richard III played by Gert Voss. Wiener Burgtheater.
6 http://www.nachtkritik.de/index.php?option=com_content&view=article&id=10543:2015-02-08-06-44-31&catid=38&Itemid=40

spectator of today goes to see one particular *Richard III* in comparison with others, and expects to be driven into a dialogue: He/she can agree or disagree, but he/she is forced, sometimes even provoked to form an opinion about the questions at stake.

It means that theatre is a deeply communal event, and each venue is considered to be an agora, i.e. a public space where responsible members of the society regularly meet and exchange ideas. My use of the Greek word "agora" is not incidental, as there are authors who perceive a direct lineage between the antique Greek theatre tradition and that of today. "It is no coincidence that the revisioning of theatre in the 1960s as essentially about the collective has led to a modern revival of interest in Greek drama since then…" (Foster, 2015: 239)

V. A Possible Road of Exploration: Games with Classics

The four distinct steps below form a structure for a workshop that ultimately lets students assume the director's perspective. Due to time concern I suggest focusing on one particular scene or one act rather than a full-length play.

1. Textual analysis

Read with fresh eyes: This is the first step towards analytical skills. Students have to decipher the logic — any logic — behind the characters' words and actions, follow them through, and untangle their delicate network. It is crucial to get rid of the clichés, either visual or interpretational, and start asking relevant questions about the play. No historical research in Greek, Renaissance or any other literature is needed, just read the text, open up its internal correlations and be careful not to take anything for granted.

Texts that have already gone through an adaption process have to make you even more alert. Like for instance the Chinese translation of *Romeo and Juliet* by Cao Yu, who added his own stage directions to the Shakespearean text. This is an extremely valuable text for Chinese theatre historians, but cannot be taken for "authoritative" in any way when we talk about the play's new production — unless it is your specific goal to do a reconstruction of Cao Yu's version.

2. Performance analysis

The second step is to watch and compare. Again, the most important thing is that the students realize: There is no such thing as performing a scene "as it is". There are good quality video recordings of earlier performances and also several film versions of classical plays, and analysing and comparing a few very different adaptations of the same play will shed light on the workings of the critical approach and on how creativity and society interact.

Students will also realise that in the practice of director's theatre there needs to be an idea behind, a driving force, a message that the director and his/her team wants to communicate to their audience. There is no such thing as an "authoritative performance", because each and every performance carries a different message, has different driving forces behind.

Yet, there are two sides of the coin: Beyond this rather individual quest of the director there is a similar quest on the part of the spectator: "To critically deconstruct rather than passively consume" (Huber-Reynolds, 2014: 44)[1] the given work of art. Students should learn to compare performances critically, form their independent judgements, and be articulate and precise in their criticism. It is no problem if they lack theatre vocabulary: It is the approach that matters and the logic of their reasoning.

3. Create your own script

By now students should have an approximate idea of what is

---

[1] The authors formulate this in connection to film and text, but it applies to theatre audiences as well.

important for them in the given play, and they should be happy about the option to create their own directorial copies. They are free to keep the original text or rewrite it the way they find best. They also have to explain what they want to stress and why, add their own instructions, and create a visual world for it. There are no restrictions whatsoever, but there is one important criterion: The directorial concept has to be grounded and coherent. Everything is acceptable, but not on the ground that it "looks good" or "sounds interesting".

As I said earlier, theatre has become a powerful self-reflexive tool of European culture: The most significant performances are not ritual re-enactments of pieces of the classical canon, they are not means to preserve tradition. On the contrary: They tend to — and are even expected to — view tradition from a critical angle, relate to it from a certain distance, and discuss or even dispute its relevance.

Authority is not an issue here: Shakespeare thought and created something important for his age, but whatever you think and create based on (or departing from) his work is just as relevant. It is this personal dialogue between tradition and yourself that becomes the most valuable source of originality.

4. Create your own stage version

Staging something means putting it to final test. If a directorial vision has no real substance, the stage will shake it off. It is best to let several students choose the same scene for staging, as it will provide the group with excellent material to do analysis and comparison again.

There is no need to put unnecessary pressure on students though: The instructor should not force to act those who are reluctant to do so. Such inhibitions can take a long time to lose, and we are not training would-be actors. Engaging in critical discussion about one another's work is essential though, and the "directors" have to defend their positions in the face of such criticism. A follow-up talk is indispensable.

Example:

I have worked several times on Shakespeare, in most cases with MA students of English as Foreign Language. In one instance we ended up with a handful of different opening scenes of *A Midsummer Night's Dream*. In one student's version Lysander (whom Hermia's father wants to prevent from marrying his daughter) was disabled, in another's he was from a disadvantaged minority group. Both students wanted to rationalize and domesticate paternal despotism, and created societies of Renaissance Britain and Post-communist Hungary. We had a father of the overanxious type, being deeply worried about his daughter's future, and another one who was extremely oppressive and controlling. The court of Athens and the figure of the ruler, also his relationship to his fiancée had several strikingly different forms from oppression to deep love, creating very different frames for the main plot. One of our student versions almost went as far as the most recent BBC version of *A Midsummer Night's Dream*[1] with a tyrant ruler.

VI. Summary

As you could see above, the main idea is to let the students reposition themselves in relation to an authoritative work and respond to it critically. They have to enter into a one-on-one dialogue with the script and start challenging it. The process of deconstruction and reconstruction helps develop critical analytical skills and teaches students to re-contextualize questions.

It also helps develop debating skills, which can be crucial for Chinese students preparing for studies in Europe or North America. The research conducted by Durkin (2011) also demonstrates how important while at the same time difficult it can be for Chinese students to acquire the skills of critical argumentation and debate. Through the theatre

---

1 http://www.bbc.co.uk/programmes/b07dx7lt

workshop described above students are drawn into a debate both with the text and their fellow students by necessity, and they learn how to represent their own ideas and argue for them. Improving their debating skills might also help them integrate into the student community during their studies abroad.

The theatre workshop offers safe, almost laboratory circumstances for students for experimentation. "Safe" in the sense that — unless they are students of performing arts — this practice will not be in immediate connection with their studies, so they can try out this approach and come up with innovative solutions without any harsh consequences. The most important thing is that they distance themselves somewhat from the idea of knowledge production as a solid block of facts, and visualize it as a flexible system that allows them — in fact expects them — to engage in dialogue. They will also understand that the interculturalization process is this same dialogue, which happens only if they take their active share in it.

References

Chen, G. M. & W. J. Starosta. 1998. A review of the concept of intercultural awareness. *Human Communication*, 2(1): 27-54.

DiNapoli, R. 2009. Using dramatic role-play to develop emotional aptitude. *International Journal of English Studies*, 9(2): 97-110.

Durkin, K. 2011. Adapting to western norms of critical argumentation and debate. In L. Jin & M. Cortazzi eds. *Researching Chinese Learners - Skills, Perceptions & Intercultural Adaptation*. Basingstoke: Palgrave Macmillan, pp. 274-291.

Foster, C. 2015. Whose theatre is it anyway? In A. Flynn & J. Tinius eds. *Anthropology, Theatre, and Development: The Transformative Potential of Performance*. Basingstoke: Palgrave Macmillan.

Géher, I. 1993. *Shakespeare-olvasókönyv: tükörképünk 37 darabban*. Budapest: Cserépfalvi Könyvkiadó.

Giebert, S. 2014. Drama and theatre in teaching foreign languages for professional purposes. https://apliut.revues.org/4215#tocto2n2 (Accessed 2016.07.24).

Holden, S. 1981. *Drama in Language Teaching*. Harlow: Longman.

Huber, J. & C. Reynolds (eds.). 2014. *Developing Intercultural Competence Through Education*. Council of Europe Pestalozzi Series No. 3. Council of Europe.

Maley, A. & A. Duff. 1978. *Drama Techniques in Language Learning*. Cambridge: Cambridge University Press.

Ruszt, J. 2004. *A föld lapos és négy angyal tartja*. Veszprém: Veszprémi Petöfi Színház.

第十五章

基于文学作品的跨文化外语教学

在国际化、全球化和多元文化的时代背景下,来自不同国家和地区的人们之间的跨文化交流不断增加,跨文化教育的意义尤为凸显。外语教学作为跨文化教育最有效、最重要的阵地之一,其目标不仅是让学生掌握语言体系知识和提升语言应用技能,将外语作为工具进行学习,更重要的是提升综合人文素养,培养跨文化知识、情感、态度,使其能与来自各种不同文化背景的人和谐相处、有效沟通、平等合作(张红玲,2012),成为"跨文化代言人"(intercultural speaker)(Byram,1997)。为了实现外语教学的双重目标,外语教师和研究者不断在探索合适的教学材料、方法和手段。文学作品曾是传统外语教学的重要内容和手段,但随着可获取的语言材料和资源不断丰富,文学作品在外语教学中的比重逐渐变小,加上对学科的标准化和可测试性的重视导致文学在功利主义的外语课程中被逐渐边缘化,外语教师和学习者也往往忽视文学作品在跨文化能力培养方面的极大潜力。本章将探讨文学作品在跨文化外语教学中的意义和价值,回顾文学作品运用于跨文化外语教学的相关研究,提出适用的教学理念、方法和原则，并通过课堂教学案例具体展示基于文学作品的跨文化外语教学设计。

一、文学作品在跨文化外语教学中的价值

外国文学作品曾经在外语教学中占有毋庸置疑的重要地位，但随着多年来语言学习观念和外语教学理念方法的改变和发展，文学作品在外语教学中的作用也发生了变化（Kramsch & Kramsch, 2000; Hall, 2005; Paran, 2008）。在外语教学初期，文学是精英外语学习（an elitist study of foreign language）的主要内容，阅读、欣赏和翻译文学作品是这个阶段外语教学的重要目标。后来，随着外语教育的普及，交际能力成为外语教学的重要目标，语言的交际功能成为外语师生关注的焦点，在以语言教学为中心的课堂中，文学文本被视为能为语言学习提供真实语料的来源（an authentic source of language）。虽然将文学作品运用于外语教学在国内外都已有较长的历史，但学界对其价值仍有一些争议。一些教学研究发现，相比其他日常语言材料，在传统外语课堂中融入文学作品学习并没有取得更好的语言教学效果。究其原因，一方面是由于教学目标的局限性，传统外语教学重点关注的是词汇背诵、语法纠正、语句操练和翻译练习等语言内容，缺少针对文化内容的探讨、诠释和思辨，无法发挥文学作品的跨文化媒介作用；另一方面，教师缺乏恰当的教学方法来开展文学阅读活动，课堂选取的外国文学作品多为传统经典著作，其语言和文化内容的深度会带来一定的学习难度，但以教师讲授为主的课堂并没有留给学生开展人文探讨和进行文化反思的足够空间。传统外语教学的目标和教学方法的局限导致文学的人文价值被忽视，并形成了一种看似文学作品不适合或难以融入外语教学课堂的误解（Bucledee, 2002）。因此，文学作品逐渐淡出外语教材，甚至在许多外语课堂中消失（王永阳 & Hay, 2011; 李欣, 2019）。

20世纪90年代后,全球时代大环境的变化促使外语教育的理念发生改变,外语教学的目标从单一的语言能力提升转向跨文化能力培养。在新目标的要求下,外语教师需要通过有效的跨文化教学设计,为学习者在文化知识、交际技能和情感态度三个方面做好准备,提升学生的跨文化意识和文化身份认同,形成多元文化视角,帮助学生用尊重、开放的心态实现有效的跨文化交际互动。因此,外语教学研究领域的学者们对文学作品在外语教学中的作用和价值进行了再思考和重新定位。Carter & Long(1991)、Amer(2003)和Paran(2006)指出,文学除了语言价值外,更是一种促进意义协商、解释和跨文化意识的宝贵资源。Parker(2002)认为,阅读与文化相关的文学文本为学生提供了获取知识和建立文化联系的途径,从而有利于他们在学习其他文化的同时认识和反思自己的文化,发展文化身份认同。具体而言,文学作品在跨文化外语教学中的价值和意义体现在以下三个层面。

        从语言学习的层面来看,文学作品能带给外语学习者语音、词汇、句式、修辞等多方面丰富的语言输入,从而增强学习者阅读、理解、表达等方面的语言技能。由于文学作品中的语言与日常交际口语相比具有更大的表达多样性、语义复杂性和内涵丰富性,文学语言也更能引发情感共鸣,激发外语学习者动用想象力、发散思维,这对学习者的语言认知和思维发展有很大帮助。文学作品的故事性和艺术性对外语学习者有着天然的吸引力,在反复阅读、欣赏文学作品的过程中,学习者除了得到语言上的积累、智力上的成长和获得一定的审美欣赏,还能作为阅读主体根据自己的经验和情感对文学文本进行个人解读和创作,激发学习者的表达欲望和写作兴趣,促进他们的语言习得,有利于他们语言输出能力的提高(West, 1994; Krashen, 1985)。

        从跨文化接触的层面来看,在外语教学中教师能为学生提供的直接跨文化接触机会有限,而文学作品作为文化的载体,不仅能作为学生欣赏、学习外国语言和文化的材料,更能作为一种间接跨文化接触经验让学生投入作品中，通过文本语境里丰富的语言和非语言描述产生真实的情感体验，认识和理解隐藏的社会规范和文化价值观。文学作品能在情感维度对学习者产生深刻的影响，创造出更强的参与感（Cater & Long, 1991）。基于间接群际接触理论的相关研究表明，读者在阅读小说的过程中会与其喜欢的角色产生准社会交往（parasocial interaction），对角色的经历产生共鸣和移情，对角色的身份产生认同，从而理解角色的价值观、情感、想法和行为（Cohen, 2014），对角色所属的群体产生更积极的群际态度。Ghosn（2002）认为，文学是一种具有改变力量的媒介，它能通过培养学习者的人际和跨文化态度来促进学习者情感意识的发展。从这一层面来说，接触和学习外国文学作品对于打破偏见，培养积极的跨文化情感态度有着重要意义。

在文化反思的层面，文学作品是人类传递信息、表达情感的一种艺术途径，也是反映社会文化的重要形式。创作者在文学作品中构建的故事世界、刻画的人物形象以及描写的社会环境在很大程度上都是真实世界的一种投射，因此文学作品中蕴含着深厚的社会历史意义，而文学阅读是一个复杂的文化解读过程。不同作品中的文学语境都会受到创作者的个人及时代背景的影响，外语学习者在阅读文学作品时通过参考当时的历史背景、社会状态和文化规范，不仅能够加深其对文学作品语言和意义内涵的理解，还能发展批判性思维，透过文学作品中的人物、故事和历史背景反思当下社会现实，从历时的角度理解作品中的语言和文化现象以及社会的变迁。文学的意义不仅存在于文本和创作者的联系之中，更存在于读者与文本的互动中。由于读者与作者有着不同的文化视角，文学文本的解读具有开放性和多元性，文学阅读的过程也是读者主动反思和进行意义再创造的过程。对于同一文本，不同读者也会因自身文化背景和情感经历的差异做出多重意义解读，而意义的多样性可以促进学习者情感和观点的交流，这将语言学习深化为一个反应和反思的过程（Lazar, 1993）。对于文学作品的多样性诠释体现了文学作品的跨文化阅读空间，也促进外语学习者进行文化反思，使其对个体和文化的差异性产生越来越深刻的理解，从而发展出多元文化视角的批判性思辨能力。

总而言之，文学作为外语教学中的语言材料、文化媒介和思辨工具，对于外语学习者在语言习得、思维认知、艺术审美、情感态度和文化意识等各方面的发展都有着重要的意义和价值。文学作品的多样性、开放性和跨文化性为外语教学提供了大量的真实语境和跨文化反思话题，非常符合当下外语教育对跨文化人才培养的目标要求。

二、运用文学作品进行跨文化外语教学的研究现状

近年来，随着文学作品在跨文化能力培养方面的潜力逐渐受到关注，国内外对于文学作品运用于跨文化外语教学的研究和探索逐渐丰富起来。很多学者在理论层面探讨和肯定了文学在外语教育中作为培养跨文化能力的媒介作用（如 Bredella, 2006; Greek, 2008; Hoff, 2016; Kramsch, 1993; MacDonald, Dasli & Ibrahim, 2009），但如何将文学作品恰当地运用到跨文化外语教学的课堂中，依然是一个亟待解决的重要课题。当然，目前许多研究者开始对适合学生跨文化能力培养的文学作品材料、教学方法和课堂活动设计进行了探索和实践。

就教学材料的选择而言，除了经典英美文学、戏剧作品外，许多教学实践研究也运用了其他的文学体裁，如，诗歌、散文等非小说（如 Gordon, Zaleski & Goodman, 2006; Rodríguez & Puyal, 2012）、传记、科幻小说、侦探小说等（如 Stewart & Santiago, 2006; Yang, 2002），研究结果表明其都具备在外语课堂中的教学可行性。Ronnqvist & Sell（1994, 1995）发现，以成长故事为主的青少年文学（young adult literature）作品因为在语言、主题、角色和

体裁方面比较符合学生自身的年龄段,在用于外语教学的课堂时能得到学生非常好的回应。这类文本容易挖掘出较多跨文化问题和文化冲突情境,能够为外语课堂探讨提供更多文化视角和反思空间。此外,关注亚文化和少数族裔群体的多元文化文学(multicultural literature)也是比较符合跨文化能力培养要求的文学文本类型之一(Gómez, 2012)。阅读多元文化文学的目的是听到主流文化群体以外的其他文化群体的声音,看到文化的共性和差异,避免对外国文化概而论之的刻板印象,拓展学生的跨文化意识和批判性思辨能力(Gómez, 2012; Cai, 2000)。

就教学而言,相比以教师讲授为主的教学模式,同伴互助及合作学习等以学生为中心的教学模式更适合用于基于文学作品的跨文化外语教学(Savviduo, 2004; Gómez, 2012; Hoff, 2017)。国内外许多学者结合不同的理论视角探讨了以文学作品为载体提升外语学习者跨文化能力的途径,其中非常重要的一点是对读者主体性的重视。例如,王永阳 & Hay (2011) 从文学批评的角度指出对读者视角的重视能带来文本诠释的多样性,从而让外语教学中的文学阅读成为一个开放、多元的跨文化阅读活动。李欣(2019)从接受美学的理论视角提出学生对文学作品的解读应该是主观的、多样的,因此教学应强调以学生为中心,注重培养其认知能力、想象力和创造力。Hoff(2016)也以学习者为中心,基于 Byram(1997)的跨文化交际能力模型中"跨文化代言人"的概念,提出了"跨文化读者"(intercultural reader)模型(见图 15.1)。这个模型结合了 Vygotsky(1986)的社会建构主义学习理论,强调知识的构建是社会互动的结果,因此在跨文化阅读中也有三个层次的互动过程:第一层进行的是读者自身与文学文本之间的互动;第二层要求读者考虑其他读者会如何与文本进行互动诠释出不同的意义;第三层要求读者反思此文本与其他文本之间的联系和意义。三个层面的阅读过程都涉及了读者的情感和认知,对读者的要求都不止于分析叙述方式、文本结构和语言形式,而是上升到思考不同社会、文化和历史背景对阅读主体和文本意义的影响。Ballester-Roca & Spaliviero（2021）结合文学教育、阐释学和跨文化交际能力相关理论提出了文学与跨文化交际能力模型（见图15.2）。他们主张运用文学作品进行内容–语言融合式教学，强调学习者作为读者的主体性和文本阐释过程的主观性，指出对文学作品进行跨文化教学最合适的方法之一就是阐释学方法（hermeneutic approach），即建立学生和文学文本的对话关系，让其作为主体在文本诠释（textural commentary）（如语义理解和形式分析）的基础上进行意义阐释（interpretation）。

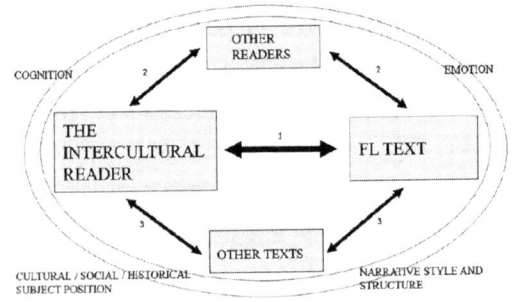

图15.1 跨文化读者模型（Hoff, 2016）

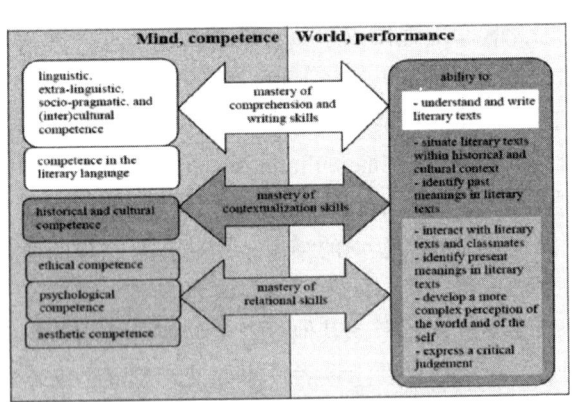

图15.2 文学与跨文化交际能力模型
（Ballester-Roca & Spaliviero, 2021：230）

除了教学理念和模式上的探索，一系列基于文学作品的外语教育学研究也为跨文化外语课程的设计、实施和评价提供了许多有意义的参考。例如 Nemouchi & Byram（2019）结合跨文化交际理论，运用跨文化交际能力模型（Byram, 1997）设计了以文学为材料的跨文化外语教学活动，在阿尔及利亚两所大学中实施教学，并通过师生访谈、课堂录音和观察、学生作业等方法收集了教学相关数据。基于阿尔及利亚文化语境的主要社会问题——境内撒哈拉难民和宗教少数群体苏菲派，研究者选用两部相关主题的小说作为教学材料，其中一部描述的是一个难民在东道国的经历，另一部小说是以苏菲派信徒为主人公的故事。由于在现实生活中，学生与这些少数文化群体接触的机会较少，跨文化外语教学的主要目标是希望通过对文学作品的阅读和探讨，让学生对少数文化群体有更深入的了解和共情，实现跨文化知识和技能的增长，并通过反思、分享、分析、讨论等课堂活动，鼓励其将课堂获取的知识、技能、态度落实于现实生活的行动中。教学结果表明，文学作品的阅读大大提升了学生的同理心，学生通过理解和反思文本中难民的情况和经历以及苏菲派信徒和苏菲主义的原则和价值观提升了跨文化意识。此外，教师引导学习者将文本内容联系自身经历进行换位思考和批判性反思，在使用文学作品进行跨文化教学过程中尤为重要。

在另一个实践研究案例中，Gómez（2012）在哥伦比亚一所大学"高级英语语言"课程中加入文学文本作为一种手段来发展学生的跨文化交际能力。在该课程中，研究者实施了社会建构主义教学模式（socio-constructivist pedagogical model），即知识是在学生与同学、老师和文本的社会互动过程中由学生自己发现和建构的；教师不是知识的传递者，而是启发者和引导者。在这个研究中，Gómez 选用了非裔、墨西哥裔、犹太裔美国短篇小说作者的 5 篇多元文化短篇小说作为教学材料，通过四种建构主义教学方法（即 Inquiry-based Approach, Dialogic Approach, Transactional

Approach, Content-based Approach）开展课堂活动，并用课堂观察、访谈和日记的方式来检测学生对跨文化知识的掌握情况和对不同教学方法的评价。结果表明，建构主义模式下的这些教学方法有助于学生深入文学阅读、进行意义协商，在互动过程中构建跨文化知识，发展跨文化能力。同样在建构主义社会文化观的指导下，Hoff（2017）在挪威中学英语课堂上进行了跨文化文学阅读实践研究，他发现了文本内容、课堂任务和学生之间的关联以及这种关联对文学文本意义阐释和跨文化知识构建的过程有着十分复杂的影响，尤其是在情感维度，课堂任务目标和学生实际反馈会产生出入。Hoff 还强调了教师在跨文化阅读活动中的引导者角色的重要性，尤其是在深层次的课堂互动活动中，学生小组对文本内容的理解和阐释会有局限，因此教师需要时刻洞察并引导方向。

除了社会建构主义教学模式，也有研究者在内容–语言融合学习（Content and Language Integrated Learning, CLIL）模式下进行了文学和语言相结合的跨文化外语课程实践研究。例如 Rodríguez & Puyal（2012）在西班牙一所大学进行了一个案例研究，在 CLIL 模式下，研究者为一门大学二年级英语课程设计了课程大纲中每个单元的主题，然后选取与主题相关的丰富文学文本作为学习材料，以满足跨文化内容反思和语言学习的双重目标，针对不同的单元主题和文本内容，还设计了包括情节讨论、角色扮演、创意写作日记、小组项目等一系列课堂活动，所有活动都旨在关注社会文化问题而非语言语法问题。在这个案例中，研究者从两方面对课程的实施效果进行了评价：一是教师对学生表现的课堂观察和对学生课后写作任务的评价；二是在课后用自陈问卷的形式测量学生的普遍跨文化意识，与课堂活动内容相关的跨文化知识、情感和态度以及学生对基于文学文本阅读的跨文化外语课堂的体验感受。课堂数据分析结果表明，文学文本不仅在认知和情感层面丰富了学生在外语课堂中的体验，同时也让学生在语言和交际能力方面获得了提升。另外，成功的教学结果表明，在 CLIL

模式下，教师可以将文学文本和有针对性的跨文化探索活动设计进课程教学大纲，这对以培养学生跨文化意识为目标的外语教学十分有利。

从现有的研究成果来看，运用文学作品进行跨文化外语教学已获得丰富的理论支持，并且探索出了一系列相关的教学模式和具体的教学方法。当然，我们还应进行更多的课堂实践研究，将跨文化教育的新理念应用于各种外语课堂，在实践中探讨以文学作品为载体来提升学术跨文化交际能力的教学途径。

三、基于文学作品的跨文化外语教学设计

为了更具体地介绍如何以文学作品为载体在外语课程中培养学生的跨文化能力，本节将以研究者在上海某高校英语专业本科三年级跨文化交际课的教学实践研究为例，介绍其教学设计的理论基础以及具体教学活动的设计、实施和评价情况。

1. 教学设计的理论基础

什么是跨文化能力？如何在外语教学中开展基于文学作品的跨文化教育？对这两个问题的回答是进行本次教学设计的理论基础。对于"跨文化能力"的定义，国内外学者提出了众多跨文化能力概念模型，目前国内外学界广泛接受的"跨文化能力"定义是："在跨文化交际实践中表现出来的基于跨文化知识、技能和态度的有效、恰当的沟通能力。"（Deardorff, 2006: 247）基于此定义，本研究中的教学设计采用了跨文化能力 ABC 模型，即跨文化能力包括文化知识、情感态度和行为能力三个维度，并从这三个维度确定了教学目标：

- 知识层面（cognitive）：通过文学作品阅读活动，学习目的语国家的及世界其他国家、民族和群体的文化及相关

的语言知识，同时增强对本族文化的深入理解和反思；
- 情感层面（affective）：通过文学作品阅读活动，在深入接触和了解不同文化之间差异的基础上，增强学习者对中国文化的认同以及对世界其他文化开放、包容、理解和欣赏的态度，培养全球意识；
- 行为层面（behavioral）：将文化知识和跨文化情感态度转化为具体行为能力，学会倾听、观察、分析、阐释和创新，能用批判性思维对比和评价文化异同，能用恰当的语言和行为进行跨文化交际，讲述中国文化故事。

根据上述跨文化能力框架和教学目标，本教学研究在文学作品材料选用和教学活动设计时，将文化知识的学习与情感态度和跨文化交际行为能力培养并重。针对"如何在外语教学中开展基于文学作品的跨文化教育"这一问题，本次案例课程依据近年来广受推崇的内容－语言融合学习教学法理论来进行教学设计。内容－语言融合学习教学法指的是语言学习与课程内容深度融合，以外语（通常为英语）作为中介语言来进行课程内容教学，在课程内容学习中提高外语语言水平。这一教学方法的优势在于，语言和内容的融合学习不再割裂学科，从而能够更为综合地扩展大脑知识层次、改变思维方式、拓宽思考角度。欧洲教育学家Coyle及其同事（2010）提出了该教学法的4C模型，即教学设计中需要考虑课程内容（content）、交际（communication）、认知（cognition）和文化（culture）四个维度。由于内容－语言融合学习强调了文化维度的重要性，课堂中内容学习的主题选择会涉及更为广泛的话题，提供更多的文化观点和视角，因此具有很强的跨文化性，非常适用于推进跨文化教育（Sudhoff, 2010; Byram, 2010）。

Byram（1997）指出，内容－语言融合学习模式下的外语教学不仅应该注重语言技能的培养，还要注重文化内容与语言学习的结合，通过使用外语探讨文化内容来提高跨文化意识，获取文化经验。因此，与传统外语教学法以语言能力为核心的理念不同，在内容－语言融合学习教学法的框架下，跨文化主题的课程内容与外语语言学习有着同等的重要性，两者相辅相成。许多外语教学实践研究也证明，在内容－语言融合学习课堂中，教师通常运用主题单元形式来组织跨文化外语课程教学，有关种族、性别、国家文化等多样性的话题内容学习提高了学生的跨文化意识以及对文化差异的容忍度和理解度（Corbett，2010）。在这样的课堂中，教师能更多地通过设计不同的活动和任务引导学生探讨文化价值观和文化身份构建的问题，为学生提供更多反省、探索和思考文化话题的机会，在探讨文化差异的过程中改变思维定式（Ghosn, 2002; McKay, 2001）。文化和外语相结合的反思性教学活动不仅能加深学生对自我和他人个体的认知，同时能增强其对本国文化的认同和对外国文化的理解，培养学生开放、包容的观念和态度（郑萱、李孟颖，2016）。因此，对于以跨文化能力培养为目标的外语教学来说，采取内容－语言融合学习教学法是完全可行且合适的。因此，在内容－语言融合学习教学法的理论框架下，我们从文学作品中提取不同的跨文化主题分单元作为学习内容，并设计了大量体验式学习活动，将外语作为语言中介，在对外语文学作品文本中跨文化话题的探讨和学习中提升跨文化意识，同时巩固和强化外语语言能力。

2. 案例课堂

本案例课堂是上海某高校英语专业本科三年级"跨文化交际"课程，这门专业选修课旨在使学生学习跨文化交际理论和实践知识，提升他们的跨文化交际意识和英语跨文化交际能力。本案例课堂共有21名学生，包括7名男生和14名女生，其英语能力基本达到英语专业四级水平。授课教师具有丰富的跨文化交际能力研究背景和教学经验。课程内容在介绍跨文化交际重要概念和理论的基础上，用基于内容的教学方法以文学作品为材料展开对社会文化重要主题的学习和探讨，涉及的单元话题包括：价值观、身份、性别、种族、教育和职业发展等。

在文学作品素材的选择方面,作品内容的跨文化性是首要考虑,即,要选择适合展开跨文化主题探讨的文本内容。由于教学对象是中国学生,为了让学生在文学作品阅读中更易产生文化移情并进行文化反思,教师选择了能为跨文化教学提供丰富话题的华裔文学和成长文学作为主要的文本材料。华裔文学作品中通常会体现大量关于中国文化价值观与移民国主流价值观的差异以及华裔移民及其后代的代际矛盾、文化身份构建、适应问题等内容,让学生能较快地进行文化联系,产生情感共鸣,然后进一步进行文化反思,从而增强文化意识。而成长文学会让学生产生较强的代入感,能引发学生更大的阅读兴趣,从主体和他者的不同角度对文学作品中角色的个体和文化行为、价值观、情感进行比较和反思,发展同理心和对差异的宽容和尊重,克服刻板印象并增加对社会文化问题的关注,促进跨文化理解力的提升。当然,文学作品的阅读量和阅读难度也是课堂材料选择需要考虑的重要因素。一般来说外语课程的课堂时间紧张,要求学生在课外大量阅读经典长篇小说文本可能会让学生在课前产生消极抵触的情绪,语言难度过大、主题内容与学生距离太远或太枯燥都会影响学生的阅读体验,导致其放弃阅读。因此,选择有趣的小说文本,根据单元主题内容有针对性地选择章节段落进行阅读分析和探讨,才能最大程度地利用好文学作品进行跨文化外语教学。

基于以上两方面的考虑,结合选课学生的语言能力、文化背景、年龄阶段等,课程选取了华裔作家黄玉雪的自传小说《华女阿五》(*Fifth Chinese Daughter*)作为主要的文学文本材料。作者在这本以自身成长经历为蓝本的小说中描述了华人移民子女如何适应美国社会这一新的文化环境所带来的新身份的故事。小说生动展现了中美文化价值观冲突引发的移民子女与父母之间的代际矛盾:女主角 Jade Snow 的父亲非常传统,在移民美国后仍坚守着中国文化,并且按照传统中式教育的方式要求女儿严格听从父母的想法，然而女主角从小在美国文化社会中成长，接受了美国的教育模式，并不能完全认同父亲的教育方式。小说同时也反映了移民后代在探索、适应和构建自身文化身份过程中的不易，小说女主角经历了一系列的困惑和挣扎，最终接受和认可了中国文化和美国文化带给她的特殊双重身份，也很好地适应了美国的文化环境。作为自传小说，《华女阿五》中 Jade Snow 的故事具有很强的真实性和时代感，以第三人称叙述的故事英文语言自然流畅、画面感强、阅读理解障碍小，故事里反映的华裔移民的价值观、身份构建和跨文化冲突等问题也容易让学生产生一定的心理和情感共鸣，非常适合作为跨文化外语教学的材料。

教学流程分为课前、课中和课后三个环节，每个环节都有相应的教学活动。课前活动主要包括学生基于指定章节的小说文本阅读和相关社会文化背景调查做的阅读笔记以及对英文词句理解的提前处理。课堂教学活动设计以任务型为主，遵从教师引导主题、发散思维、提供语言帮助，学生参与体验、分享观点、发挥创意的宗旨。教师通过组织课堂问答、小组讨论、角色扮演等多种思辨性阅读讨论活动让学生重点关注文本中的文化语境、角色的文化背景、角色关系的跨文化/跨群际性、角色的经历和对白传达出的价值观等细节，而非简单关注文本里的词语含义和用法。此外，教学活动中还会借鉴跨文化培训的常用方法，安排模拟游戏、危机事件、跨文化对话等环节，在这些环节中引导学生体验文化差异，结合文学作品文本分析文化多元性。针对特定的话题，教师还可以通过组织课堂辩论、演讲、案例分析、社会调查等活动鼓励学生将自己对文化的思考进行深入挖掘和表达输出，一方面培养其批判性反思能力，同时也为学生提供创造性使用语言的机会。作为课堂活动的延伸，课后活动主要包含创意性写作任务（如文化自传、跨文化对话、反思日记等）或者小组课题研究（包括设计问卷、调查访谈等），让学生对相关问题做深入反思和深度调查，促进思维过程的深化和跨文化知识的内化，同时巩固和加强学生的语言技能。

作为示例,接下来将详细描述以文化价值观为主题的一个单元的教学活动。这一单元的主要教学目标是:1)通过思辨性阅读讨论等活动提高学生对中美文化差异的认识,帮助他们理解华裔移民群体行为背后体现的文化价值观;2)帮助学生理解文化群体及其价值观的复杂性,认识到过度简化文化差异和对文化进行二分化的危害;3)让学生通过对比自己的经历,反思中国文化价值观的内涵及发展变化,提升对中国文化的认同。本单元选择的主要阅读材料是小说《华女阿五》第15章"自由的尺度"("A Measure of Freedom")。本章讲述的是女主角Jade Snow上大学后的生活,其中包括她与父母、老师以及兼职工作的雇主之间的一些故事。本章的故事高潮是Jade Snow与父母之间的争吵,这个情节也是课堂探讨的重点内容。具体的活动内容设计见表15.1。

表 15.1 课堂活动设计

活动阶段	活动步骤	活动目标
课前	在阅读文本后,列出小说情节中体现出的不同文化价值观。	熟悉小说语言及情节内容,有意识地关注文化价值观差异,为课堂讨论做准备。
课堂	1. 热身与导入:1)小说社会文化背景回顾;2)人物关系梳理;3)本章故事概要复述接龙。	加深学生对小说情节的理解和熟悉程度;锻炼学生使用英语完整叙述故事的能力。

		(续表)
	2. 小组讨论：1）根据自己的课前阅读笔记在组内分享并列出体现文化差异的具体情节；2）小组讨论具体文化行为差异背后的文化价值观。	提高学生对中美文化差异的认识；帮助他们理解华裔移民群体行为背后体现的文化价值观。
	3. 角色扮演：1）回顾小说女主角 Jade Snow 与父母吵架的对话，并进行角色扮演；2）讨论这段对话中 Jade Snow 与其父亲有什么价值观冲突，并分析原因。	通过角色扮演深度体验不同角色的经历，理解文化差异的存在，并能对造成交际误解或冲突的原因进行解释，从而提升其跨文化意识。
	4. 创意写作：1）各小组以"在 Jade Snow 和父母吵架后的一天，她的美国朋友 Joe 来家里做客"为开头续写一段故事或对话；2）小组展示；3）针对各组续写内容中体现的文化价值观和文化刻板印象进行分析和讨论。	提高学生的英文创意写作能力，通过对具体情节中角色行为、态度的设计表达其对不同文化行为和价值观的理解；引导学生进行批判性反思，避免简单总结文化差异、将文化群体脸谱化，形成刻板印象。
课后	反思日记：1）联系自己的成长经历中曾经与父母发生的代际文化冲突，分析父母当时的行为和态度以及背后的文化价值观差异；2）基于本章小说的阅读讨论和自身的成长经历，反思自己对中国文化价值观的新认识。	让学生通过联系自己的成长经历，反思中国文化价值观的内涵及发展变化，提升对中国文化的认同感。

3. 教学评价

教学评价主要有两个目的，其一是为了了解学生课程学习后的学习效果，其二是为了进一步完善课程设计、实现教学目标，因此不能采用单一形式、单一角度的教学评价。针对案例课堂，本研究采用了三种教学评价方法对基于文学作品的跨文化外语教学效果进行了多角度的综合评价。第一种方法是基于民族志的方法进行课堂观察。以田野笔记和课堂录像的方式全程观察和记录课堂教学活动，尤其是学生的参与度、互动方式、观点反思和语言表达等。第二种方法是通过分析、评价学生课前阅读笔记、课堂创意性写作和课后反思日记等作业，了解学生在跨文化意识和批判性思维方面的发展状况，从文化知识、语言技能、情感态度三个维度来考查学生的跨文化能力。第三种评价方式是通过组织课后焦点小组访谈，了解学生整体学习成效和对他们课程的感知与判断。接下来我们将基于课堂观察、写作任务、焦点小组访谈三个方面的结果分析和讨论基于文学作品的跨文化外语教学案例课堂的实施效果。

首先，文学作品文本提高了学生的英文阅读兴趣，增强了学生的学习投入和英语表达意愿。在课后访谈中仅有30%的学生表示自己本来就很喜欢阅读文学作品且一直有阅读英文小说的习惯，但90%的同学认为在课堂中加入文学作品文本阅读探讨比传统的讲授课程更有意思，能就对文本的理解和阅读体验进行自由表达。例如有同学（S2）认为："小说的情节很生动，通俗易懂，我比较容易读进去，越读就越觉得有意思，不同人物的行为、语言，尤其是发生的冲突，让我印象非常深刻。"就学习投入而言，80%的同学在焦点小组访谈中表明自己在课前投入了1–2小时阅读小说章节、按要求做阅读笔记；40%的同学表明自己除了阅读文本以外还上网搜索了与小说相关的社会文化背景以及与主题相关的跨文化群体和文化行为。在所有任务型课堂活动中，学生的普遍参与度很高，其中，在热身导入环节中有8名同学参与了章节故事概要复述接龙,除了一位同学在复述父女冲突情节时用了中文补充,其余同学均能使用英文较完整地概述梗要。在小组分享、讨论、角色扮演和创意写作环节,学生们在小组内(每组5-6人)的参与度更高,每组基本会形成2-3个同学主导、其余同学全程参与的积极讨论氛围。在访谈中有同学(S7)表示:"因为读了这个小说,在讨论文化价值观的时候,我就可以联系小说里具体的情节,感觉脑子里有很鲜活的画面,因为有现成能讨论的素材,我能从我的理解角度发表一些看法,所以我还挺愿意参与课堂里的讨论活动的,也更敢说英语了。"有70%的同学表示非常喜欢创意写作活动,比如有同学(S10)表示:"根据情节要求续写故事是我最喜欢的活动之一,我感觉这个活动激发了我的创造力,我跟小组同学一起创作了小剧本,讨论人物的人设和行为,很有意思。"可见,学生能就其对文学作品的理解和阅读体验更好地进行自由表达,创造真实的语言交流场景,锻炼其语言和观点输出能力。同时,除了英文口头表达意愿的提高,阅读文学作品还有效激发了学生的写作兴趣。

另一方面,基于文学作品的教学活动促使学生换位思考,进行文化对比,批判性地反思文化异同,提升了跨文化意识。例如,在组织课堂热身活动——故事概要复述接龙时,教师要求学生转换叙述人称,以此引导学生转换语言,对情节进行二次概括,并能有机会从不同人物的角度出发描述故事,产生情感共鸣。因此,课堂上同学们除了从小说第三人称的叙述角度进行概括外,还会以第一人称的口吻从主人公 Jade Snow 及其他不同人物的视角(如以父亲、母亲、朋友等人物的口吻)来进行故事复述。又例如,在角色扮演和创意写作活动中,学生也能通过表演和编剧与角色产生更强烈的情感共鸣,然后教师会引导学生联系不同人物的社会文化背景对跨文化对话中的行为进行分析(见课堂片段一)。

课堂片段一(文化对比分析)

1. T: Let's discuss the possible cultural reasons for Jade Snow

to start the open rebellion. Why did she have this conflict with her father in this dialogue?

2. S1: I think because Jade Snow grew up in the U.S., she is much influenced by the American culture in many ways. She agreed with what her sociology teacher said about parent and children relationship, (that) in America children are treated as individuals. She wanted to be treated like that. I think it is individualism. But her father is very Chinese, he still has a Chinese mind, Chinese family value, so he wants his daughter to listen to him, to obey him, to have *xiaoxin* (filial piety). So, there's big value conflict between them.

3. T: Good, you mentioned the differences in family values between individualism vs. collectivism, that's a great point. Any other thoughts?

4. S2: I think Jade Snow started the open rebellion because she recognized that she wanted to become an independent individual in her class, so later she used a very direct way to talk to her father that they were wrong. But it is not what Chinese parents want to hear and it will not work with them. You can never argue directly with parents. It's not respectful. Her father thought she was rude.

5. T: Thanks for sharing your thoughts! What you're saying is that Jade Snow adopted a very direct communication style, a more American way to declare her independence… While his father expected her to be respectful for parents' authority as there's more power distance between Chinese parents and children compare to Americans.

在这个片段中，教师引导学生根据对话内容对角色的文化价值观进行探讨。学生自然地展开了中美文化的对比分析，在细节列举的过程中表现出对文化差异敏感度的明显提升,教师也在同学回答后联系跨文化理论进行总结。但是强调文化差异的同时,容易导致学生对文化行为进行过度概括,忽略文化共性和动态性,形成或强化刻板印象。因此在讨论中教师也会根据学生的回答实时调整方向,引导学生进行批判性反思(见课堂片段二)。

课堂片段二(批判性反思)

1 S3: One difference between Chinese parent and American parents is that Chinese like to control his children. Americans treat their children as friends.

2 T: It's very interesting that you mentioned that Chinese parents are controlling. Do you agree with it?
   [Some students nodding heads, some shaking heads. Teacher named two students to answer questions.]

3 S4: Yes, I agree. I think American parents and their children are friends but Chinese parents are very strict. There's a nick name——tiger mother.

4 T: Does this apply to all Chinese parents?

5 S5: I don't know. I think it depends. I guess there are also controlling American parents and friendly Chinese parents. I think it depends on the context. We should not make stereotypes.

6 T: Can you give an example to elaborate it a bit?

7 S5: Okay, yes, when I was small, my mom was very strict, especially when I made mistakes, she punished me very hard. But I don't think she was controlling at all. I want to thank my mom for raising me and teaching me to be a good girl. After I grew up, my mom became my best friend.

8 T: Is there anyone else who has similar experiences?
   [Many students nodded. Some took notes.]

9   T: Great! Thank you (S5) for giving us a good example to destroy the stereotype of Chinese tiger parents. We should keep in mind that culture is dynamic and diverse. There are many parenting styles within a culture. So, it is dangerous for us to overgeneralize culture and reinforce stereotypes.

在上述片段中，教师引导学生在讨论中发表不同的观点并让他们意识到思维定式可能造成的片面判断，让学生联系自己的经历来打破刻板印象、更全面地看待文化行为。有一位学生（S15）在后续访谈中也说到："在课堂讨论里我听到了大家提出了不同的观点，很多时候都启发到了我，让我能换个角度来分析问题。"还有一位同学（S4）提到："进行文化差异分析的时候，感觉自己想得更深一些了，老师也提醒了我们，要注意不能简单一概而论，因为要尽量避免刻板印象。"

最后，在文化身份认同方面，在阅读所选的美国华裔小说后，学生们对于美国华裔群体有了更深刻的认识，了解到这一群体在美国社会文化环境中遇到的挑战、阻碍和他们的矛盾、挣扎。同时也促进了学生对中国文化的反思，在一定程度上增强了他们对自己中国文化身份的认同。课堂片段三是其中的一个例子。

课堂片段三（文化身份探讨）

1. T: So, what do you think of Jade Snow's cultural identity? Can we say that Jade grew up to become a person who favors American individualism than Confucianism that her father taught her?

2. S7: Maybe. She had American education, she has to do as Americans do and learn to be an American to live in American culture.

3. S5: Actually, I think Jade Snow still holds many Chinese values deep inside. Like she kept silence when her father was angry, she knew that she needs to respect father's authority.

4. S6: And she eats Chinese food. She does not like making western dessert.
5. S5: She believes both fatalism and scientific reasoning. Both cultures influence her.
6. S3: Yes, although she acted against her father's traditional Chinese way of parenting, but she cannot become a real American, part of her is still Chinese. She said later that she was deeply troubled inside and she wants to find a middle way.
7. T: You made very good points! Why do you think she has to struggle to find a balance between two cultures?
8. S3: She's from immigrant family.
9. T: Yes, she's a second generation of Chinese immigrants in the U.S. In this special context, she has to adapt to American society but at the same time she cannot get rid of her Chinese cultural roots.

在这一课堂片段中，学生在小组讨论中对 Jade Snow 的文化身份进行了深入探讨，教师也引导学生关注到二代移民群体文化身份的复杂性。有同学在课后访谈中提到："我意识到亚裔群体的社会文化背景与我自己有很大的不同，他们面对的情况比较复杂，作为亚裔美国人，体会到的文化冲突可能更深刻。我觉得他们也挺不容易的。"

基于小说的阅读讨论给学生提供了联系自身的成长经历反思中国文化的机会，同学们在反思日记中提到了很多自己对中国文化价值观和行为的理解，例如有同学（S11）在课后的反思日记中讨论了小说中父亲的中国文化价值观，提出了自己对中国文化的理解和认同：

When I read the conflict between Jade Snow and her father, I understand Jade Snow's feeling. But I can also understand her father's meaning. I think about my own parents, they are also traditional Chinese parents who are very strict to me. But I think the beliefs behind many traditional Chinese parents are that they have the responsibility to discipline children and protect children. In China, parents teach children to understand and obey family and social rules so that they can live successfully in the society when they grow up. And in Chinese culture, there's a saying "nothing can be accomplished without rules"（无规矩不成方圆）. I think it is right.

此外，还有7位同学（32%）在课后小组访谈中表示，自己在阅读讨论和课堂活动中体会了移民群体的文化经历，对比中美的很多价值观异同后，发现自己在了解美国文化和移民文化的同时，也加深了对中国文化的认识和反思，意识到解释中国文化和讲好中国故事的必要性。虽然文化身份认同的加深不是一蹴而就的事，做到讲好中国故事也不容易，但基于文学作品的跨文化外语课程的确让学生在观念、态度和语言行为上表现出了正向的结果。

四、结语

教学实践研究表明，以文学作品为载体的跨文化外语教学设计在跨文化能力ABC模型和CLIL框架的理论指导下，能够促成学生跨文化能力在语言、批判性思维和文化身份认同等方面的发展，具体表现为：1）选择恰当的文学作品文本提高了学生的阅读兴趣、学习投入意愿和英文表达意愿，围绕文学材料中的文化分析和探讨为学生创造了自然的英语交际环境，针对文学文本的改写、续写等活动激发了学生的写作兴趣和创意思维；2）在以学生为中心的教学活动中鼓励学生从不同的人物角度联系具体的社会文化背景进行换位思考，有助于学生克服思维定式，形成批判性文化观，提升其文化敏感度和跨文化意识；3）利用文学作品反思现实生活，有助于学生更深刻地认识和理解自身的行为态度、文化价值观，不断提升中国文化身份认同。

文学作品能为跨文化教学提供丰富的话题和素材，在文学作品创造的跨文化交际"第三空间"（Kramsch,1993）中，多种文化、不同声音的交互作用能够教会学生尊重不同文化群体的价值观和习俗，提升跨文化能力。除了案例课堂中展示的教学活动外，教师还可以根据具体的课堂时间、学生的能力、感兴趣的主题、可利用的资源等情况基于文学作品设计其他具有挑战性的课堂活动。需要注意的是，教师在课堂中的主要身份是课堂活动的组织者和话题思考的引导者，在课堂活动中要给予学生及时的帮助和反馈。只有在组织丰富的课堂活动和在交流互动式的课堂氛围中引导学生用跨文化的视角和思考方式解读文学作品，运用所学的语言文化知识就文学作品中的故事情节、人物形象、行为模式等展开探讨和分析，再联系自己的文化现实，才能更好地实现最终的教学目标，即，在提升学生语言和沟通能力的同时，提高学生的跨文化意识，让学生逐渐形成多视角的批判性思维，在观察和对比中提高对文化差异的敏感性，在对预设观念的质疑中促进对文化差异的理解和包容，在跨文化交际情境中能采取恰当的语言和行为，讲述中国文化故事。

参考文献

Amer, A. 2003. Teaching EFL/ESL literature. *The Reading Matrix*, 3(2): 238-245.

Ballester-Roca, J. & C. Spaliviero. 2021. CLIL and literary education: Teaching foreign languages and literature from an intercultural perspective—The results of a case study. In M. L. Carrió-Pastor & B. Bellés-Fortuño eds. *Teaching Language and Content in Multicultural and Multilingual Classrooms: CLIL and EMI approaches*. Cham, Switzerland: Springer Nature Switzerland AG, pp. 225-251.

Bredella, L. 2006. The significance of multicultural literary texts for intercultural understanding. In L. čok ed. *The Close Otherness*. Koper: Založba Annales, pp. 73-92.

Bucledee, S. 2002. Language and literature in tertiary education: The case for stylistics. *English Teaching Forum,* 40(2): 8-13.

Byram, M. 1997. *Teaching and Assessing Intercultural Communicative Competence*. Clevedon: Multilingual Matters.

Byram, M. 2010. Linguistic & cultural education for bildung and citizenship. *Modern Language Journal,* 94(2): 317-321.

Cai, M. 2000. *Multicultural literature for children and young adults: Reflections on critical issues*. Westport, CT: Greenwood Press.

Carter, R. & M. Long. 1991. *Teaching Literature*. London: Longman.

Cohen, J. 2014. Mediated relationships and social life: Current research on fandom, parasocial relationships, and identification. In M. B. Oliver & A. A. Raney eds. *Media and Social Life*. New York: Routledge, pp. 142-155.

Corbett, J. 2010. *Intercultural Language Activities*. Cambridge: Cambridge University Press.

Coyle, D., P. Hood & D. Marsh. 2010. *CLIL: Content and Language Integrated Learning*. Cambridge: Cambridge University Press.

Deardorff, D. K. 2006. Identification and assessment of intercultural competence as a student outcome of internationalization. *Journal of Studies in Intercultural Education,* 3: 241-266.

Ghosn, I. 2002. Four good reasons to use literature in primary school ELT. *ELT Journal,* 56(2): 172-179.

Gómez, L. F. R. 2012. Fostering intercultural communicative competence through reading authentic literary texts in an advanced Colombian EFL classroom: A constructivist perspective. *Profile:*

Issues in Teachers' Professional Development, 14(1): 49-66.

Gordon, T., J. Zaleski & D. Goodman. 2006. Stories lean on stories: Literature experiences in ESL teacher education. In A. Paran ed. *Literature in Language Teaching and Learning.* Alexandria, VA: TESOL, pp. 59-70.

Greek, A. 2008. Reading cultural encounter: Literary text and intercultural pedagogy (PhD Dissertation). University of Gothenburg.

Hall, G. 2005. *Literature in Language Education.* Basingstoke: Palgrave Macmillan.

Hoff, H. E. 2016. From "intercultural speaker" to "intercultural reader": A proposal to reconceptualise intercultural communicative competence through a focus on literary reading. In F. Dervin & Z. Gross eds. *Intercultural competence in education: Alternative approaches for different times.* London: Palgrave Macmillan, pp. 51-71.

Hoff, H. E. 2017. Fostering the "intercultural reader"? An empirical study of socio-cultural approaches to EFL literature. *Scandinavian Journal of Educational Research,* pp. 1-22.

Kramsch, C. 1993. *Context and Culture in Language Teaching.* Oxford: Oxford University Press.

Kramsch, C. & O. Kramsch. 2000. The avatars of literature in language study. *The Modern Language Journal,* 84(1): 553-573.

Krashen, S. D. 1985. *The Input Hypothesis: Issues and Implications.* Harlow: Longman.

Lazar, G. 1993. *Literature and Language Teaching.* Cambridge: Cambridge University Press.

MacDonald, M. N., M. Dasli & H. Ibrahim. 2009. Literature, culture and language learning. *Journal of Literary Theory,* 3(1): 103-127.

McKay, S. L. 2001. Literature as content for ESL/EFL. In M. Celce-Murcia ed. *Teaching English as a Second or Foreign Language*. Boston: Heinle & Heinle, pp. 319-332.

Nemouchi, L. & M. Byram. 2019. Developing Intercultural Competence by Teaching Literature. *Langue(s) & Parole: revista de filología francesa y románica*, 4: 173-202. Retrieved from https://ddd.uab.cat/record/224997.

Paran, A. 2006. The stories of literature and language teaching. In A. Paran ed. *Literature in Language Teaching and Learning*. Alexandria, VA: TESOL, pp. 11-26.

Paran, A. 2008. The role of literature in instructed foreign language learning and teaching: An evidence-based survey. *Language Teaching*, 41(4): 465-496.

Parker, J. 2002. *Teaching through culture: Strategies for reading and responding to young adult literature*. Houston: Arte Publico Press.

Rodríguez, L. M. G. & M. B. Puyal. 2012. Promoting intercultural competence through literature in CLIL contexts. *Journal of the Spanish Association of Anglo-American Studies*, 34(2): 105-124.

Ronnqvist, L. & R. D. Sell. 1994. Teenage books for teenagers: Reflections on literature in language education. *ELT Journal*, 48(2): 125-132.

Ronnqvist, L. & R. D. Sell. 1995. Teenage books in foreign-language education for the middle school. In R. D. Sell ed. *Literature Throughout Foreign Language Education: The Implications of Pragmatics*. Modern English Language Publications in Association with the British Council, pp. 40-73.

Savviduo, C. 2004. An integrating approach to teaching literature in the EFL classroom. *The Internet TESL Journal*, 10(12). Retrieved from http://iteslj.org/.

Stewart, J. A. & K. A. Santiago. 2006. Using the literary text to engage language learners in a multilingual community. *Foreign Language Annals*, 39(4): 683-696.

Sudhoff, J. 2010. CLIL and intercultural communicative competence: Foundations and approaches towards a fusion. *International CLIL Research Journal*, 1(3): 30-37.

Vygotsky, L. 1986. *Thought and Language*. Cambridge, MA: MIT Press.

West, A. 1994. The centrality of literature. In S. Brindley ed. *Teaching English*. London: Routledge, pp. 124-132.

Wong, J. S. 1989. *Fifth Chinese Daughter*. New York: University of Washington Press.

Yang, A. 2002. Science fiction in the EFL class. *Language, Culture and Curriculum*, 5(1): 50-60.

Zacharias, N. T. 2005. Developing intercultural competence through literature. *Celt*, 5(1): 27-41.

李欣. 2019. 以文学作品为载体促进跨文化交际能力——基于接受美学视角.《人民论坛·学术前沿》, 7: 116-119.

王永阳, T. Hay. 2011. 试论文学作品在跨文化教学中的意义和作用——以五篇文选为例.《云南师范大学学报》, 9(3): 66-75.

张红玲. 2007.《跨文化外语教学》. 上海：上海外语教育出版社.

张红玲. 2012. 以跨文化教育为导向的外语教学：历史、现状与未来.《外语界》, 2: 2-7.

郑萱, 李孟颖. 2016. 探索反思性跨文化教学模式的行动研究.《中国外语》, 13(03): 4-11.

第四部分

拓展性跨文化外语教学设计

第十六章

短期海外留学的跨文化教学设计

随着全球化进程的加快,教育国际化和教育对外开放倡议的逐步推进,国内外很多大学投入了大量的时间、精力和资源为学生创造出国留学的机会(Jackson, 2012; Diao, 2016)。与此同时,国际社会也呼吁大学的人才培养应该向培养学生的全球胜任力、拓宽学生的国际视野转型。正如 Hunter(2004)所描述的那样:"此类国际化人才能够了解并理解跨文化交际规则,具有开放的国际视野,能将所学的知识灵活并有效地用于跨文化交际实践。"

如今,有越来越多的学生参加海外留学项目,而相较长期项目(一学期或一年)而言,参与短期留学项目(8周及以下)的人数最多(Institute of International Education, 2016)。根据联合国教科文组织的数据,2000年有200万高等学校学生参加了海外留学项目,而这个数字在2010年上升至360万(UNESCO, 2013)。同时,该数据显示了两种趋势,一是参加"学分互认交换生"项目的学生越来越多,二是参与海外留学项目的研究生数量有所上升(Bhandari & Blumenthal, 2011)。值得注意的是,随着国力的不断增强,我国的国际化程度越来越高,目前已成为全球向外输送留学生人数最多的国家。大量的学生前往英语国家或欧洲国家如德国、荷兰、芬兰等,学习语言或专业课程(Institute of International Education, 2013; Jenkins, 2013)。

为什么越来越多的学生选择出国留学?出国留学的吸引力到底在哪?长期以来,出国留学被描绘成一段有趣的、收获满满的经历,在这段经历中,留学生们感受着跨文化的魅力,结交着来自不同国度的朋友。国内外高校鼓励学生出国留学,期待学生们通过这段经历开拓国际视野、增强跨文化能力、强化外语水平(Jackson, 2012; Diao, 2016)。此外,留学归来的学生也为留学项目背书,诉说自己的留学经历,并强调自己在这段经历中受益匪浅,不论是在个人成长和跨文化能力方面,还是在学术发展上,均有很大提高(Stone & Patrick, 2013)。

然而,大众的视野往往局限在这种"沉浸式"教育所带来的益处中,认为只要走出国门,去目的国学习,就可以不费吹灰之力地获得很大提高,而忽视了海外留学之"学"的质量。无独有偶,高校和各大教育机构设计的"海外留学满意度调查"往往将关注点放在住宿、饮食、出行等后勤层面,却严重忽视了实际的学习经历(Bolen, 2007; Deardorff, 2015)。

一、短期海外留学与跨文化能力

1. 跨文化能力

跨文化能力(intercultural competence)是跨文化交际学科中的重要概念,很多学者试图通过下定义和建模型来诠释这个概念(Garrett-Rucks, 2012)。但也有学者对这个概念本身提出质疑(Salisbury, 2011),并试图区分它与其他跨文化概念,如跨文化交际能力(intercultural communicative competence)、跨文化意识(cross-cultural awareness)、跨文化敏感性(intercultural sensitivity)、多元文化有效性(multicultural effectiveness)和全球胜任力

（global competencies）（Fantini & Tirmizi, 2006）。

目前，学界对跨文化能力的概念还未达成统一定义，在这一背景下，为了进一步研究跨文化能力与出国留学之间的关系，学者们试图从跨文化能力的构成要素着手分析。近年来，国内外不少学者对于哪些要素构成了跨文化能力这一问题提出了自己的看法（Deardorff, 2009b）。Lustig & Koester（1993）认为，沟通和语境、合适和有效、知识、动机以及行为是构成跨文化能力的要素。Deardorff（2006）在其著作中将知识、态度、技能和意识看作构成跨文化能力的要素。Byram（1997）的理论被认为是涵盖面最广的，他认为跨文化能力的构成要素是跨文化知识、技能、态度以及批判的跨文化意识（critical intercultural awareness）。具体而言，态度层面包含持有好奇和开放的态度，坚持自我信念，开放、包容地对待他国文化；知识层面包括对自我的认识（knowledge of self）、对他人的认识（knowledge of others）；技能层面包括去解释和联系的技能（skills to interpret and relate）、去发现和/或交往的技能（skills to discover and/or to interact）；批判的跨文化意识指的是能够运用批判性思维去评价自己和他国的文化思维、实践和产品。

近年来，不少中国学者也就跨文化能力的定义提出了深刻见解。Zhao & Jiang（2003）提出跨文化能力应该包含语言技能、语用能力和行为能力。杨盈和庄恩平（2007）认为具备跨文化能力的人应有一定的知识储备、实际的交流能力、能够适应他国文化并具有全球意识。吴卫平、樊葳葳和彭仁忠（2013）构建了中国人学生跨文化能力测评模型（the Assessment of Intercultural Competence of Chinese College Students, AIC-CCS），根据该模型，跨文化能力包含了六个要素：对自我的认识、对他人的认识、态度、跨文化沟通技巧（intercultural communicative skills）、跨文化认知能力（intercultural cognitive skills）以及跨文化意识。张红玲和姚春雨（2020）从对中国学生跨文化能力发展的需求分析出发，提出了"4-3-2-1"模型,即4个视角、3个维度、2种语境和1个平台。以此为基础,他们进一步构建了中国学生跨文化能力发展一体化模型(an Integrated Model for Chinese Students' Intercultural Competence Development, IMCSICD)。

综上,几乎所有学者都认同,知识、技能、态度、意识是构成跨文化能力必不可少的要素(Byram, 1997; Deardorff, 2006; Wu, et al., 2013)。在笔者看来,基于以上要素所提出的 AIC-CCS 理论和 IMCSICD 理论立足于中国语境,且被广泛验证,具有很强的参考意义。

2. 海外留学与跨文化教育

随着全球化进程的加快以及教育国际化和教育对外开放倡议的推进,海外留学得到了越来越多的关注。而一旦谈到出国留学,学者们的研究往往将其与跨文化教育相联系。本章关注的是短期海外留学生群体,即学生前往目的国学习语言或相关专业课程,学习时长为3-6周,以修读学分为目标,满足所在国内大学对相关课程的学分要求。

如今,越来越多的学生参加海外留学项目。如何使这些项目的效果最大化,帮助学生真正做到学有所成?学者们对此给出了自己的思考。海外留学前有针对性的行前培训可以帮助同学们在这段经历中收获更多。在行前培训中跟同学们明确预期的学习目标,可以使其努力的方向更加清晰(Goldstein & Kim, 2006; Pedersen, 2010)。Yang, et al.(2011)建议即将参加海外留学项目的学生可以提前设定好具体的跨文化交际、学术及个人成长目标,使海外留学的效果最大化。Jackson(2008)强调"移情"(empathy)是海外留学过程中培养跨文化敏感性的重要因素,即在跨文化交际中,充分发挥"同理心"的作用,站在对方的角度思考问题,促进相互理解。

在此基础上,学者们还强调学校和教育机构在培养学生积极的跨文化交际态度上扮演重要角色。Klak & Martin（2003）指出，留学前精心策划的文化活动有助于增进学生对不同文化的了解和理解，包容文化的差异性，尊重文化的多样性。Sakurai & Kashima（2010）进一步指出，在留学前、中、后期设计"干预性"的活动，如行前讲座、过程中的分享会以及行程结束后的小型研讨会，可以使同学们的收获最大化。此外，长期沉浸于目的国的文化中，如居住在当地居民的家中，与住家生活和交流，也有助于培养学生的跨文化交际能力。

然而，一些限制性因素影响了这些"干预性"活动是否能取得好的效果，如学生的性格特点（Fischer, 2011）、认知能力（Meeusen & Hooghe, 2013）、活动设计的合理性（即是否有很强的理论支撑）（Stephan & Stephan, 2013）。尽管有研究表明，通过模拟预设性的跨文化交际活动（即模拟在目的国可能发生的跨文化交际活动）有助于培养学生的跨文化交际能力，但不可否认的是，"一手"的跨文化经历对跨文化能力的培养是最有效的（Kurokawa, et al, 2013）。

综上，基于跨文化培训理论的行前跨文化培训是有必要且富有意义的，而留学过程中的定期交流与分享以及回国后的跨文化反思活动（即反思海外体验式教育经历，并将反思内容总结成一些具体的建议，供之后要出国留学的同学参考）对学生也具有积极意义。不过，并不是所有的留学项目都需要这些"干预性"的活动助力，留学项目的性质不同，要求自然也不同（Lily, 2015）。

3. 海外留学与跨文化能力

本章关注的是高等学校学生的海外留学经历。高等学校鼓励学生通过"交换生"等项目出国留学，认为海外留学的经历可以帮助学生拓展国际视野、提升跨文化能力并获得学术上的提高。根据经济合作与发展组织（Organization for Economic Cooperation and Development）的统计数据，有超过 400 万高等学校学生出国（境）留学，并且这个数字呈较快上升的发展趋势（OECD, 2009）。不难看出，高校对于出国留学的看法是，这段海外经历一定会给学生带来积极的意义。例如，在一些大学的网站上，我们可以看到出国留学被描绘成"提高语言技能、促进跨文化能力、培养自立和自我意识"的重要途径。此外，海外留学经历也被认为可以带来学术上的提高（Savicki, 2008; Lewin, 2009）。这些为出国留学背书的宣传向大众传递的信息是：在目的国家的浸入式学习能够提升跨文化能力（Hoffa, 2007; Hoofa & DePaul, 2010）、增强跨文化意识（Anderson, et al., 2006; Pedersen, 2009）、提高外语学习水平（Brown, 2009），增进对目的国文化积极的了解和理解（Cushner & Karim, 2008）以及加强对国际事务的关注（world-mindedness）（Cushner & Mahon, 2002）。

然而，海外留学的效果真的如上所述？不少学者的研究证实这样的设想是好的，但结果并不一定是令人满意的（Coleman, 2001; De Nooy & Hanna, 2007）。例如，Kramsch（1991）在其论文中提到"并没有确切结论表明海外留学经历一定可以促进跨文化理解或提高跨文化能力"。诸如此类的质疑不在少数。Masgoret，Bernaus & Gardner（2000）以在西班牙的英语助教为研究对象，研究结果发现，这些英语助教在西班牙工作生活 4 周后，对当地人和当地文化的态度都没有之前积极。同样，Van de Vijver 等人（2009）以 1,300 名进行海外交流的美国留学生为研究对象，研究结果显示，仅仅在目的国生活和学习，而不对学生进行任何学习和生活上的"干预"，学生在跨文化能力上的提高并不明显，甚至有出现跨文化能力下滑的情况。

基于以上论述，出国留学是否可以给留学生带来跨文化能力上的提高？如果可以，那么是多大程度上的提高？出国留学与跨文化能力之间的关系得到了学者们的广泛关注。跨文化能力的提高被看作教育国际化的产物，高校希望通过组织海外留学项目给学生提供海外留学经历,提升其跨文化能力,为日后在多元文化环境中工作和学习做好准备(Knight, 2004; Jackson, 2015)。换句话说,出国留学不仅要求同学们在学术上有所收获(Pedersen, 2010),还希望其在跨文化能力上也有所提高(Young & Schartner, 2014)。在此背景下,高等院校一直致力于推进国际教育,组织各类海外留学项目,以期开拓学生的国际视野,提升跨文化意识。既然高等院校一直在强推海外留学项目且不断论证其价值,那么,对于这些项目的真实影响及其意义的探究就显得非常必要(Lederman, 2007)。之前的相关研究多从学术表现和跨文化适应入手,以此作为测量变量来判断海外留学的效果(Ward, et al., 2001; Young & Schartner, 2014),而跨文化能力因素却很少被考虑进来。令人印象深刻的跨文化故事总是被谈起,但跨文化能力作为衡量海外留学收获的重要指标却很容易被研究者们忽视(Paige, et al., 2004; Salisbury, et al., 2013)。很少有高校会设计研究来测量学生们在留学前后的跨文化能力变化,因此,留学生们的跨文化能力是否在留学海外后得到了提高?海外留学经历与跨文化能力之间是否有内在的联系?这值得学者们关注(Deardorff, 2004)。

对于这一问题,学者们的研究显示了不同结果。一些学者以参加短期海外交流项目的美国学生为例,研究结果显示,项目结束后这些学生在跨文化能力上有显著提高(Paige, et al., 2004; Anderson, et al., 2006)。然而,Medina-Lopez-Portillo 做了类似研究,同样以参加短期海外交流项目的美国学生为例,研究结果却是相反的。Salisbury(2011)采用定量研究的方法,以美国大学的本科生为研究对象,研究结果也显示了海外交流经历与跨文化能力之间并没有正相关关系。

此外,学者们还试图从不同的学科视角切入,探究出国留学经历对跨文化能力的影响。Alina(2016)从心理学的视角出发,采用历时研究法,以英国某大学的研究生为研究对象,研究结果反驳了出国留学经历一定会带来跨文化能力提高的论断。Jackson

(2015)从学生职业发展的视角,以参加香港中文大学海外交流项目的本科生为例,探讨了海外交流经历对学生未来在多元文化环境中工作的帮助。Josep等人(2016)从语言发展的角度切入,得出了海外留学经历对跨文化能力的提高有积极影响的论断。Eric(2018)从项目管理和项目设计的视角出发,提出了不同海外游学项目对提高跨文化能力之效果的不同看法,并就海外游学项目的设计和管理提出建议。Susan(2016)试图用"文化反应"(Cultural Responsiveness)的概念来描述本科生在海外游学期间的跨文化学习情况。Pat(2019)从教育学的研究视角出发,试图探究短期海外留学经历是否能给学生带来具有变革意义的跨文化学习体验(transformative intercultural learning)。其他学者,如吴建设等(2017)从二语习得的角度,Mark(2018)从教学法的视角,Naoko等人(2016)从语用学的视角,Lynne(2018)从心理学的视角,Amanda(2017)从性别学的视角,Hamilton & Boffy-Ramirez(2019)从国际比较教育的视角,Enrique(2016)从国际商务的视角,均在各自的学术领域对这一主题进行了有建设意义的探究。

4. 荣誉学院

荣誉学院的历史可以追溯到1921至1940年美国Swarthmore College的教育改革,之后,荣誉教育的模式在一些公立大学实行。荣誉教育是为优秀拔尖,具有高水平、高能力的本科生设计的个性化教育模式,是现代大学制度中培养精英人才的一种教育形式。从长远来看,这一举措有助于提升本科生的教育质量,为优秀的学生提供更好的发展通道。

中国的荣誉教育始于2000年,在近些年发展迅速。比较知名的荣誉学院有浙江大学竺可桢学院、南京大学匡亚明学院、北京大学元培学院、上海交通大学致远学院以及上海外国语大学卓越学院等。虽然荣誉学院对学生要求严格,课程难度大,但其特殊的招录和选拔方式、优化的课程体系、个性化的培养方案以及广受认可的荣誉制度吸引着优秀学生报考。

上海外国语大学卓越学院成立于2015年12月，以"格高志远，追求卓越"为宗旨，致力于培养兼具中国情怀和国际视野、擅长多元文化理解与沟通、在国际事务合作与竞争中善于把握机遇和争取主动的国际青年精英领袖。作为上外的教学改革试验田，卓越学院依托学校强大的多语种学科和高水平师资优势，采用多元化培养模式和个性化培养方案，实施"双院制"管理，面向未来，培养"多语种+"卓越国际化人才。目前，卓越学院共有四个人才培养平台——"多语种高级翻译人才实验班""多语种国别区域人才实验班""多语种国际组织人才实验班"和"多语种外交外事人才实验班"，四个平台的学生在卓越学院学习博雅通识课程、英语强化课程、平台素养课程和国际课程等。

卓越学院的国际课程是本科生教学计划中的必修课，共6个学分，在学院的统一组织下，学生需要前往海外知名院校选修两门课程，要求一门课程与专业相关，另一门课程可以根据自己的兴趣选择，从而满足国际课程的学时和学分要求。目前，卓越学院的国际课程合作院校有美国芝加哥大学、乔治城大学，英国剑桥大学、牛津大学及伦敦大学亚非学院，荷兰马斯特里赫特大学。通常情况下，这段海外留学经历为期5–6周，不同的学校课程时长略有不同。本章以卓越学院参加国际课程的本科生为研究对象，通过精心设计一系列跨文化教学活动，以期使海外留学项目的效果最大化，从而提升学生们的跨文化能力。

二、短期海外留学的跨文化教学设计

基于近年来对海外留学的研究，学者们呼吁将理论联系实践。具体而言，在学生留学海外前，高等院校或教育机构应积极开设目的国语言课程、跨文化课程，精心设计一系列跨文化活动，以提高学生的跨文化能力，做好海外留学准备；在学生海外留学过程中，以定期分享会等形式，指导老师与学生实时沟通，确保海外留学的顺利进行；在学生回国后，高等院校或教育机构通过举办海外留学归国讲座、项目分享会或学生座谈会等方式，加深海外留学体验，巩固海外留学效果（Paige & Vande Berg, 2012; Meyer-Lee, 2005; Jackson, 2012）。

本章的短期海外留学跨文化教学设计以卓越学院参加国际课程的学生为研究对象，试图通过一系列贯穿于整个留学过程（出国留学前、中、后）的跨文化教学设计，使海外留学项目的效果最大化，提高同学们的学术表现和跨文化能力。

1. 短期海外留学前的跨文化教学设计

（1）"跨文化交际"课程

"跨文化交际"课程是卓越学院通识博雅课程体系中的选修课，但鉴于参加国际课程的同学几乎都没有系统学习过跨文化交际的基本知识，因此，学院建议所有将要或打算参加国际课程的同学都修读此课程。

课程简介：在全球化时代，跨文化教育是现代教育不可或缺的重要部分。开展跨文化教学，既是个人融入群体发展的需要，也是一个组织、一个国家乃至整个世界开放互鉴、和谐相处的需要。本课程是全英语授课的选修课程，课程主题选择基于文化习得理论，内容编排遵循跨文化交际能力发展规律，通过一系列心理学概念、跨文化交际概念、议题和理论的讲授，全方位展现跨文化交往的复杂性和辩证性。课程旨在提升学生跨文化灵活性及敏感性，增强跨文化理解，为未来学术或商务环境中的个人发展奠定良好的跨文化理论和实践基础。

授课老师：此课程为拼盘课，由两位跨文化领域的教授领衔，其中，领衔教授之一的 Steve Kulich 是国际跨文化研究学会会长，研究兴趣是身份认同和价值观，在国际跨文化期刊上发表了多篇文章；另一位教授张红玲是国内跨文化外语教学领域的领军人物，出版了大量关于跨文化外语教学的书籍和教材。在两位资深教授的领衔授课下，同学们将对跨文化交际的基本知识有所了解，并通过引导形成自己的认识。

课程目标：本课程拟实现以下五点教学目标：

（1）培养自我文化和他者文化意识，构建文化身份，增强自我文化认同；

（2）培养跨文化意识和敏感性，促进跨文化沟通理解；

（3）提升多元文化环境中善于观察、理解、移情、适应和调整的能力，接受不确定性，增强跨文化交际有效性；

（4）培养英语听、说、读、写技巧和学术语言认知能力，厚植语言理解和表达的人文素养；

（5）拓展国际视野，积极融入全球化。

授课方法：讲授、讨论和体验相结合，理论融入实践，采用丰富多彩的教学手段，多模态地促进学生跨文化情感态度、知识和技能的发展。讲授的主要内容包括相关核心概念和知识理论，如文化与交际的定义和特点、价值观的基本理论、交际风格的文化差异、非语言交际行为的种类、跨文化冲突的根源和应对方式、跨文化能力等。为了让学生深刻理解这些概念和理论，本课程运用比喻、图片、视频、故事等手段，从多维度帮助学生理解所学内容。同时，授课教师将"跨文化交际"慕课资源融入课堂教学，为学生搭建起与世界各国学员进行跨文化交流互动的平台，丰富跨文化体验，有效增强跨文化交际能力。

学生反馈（总结）：通过课程的学习，我们对跨文化交际理论知识有了基本了解。此外，课堂跨文化案例分析引导我们根据所学的跨文化交际理论来分析案例，了解和理解中西方文化的基本差异，从而达到提高跨文化交际能力的目的。总的来说，该课程丰富了知识结构，拓宽了视野，对未来出国留学或是在多元文化环境中工作很有帮助。

"跨文化交际"课程给同学们较为系统地介绍了跨文化基础理论知识,并将理论结合实践,通过角色扮演等形式,模拟海外留学中可能遇到的文化冲突场景,再由授课老师引导,寻找解决方案;此外,将慕课资源融入课堂教学,搭建国际化的交流平台,提前帮助学生适应跨文化交流环境、积累跨文化交流经验,促进海外留学项目的发展。

（2）跨文化行前培训

行前培训保障海外留学的顺利进行。通过选课指导、目的国文化培训以及签证材料审核等工作,帮助同学们顺利前往目的国学习。此外,行前准备的过程也是帮助学生明确项目要求和学习目标的过程,提前做好心理准备和学习准备。

选课指导：根据学院对国际课程的要求指导学生选课,重申课程要求、帮助学生明确学习目标；此外,选课往往是在海外高校的官方网站上进行,在选课实操方面给同学们提供指导,确保选课成功。

目的国文化培训：跨文化培训包括对文化普遍知识的培训和对目的国文化知识的培训。前文提及的"跨文化交际"课程对于文化普遍知识、跨文化理论知识、跨文化交际实践技巧等都给出了比较详尽的论述；而这一部分的培训由国际课程带队老师主讲,主要是针对目的国文化的具体情况进行指导,如文化禁忌、传统节日和衣食住行等。

签证材料、住宿安排等指导：考虑到大多数学生是第一次出国,他们对出国手续的办理没有任何经验,因此,由学院统一组织,提供签证材料清单,并帮助学生进行材料审核。通过这样细致的工作,学生的签证通过率大大提高。此外,协助学生跟对方学校沟通住宿安排等生活事宜,尽量保证学生海外留学期间在生活方面无后顾之忧。

（3）行前日志（目标与期待）

在临行前一周撰写日志,日志中可以包含：行前准备（生活和学术）、海外留学的目标与期待等内容，这样可以帮助学生梳理思路，做好生活上和心理上的准备。同时，归国后可以再次翻阅行前日志，反思此次留学经历。

（4）与归国学生的交流活动

作为行前跨文化培训的补充内容，组织小型留学经验分享会，由曾经去过目的国学校研修的同学向即将要出去的同学分享生活、学习和跨文化交际上的经验。以2019年分享会为例，学院开设美国合作院校留学经验分享专场（乔治城大学、芝加哥大学）、英国合作院校留学经验分享专场（剑桥大学、牛津大学、伦敦大学亚非学院）、荷兰马斯特里赫特大学留学经验分享专场。在分享会结束后，同学们反馈说，这样有针对性的分享让他们的"心里更有底"，缓解了他们出行前对未知事物的紧张感。

（5）留学项目带队老师

选择一位熟悉留学项目、带队经验丰富且掌握一定跨文化交际知识的带队老师可以在留学过程中帮助学生更好地适应目的国的文化和生活，对整个项目而言是有促进作用的。本项目的带队老师是跨文化交际方向的在读博士，同时也是卓越学院国际课程项目的负责老师，她将在学生留学前、中、后期组织一系列的跨文化活动，丰富此次留学经历，使同学们的收获最大化。

（6）海外跨文化主题调研准备

海外主题调研活动是卓越学院国际课程的重要内容之一。学生于海外留学期间，在当地围绕中国文化传播开展田野调查。这样的学术活动以"讲述中国故事"为主旨，以与当地居民交流为方式，促进学生跨文化能力的发展。

行前，将参与国际课程的学生进行分组，每组5-6人，配备一名学术指导老师，围绕主题，进行调研指导。要求学生在海外留学期间，结合目的国的实际情况，运用多种研究方法，以小组为单位，进行实地调研并完成调研报告。

2. 短期海外留学中的跨文化教学设计

抵达目的国后，同学们即将开启一段崭新的、短暂的学习和生活旅程，在此过程中，带队老师的指导、同学间的交流、线上跨文化交流资源的支持以及与目的国学生的互动都能确保同学们的海外留学取得最大的收获。

（1）跨文化分享会

通常，海外高校会在每周一至周五上午安排较为密集的专业课程，同学们穿梭于教学楼和图书馆，完成课程的学习和任课老师布置的作业。因此，定期的见面和分享会安排在每周五的下午举行，时长为3小时左右。

首先，同学们会挨个分享这一周的经历，从学习、生活和跨文化交际的角度进行反思。在分享会上，除了可以听到新的环境、不同的教育模式给同学们带来了怎样的挑战，还能听到非常有趣的跨文化小故事以及作为中外交流的使者，同学们怎样向外国朋友讲述中国故事。

接着，在挨个分享结束后，由带队老师引导同学们进行讨论。带队老师从同学们的分享中总结出四个主题，即跨文化适应、跨文化交流、个人成长及文化差异，从理论的视角出发，结合实际，深化同学们对现象的理解，帮助同学们透过文化现象看清事物的本质，并学会举一反三。

最后，针对还有问题或希望私下交流的同学，带队老师还会提供一对一的指导，为同学们答疑解惑。

（2）跨文化在线资源支持

随着出国留学的人数越来越多，为每位留学生都提供面对面的跨文化交际指导很难实现。在此情况下，线上指导就显得非常必要。尽管在适切性上不如线下指导，但这种方式一定程度上可以强化海外学习体验，促进跨文化反思，对未来的跨文化交流活动有积极的作用。

由全球教育中心（the Center of Global Education）研发的在

线平台"The Global Scholar"为留学生们提供留学前、留学中以及留学归国后的线上跨文化交际课程（Rhodes, 2011）。该课程基于跨文化交际理论和原则，结合美国明尼苏达大学发起的"Maximizing Study Abroad"项目（Paige, et al., 2006）以及"What's up with Culture"网站（La Brack, 2003）的相关材料综合设计，对留学生很有帮助。

然而，"The Global Scholar"网站的使用者主要是美国的留学生。另一个为全球留学生提供跨文化交际指导的网站是"i-Student101：Online Learning for International Students"（见 http://student101.com），这个网站的国际化程度更高，为全球学生的海外留学活动提供了支持。

（3）跨文化交流活动

积极参加由海外高校组织的跨文化交流活动对留学生而言很有意义。多多参与这样的活动可以增进留学生与当地学生的交流与互动，培养跨文化敏感性，提高跨文化能力，帮助留学生更好地适应当地的文化。

通常，海外高校在开学前都会为留学生组织欢迎活动，并安排学生与留学生们"结对子"，为他们提供相关课程和生活信息，帮助他们尽快适应；在学期中，尤其是周末的时间，海外高校也会安排留学生们游览当地的名胜古迹、前往广受好评的餐厅品尝当地美食以及组织研讨会、主题论坛等活动，目的都是让留学生们浸润于当地文化中，适应学术和生活氛围；在学期结束前1-2天，海外高校会为留学生们组织结业典礼和欢送会，带着留学生们回顾这段旅程。

（4）海外跨文化主题调研

基于留学前的海外主题调研准备，围绕"中国文化影响力"这一调研主题，深入目的国当地，进行实地调研。在调研的过程中，同学们对中国文化及目的国文化进行比较，有助于更好地了解我文化群体和它文化群体，以更恰当的方式讲好中国故事。

以上跨文化交流活动都是精彩的、丰富的、有意义的,留学生们应该积极参与、体验,从中受益。

3. 短期海外留学后的跨文化教学设计

留学生归国后,对海外留学经历进行回顾、总结、反思是必要的。通过要求学生提交跨文化研修报告、举办跨文化主题讲座及组织归国后的跨文化交流、分享会,帮助学生积极反思,从反思中收获新的认识。

(1)反思性研修报告

学院要求学生在归国一周内提交跨文化研修报告,研修报告的内容包括专业课程学习情况、参加活动的情况、对海外留学的反思(可以从跨文化交际、生活和学习上来探讨)。反思性的研修报告是同学们对海外留学情况的梳理,在此基础上规划未来,树立更高的目标。

结合同学们的行前日志,我们对研修报告进行了分析。在分析的过程中,我们发现二者有很多相似之处,说明行前日志在帮助同学们梳理海外留学思路、树立学习和生活的目标上有很大帮助。同学们抵达海外后,确实按照这个计划去践行,并有所收获。令人印象深刻的是,同学们在对海外跨文化交际实践进行反思时,他们的反思内容也可以总结为四个主题,分别是跨文化适应、跨文化交流、个人成长及文化差异。这四个主题在行前日志、海外留学中的跨文化分享会和反思性研修报告中都有出现,说明了同学们对这些主题的关注。

此外,通过对研修报告和行前日志做文本分析并进行对比,我们可以发现大多数同学的跨文化能力在留学后都有明显提高。

(行前日志和研修报告部分内容)

很高兴这次可以在老师的带领下,参加马斯特里赫特大学的暑期课程!因为我是上海人,从小到大一直在上海读书,从来没有离开过家这么长时间,也从来没有离开家人独自旅游过,所以对于这次暑期课程我一直既期待又紧张,一方面期待全新的欧洲旅程,一方面又紧张自己能否处理好在外的各种突发状况。(丁同学,参加马斯特里赫特大学国际课程,行前日志)

这次马大之旅由于启程于期末考试后两天,所以准备比较仓促。要说最需要准备的可能不是物质上的,而是心理和文化上的。首先作为小组长,自然就会更加敏感些,想着可能会出现的一些问题。其次对自己而言,最难的应该是如何自然地融入外国人的圈子。这可真的不是说着玩儿的,到了马大真的发现和身边的外国人有很多习惯和观点上的不同。(罗同学,参加马斯特里赫特大学国际课程,行前日志)

还有两天就要出发去马斯特里赫特了,学生们在兴奋的同时也对此次学习之旅充满担忧。适应问题是他们来找我诉说最多的问题,他们担心不能适应马大的授课方式,担心在那是否可以交到朋友,担心餐食和住宿。(余老师,带队学生参加马斯特里赫特课程,2019.6.26行前日志)

生活中最大的问题也许是,荷兰毕竟不是以英语为母语的国家,因此在和人交流的时候经常出现两个人大眼瞪小眼,互相友善微笑,但对方想要表达的内容则只能模糊地猜测,不敢肯定。当然,和大部分荷兰人用英语交流就已经足够,但整个过程通常伴随着缓慢重复英语但对方依旧听不懂的沮丧和尴尬。语言真的是不同文化背景的人交流的最大障碍。(史同学,参加马斯特里赫特大学国际课程,行前日志)

这个项目不仅有中国学生,大部分是美国和来自世界各地的友人,这就给跨文化交流提供了一个完美的平台。我有幸和一个美国同学分享了一间寝室，通过与他的交流，甚至观察他的行为举止，让我对美国文化有了很不一样的观感。出门有机会，我也会尽可能地和外国人多交流，听听他们的想法，甚至有一次一个教堂的讲解员还跟我说起了他的中国故事。（罗同学，参加马斯特里赫特大学国际课程，归国研修报告）

　　这次马斯特里赫特大学的暑期课程真正让我体验到了跨文化交流的魅力，感受到了不同国家、语言、种族、宗教信仰之间的异同，并且交到了许多外国朋友。此次暑期课程也因马斯特里赫特处于比利时、荷兰、德国三国交界处的特殊性，让我们同时感受到了比利时和德国的风情，对欧罗巴大陆的文化有了初步的了解，收获颇丰。在夏校期间我选择于周末空闲时间去到比利时布鲁塞尔以及德国的亚琛游玩。经历了数次旅行，在寻找攻略、安排日程、与当地人交谈、应对突发情况等方面，我都积累了更多的经验。（武同学，参加马斯特里赫特大学国际课程，归国研修报告）

　　在马城的日常生活中，如何让自己生活井井有条也是一门学问。马城的生活水平较高，除却 Ginger 中餐馆之外少有性价比更高的合胃口的中餐馆。因此我的自理能力也有了较大的提升。买菜做饭、打扫卫生、清洗衣物、学习当地交通规则及习俗、合理应对极端高温天气以及较大温差、自主租赁自行车、解决自行车因错误停放被"交管所"收容的问题、寻找合适路线上下学等，都是我在夏校过程中经历过的事情。（武同学，参加马斯特里赫特大学国际课程，归国研修报告）

　　在西欧度过的 16 天是愉快而有意义的。我享受了所有国家美丽的风景和独特的文化和历史。与此同时，这次旅行使我获得了很多知识，加深了我的思想。这次访问不仅促进了我和朋友之间的友谊，也促进了中美之间的友谊。我真的很感激能有这么好的

机会出去看看这个世界。（严同学，参加马斯特里赫特大学国际课程，归国研修报告）

大多数参加马斯特里赫特大学国际课程的同学在国内都没有任何做饭经验，毕竟国内的大学寝室是不允许学生开火做饭的。但就在他们来到马城几天后，有同学邀请我去他们的房间一起用餐，由他们亲自下厨，这让我非常惊讶。（余老师，带队学生参加马斯特里赫特课程，2019.7.3观察日志）

武同学告诉我，在国内，她就对跨文化交际非常感兴趣，并且选修了相关课程。此次在马大，她依旧选择了跨文化交际课程修读，并且收获了不一样的研究视角。（余老师，带队学生参加马斯特里赫特课程，2019.8.3观察日志）

在学习之外，中西文化的差异是令我感受最深刻的一点。参加马大夏季学期课程的学生不仅有来自欧洲国家的，还有很大一部分来自美国各州。在课上互动甚至课下交流时，我时常能够感受到由于意识形态所产生的文化差异。欧美地区同处一个文化圈，但中西文化大相径庭。此次的国际课程让我清晰地认识到了这一点。但是，遇到文化差异不必过于担心，也不用怯于和欧美同学交流。怀着真诚的态度，让我在这六周内结交了许多来自世界各地的朋友。随着交流的不断深入，我们甚至互相介绍讨论各自国家的习俗，而他们也非常乐意感受中国文化。（吴同学，参加马斯特里赫特大学国际课程，归国研修报告）

对于将要到马斯特里赫特大学进行学习的同学们给出的建议是，拥抱一切不确定，拥抱一切未知。其实我在开始课程之前有一定的紧张以及烦躁，害怕自己跟不上。但是在一切开始之后，等到真正融入进了这个多元文化的环境之后，会感到前所未有的享受。这也正是我最喜欢马大这所大学的一点、马斯特里赫特这所城市的一点。正是他们对于多元文化的包容以及接受,让这座城市那么的美好,让这所大学那么的美好。当你与来自全世界的学生谈天说地时,相信我,你会爱上这所大学的。(丁同学,参加马斯特里赫特大学国际课程,归国研修报告)

(2)跨文化主题讲座

通过海外留学浸润式的学习,同学们对跨文化交际有了更深刻的理解。在这时,为同学们举办跨文化系列主题讲座,帮助同学们强化理解以及快速适应国内的学习和生活。

讲座专家:跨文化主题讲座由资深跨文化领域的教授主讲,由跨文化交际方向的博士担任助教协助教授授课。

理论基础(部分):后结构主义对身份的定义(Norton, 2013; Baxter, 2016);体验式学习理论(Kolb, 1984; Passarelli & Kolb, 2012);转化学习理论(Mezirow, 1994, 2000);跨文化能力(Bennett, 2008; Byram, 2012; Deardorff & Jones, 2012)

讲座主题(部分):intercultural adjustment and adaptation, differing cultures of learning, intercultural competence in interpersonal relationships, intercultural interaction and identity change, re-entry/reverse culture shock, cultural marginality, intercultural competence, global citizenship

授课方式:线上线下相结合

参与者:已参加海外留学的学生和其他感兴趣的学生

考核方式:跨文化主题小论文;课堂展示;小组研讨

(3)反思性分享会

根据参加海外交流项目的具体情况,反思性分享会分为五个会场举行,分别是美国乔治城大学留学分享会,美国芝加哥大学留学分享会,英国剑桥、牛津大学留学分享会,英国伦敦大学亚非学院留学分享会,荷兰马斯特里赫特大学留学分享会。(因为剑桥大学和牛津大学联合举办海外国际课程,因此分享会合并举办。)

分享会分三个环节进行。首先,参会学生一一发表对此次国际课程的感受,如挑战、收获、令他们印象最深刻的事情等;之后,同学们一起就发言进行讨论(此过程由带队老师观察,但无干预),有共鸣也有批判,这样,每位学生都可以就自己的发表获得多方面的反馈,根据反馈进行反思;最后,由带队老师进行总结性的发言,从跨文化的视角点评学生发言及讨论环节。

4. 短期海外留学的跨文化教学设计评价

在短期海外留学跨文化教学过程结束后,需要请参与的同学对每一部分的跨文化教学安排做反思性的教学评价(Reflective Rubric)。按照10分满分的打分标准,为每一个跨文化教学活动评分。除评分外,也请同学们就每一个跨文化教学活动写出主观感受,帮助设计者获得全面的反馈,以便之后改进项目。

就本次卓越学院的短期海外留学项目而言,从同学们的评分来看,几乎所有同学都认为这一系列的跨文化教学活动对他们的海外留学起到了促进作用。其中,留学前的"跨文化交际"课程、留学过程中的定期跨文化交际分享会以及归国后的系列跨文化主题讲座和反思性分享会被认为是效果最好的跨文化教学活动。

在肯定效果的同时,同学们也提出了不少值得设计者思考的建议,如建议增加PBL(problem-based)研讨环节,具体而言,学生希望从某个跨文化交际问题入手,采用小组讨论的形式,围绕问题独立收集资料,在老师的引导下主动学习、积极思考。与此同时,减少以老师为主体的讲座时间。还有同学建议在行前培训中邀请目的国在中国的留学生跟大家交流,从他们的实际经历,谈一谈文化差异和跨文化适应等问题。这些建议都非常实际,体现了留学生们的需求,在未来的海外留学跨文化教学设计中我们应予以充分考虑。

三、分析与讨论

在如今的互联网时代,社交媒体发展迅速,出国留学的浸润程度不如以往(Donatelli, 2010)。哪怕身处国外,同学们也可以通过社交媒体(如QQ, Wechat等)与国内的朋友实时沟通(Knight & Schmidt-Reinhart, 2002)。正如Coleman & Chafer(2010)所述,现代通信技术的发展挑战了出国留学的本质。

虽然,国内外高校都致力于开发更多的项目为学生出国留学创造机会,却忽视了学生在海外留学的实际情况。沉浸式教育并不一定可以带来收获,海外留学项目的质量也有待进一步检验(Kinginger, 2009; Jackson, 2012; Coleman, 2013, 2015)。

在此背景下,越来越多的学者倡议以相关理论为支撑,全方位对出国留学实践进行跨文化干预(Engle & Engle, 2012; Paige & Vande Berg, 2012; Vande Berg, et al., 2012b; Jackson, 2012),通过这些干预丰富学生的留学经历、促进跨文化沟通、增进国际理解。尽管国内外许多学者都在尝试设计跨文化干预活动,提升留学项目质量,丰富留学生的海外留学经历,但需要注意的是,在设计干预活动时,需要加强理论研究,尤其是跨文化交际理论和语言学理论研究。只有在坚实的理论指导下,跨文化的留学实践才能更有效果。

此外,丰富干预活动的组织模式,讲座、研讨会、课程、小组活动等教学模式,线上和线下相结合的组织形式都可以考虑,在激发学生参与兴趣的同时,让同学们学有所获。

另外,在跨文化教学活动设计中,可以充分发挥带队老师的作用,运用教育民族志的研究方法收集数据。多数学者使用的研究数据是留学生的"自我报告"(self-report),但自我报告的主观性较大,得出的结论不够可靠。而"田野调查法"指的是跟学生们一同前往目的国,同吃同住,多角度观察学生们的言行举止、行为表达，观察者做好记录，进行研究。带队老师可以充当研究者的角色，收集数据，进行科学分析。

最后，对干预设计的评估也非常重要，而相关研究却是缺乏的，这就需要学者们通力合作，系统地收集相关数据并科学地做出分析。只有这样才能不断完善干预的方式，提高出国留学项目的质量，使学生的收获最大化。历时研究（longitudinal study）和回顾性研究（retrospective study）的方法可以在未来的研究中被采用。目前的研究多着眼于海外留学结束当下对各项跨文化教学活动的评估，而一段时间后学生的反馈又如何？这值得研究者们思考。

值得注意的是，虽然本章以卓越学院短期海外留学项目为研究对象，但文中所提到的跨文化教学活动设计适用于大部分海外留学项目，供研究者们参考。

四、结语

综上，海外留学的跨文化教学设计是有必要的且对于学生而言是有帮助的，未来可以关注对出国留学的研究。在设计中，以学生为主导、以学生互动交流为形式、以教授指导为学术支撑的模式可以被广泛采用。

参考文献

Alina, S. 2016. The effect of study abroad on intercultural competence: A longitudinal case study of international postgraduate students at a British university. *Journal of Multilingual and Multicultural Development,* 37(4): 402-418.

Allen, H. W. 2013. Self-regulatory strategies of foreign language learners: From the classroom to study abroad and beyond. In C. Kinginger eds. *Social and Cultural Aspects of Language Learning* in *Study Abroad*. Amsterdam & Philadelphia: John Benjamins, pp. 47-72.

Amanda, T. et al. 2017. Gender influences on students' study abroad participation and intercultural competence. *Journal of Student Affairs Research and Practice,* 54(2): 204-216.

Anderson, P. et al. 2006. Short-term study abroad and intercultural sensitivity: A pilot study. *International Journal of Intercultural Relations,* 30: 457-469.

Andrade, M. S. 2006. International students in English-speaking universities: Adjustment factors. *Journal of Research in International Education,* 5(2): 131-154.

Arthur, N. 2001. Using critical incidents to investigate cross-cultural transitions. *International Journal of Intercultural Relations,* 25: 41-53.

Bathurst, L. & B. La Brack. 2012. Anthropology, Intercultural Communication, and Study Abroad. In M. Vande Berg, R. M. Paige & K. H. Lou eds. *Student Learning Abroad: What Our Students Are Learning, What They're Not, and What We Can Do About It*, pp. 261-283.

Baxter, J. 2016. Positioning language and identity: Poststructuralist perspective. In S. Preece ed. *The Routledge Handbook of Language and Identity.* London & New York: Routledge, pp. 34-49.

Bennett, J. M. 1993. Toward ethnorelativism: A developmental model of intercultural sensitivity. In R. M. Paige eds. *Annals of Tourism Research,* 31(3): 502-521.

Bennett, J. M. 2008. On becoming a global soul: A path to engagement during study abroad. In V. Savicki ed. *Developing Intercultural Competence and Transformation: Theory, Research, and Application in International Education.* Sterling, VA: Stylus, pp.

13-31.

Bhandari, R. & P. Blumenthal. 2011. Global student mobility and the twenty-first century silk road: National trends and new directions. In R. Bhandhari & P. Blumentahl eds. *International Students and Global Mobility in Higher Education*. New York, NY: Palgrave MacMillan, pp. 1-24.

Bolen, M. 2007. Introduction. In M. Bolen ed. *A Guide to Outcomes Assessment in Education Abroad*. Carlisle, PA: Forum on Education Abroad, 2007.

Brown, L. 2009. The transformative power of the international sojourn: An ethnographic study of the international student experience. *Annals of Tourism Research*, 36(3): 502-521.

Byram, M. (ed.). 1997. *Teaching and Assessing Intercultural Communicative Competence*. Clevedon: Multilingual Matters.

Byram, M. 2012. Conceptualizing intercultural (communicative) competence and intercultural citizenship. In J. Jackson ed. *Routledge Handbook of Language and Intercultural Communication*. Abingdon: Routledge, pp. 85-97.

Chamberlin-Quinlisk, C. R. 2005. Across continents or across the street: Using local resources to cultivate intercultural awareness. *Intercultural Education*, 16(5): 469-479.

Charmaz, K. 2006. *Constructing Grounded Theory: A Practical Guide Through Qualitative Analysis*. Thousand Oaks, CA: Sage.

Coleman, J. 2001. What is 'residence abroad' for? Intercultural competence and the linguistic, cultural, academic, personal and professional objectives of student residence abroad. In R. Di Napoli, L. Polezzi & A. King eds. *Fuzzy Boundaries? Reflections on Modern Languages and the Humanities*. London: CILT, pp. 121-140.

Coleman, J. 2013. Researching whole people and whole lives. In C. Kinginger ed. *Social and Cultural Aspects of Language Learning in Study Abroad*. Amsterdam: John Benjamins, pp. 17-44.

Coleman, J. 2015. Social circles during residence abroad: What students do, and who with. In R. Mitchell, N. Tracy-Ventura & K. McManus eds. *Social Interaction, Identity, and Language Learning During Residence Abroad*. EUROSLA Monograph, 4: 33-52.

Coleman, J. A. & T. Chafer. 2010. Study abroad and the internet: Physical and virtual context in an era of expanding telecommunications. *Frontiers: The Interdisciplinary Journal of Study Abroad*, 19: 151-167.

Corbin, J. & A. Strauss. 2008. *Basics of Qualitative Research: Techniques and Procedures for Developing Grounded Theory (3rd edn.)*. Thousand Oaks, CA: Sage.

Cushner, K. & A. Karim. 2008. Study abroad at the university level. In D. Landis, M. Bennett & J. Bennett eds. *Handbook of Intercultural Training*. Thousand Oaks, CA: Sage, pp. 289-308.

Cushner, K. & J. Mahon. 2002. Overseas student teaching: Affecting personal, professional, and global competencies in an age of globalization. *Journal of Studies in International Education*, 6: 44-58.

De Nooy, J. & B. E. Hanna. 2007. Cultural information gathering by Australian students in France. *Language and Intercultural Communication*, 3(1): 64-80.

Deardorff, D. K. 2004. The identification and assessment of intercultural competence as a student outcome of internationalization at institutions of higher education in the United States (PhD Dissertation). North Carolina State University.

Deardorff, D. K. 2006a. Identification and assessment of intercultural competence as a student outcome of internationalisation. In M. Byram & A. Feng eds. *Living and Studying Abroad: Research and Practice*. Clevedon: Multilingual Matters, pp. 232-256.

Deardorff, D. K. 2006b. Identification and assessment of intercultural competence as a student outcome of internationalization. *Journal of Studies in International Education*, 10(3): 241-266.

Deardorff, D. K. 2009a. Preface. In D. K. Deardorff ed. *The Sage Handbook of Intercultural Competence*. Thousand Oaks, CA: Sage, pp. 11-14.

Deardorff, D. K. 2009b. Synthesizing conceptualizations of intercultural competence: A summary and emerging themes. In D. K. Deardorff ed. *The Sage Handbook of Intercultural Competence*. Thousand Oaks, CA: Sage, pp. 264-270.

Deardorff, D. K. (ed.). 2015. *Demystifying Outcomes Assessment for International Educators: A Practical Approach*. Sterling, VA: Stylus.

Deardorff, D. K. & E. Jones. 2012. Intercultural competence: An emerging focus in post-secondary education. In D. Deardorff, H. de Wit, J. Heyl & T. Adams eds. *The Sage Handbook of International Higher Education*. Thousand Oaks, CA: Sage, PP. 43-59.

Diao, W. 2016. Gender, youth and authenticity: Peer Mandarin socialization among American students in a Chinese college dorm. In R. van Campernolle & J. McGregor eds. *Authenticity, Language and Interaction in Second Language Contexts*. Bristol: Multilingual Matters, pp. 109-130.

Donatelli, L. 2010. The impact of technology on study abroad. In W. Hoffa & S. DePaul eds. *A History of U.S. Study Abroad: 1965–Present*. Carlisle, PA: *Frontiers: The Interdisciplinary Journal of Study Abroad, Special Issue*, pp. 295-320.

Engle, L. & J. Engle. 2012. Beyond immersion: The American university center of province experiment in holistic intervention. In M. Vande Berg, R. M. Paige & K. H. Lou eds. *Student Learning Abroad: What Our Students Are Learning, What They're Not, and What We Can Do About It*, pp. 284-307.

Enrique, R. R. 2016. Impact on intercultural competence when studying abroad and the moderating role of personality. *Journal of Teaching in International Business*, 27(2-3): 88-105.

Eric, R. T. 2018. Intercultural development in study abroad: Influence of student and program characteristics. *International Journal of Intercultural Relations*, 65: 86-95.

European Commission. 2015. Erasmus international credit mobility. Retrieved from http://ec.europa.eu/education/opportunities/international-cooperation/documents/mobility-faqs_en.pdf.

Fantini, A. E. & A. Tirmizi. 2006. Exploring and assessing intercultural competence. Retrieved from http://digitalcollections.sit.edu/worldlearning_publications/1.

Fischer, R. 2011. Cross-cultural training effects on cultural essentialism beliefs and cultural intelligence. *International Journal of Intercultural Relations*, 35(6): 767-775.

Forum on Education Abroad (FEA). 2011. *The Forum on Education Abroad Glossary*. Carlisle, PA: The Forum on Education Abroad.

Garrett-Rucks, P. 2012. Byram versus Bennee: Discrepancies in the assessment of learners' IC development. *Proceedings of Intercultural Competence Conference*, 2: 11-33.

Gibson, B. & H. Zhu. Interviews. 2016. In H. Zhu. ed. *Research Methods in Intercultural Communication: A Practical Guide*. West Sussex: John Wiley & Sons, pp. 300-322.

Goldstein, S. B. & R. I. Kim. 2006. Predictors of US college students' participation in study-abroad programs: A longitudinal study. *International Journal of Intercultural Relations,* 30(4): 507-521.

Goleman, D. 1995. *Emotional Intelligence.* New York: Bantam Books.

Hamilton, B. & E. Boffy-Ramirez. 2019. Comparing Chinese undergraduate students' level of intercultural communication competence: Does studying in the USA make a difference? *Compare: A Journal of Comparative and International Education,* 49(2): 283-297.

Hammersley, M. 1996. The relationship between qualitative and quantitative research: Paradigm loyalty versus methodological eclecticism. In J. T. E. Richardson ed. *Handbook of Research Methods for Psychology and the Social Sciences.* Leicester: BPS Books, pp. 159-174.

Hoffa, W. W. (ed.). 2007. A history of U.S. study abroad: Beginnings to 1965. Carlisle, PA: The Forum on Education Abroad.

Hoffa, W. W. & S. C. DePaul (eds.). 2010. A history of U.S. study abroad: 1965–present. Carlisle, PA: The Forum on Education Abroad.

Hunter, W. D. 2004. Knowledge, skills, attitudes, and experience necessary to become globally competent (PhD dissertation). Lehigh University.

Institute of International Education. 2013. 2013 Open doors report. Retrieved from http://www.iie.org/Research-and-Publications/Open-Doors.

Institute of International Education. 2016. Fast facts. Retrieved from https://www.iie.org/Research-and-Insights/Open-Doors/Fact-Sheets-and-Infographics/Fast-Facts.

Jackson, J. 2008. Globalization, internationalization, and short-term stays abroad. *International Journal of Intercultural Relations,*

32(4): 349-358.

Jackson, J. 2010. *Intercultural Journeys: From Study to Residence Abroad*. Basingstoke: Palgrave MacMillan.

Jackson, J. 2012. Education abroad. In J. Jackson ed. *The Routledge Handbook of Language and Intercultural Communication*. London: Routledge, pp. 449-463.

Jackson, J. 2015. Preparing students for the global workplace: The impact of a semester abroad. *Language and Intercultural Communication*, 15(1): 76-91.

Jenkins, J. 2013. *English as a Lingua Franca in the International University*. London: Routledge.

Jianshe, W., et al. 2017. The effects of short-term study-abroad context and language proficiency on intercultural communication apprehension and intercultural sensitivity. *Foreign Languages and Their Teaching*, pp. 89-99.

Josep, M. C., et al. 2016. Studying the impact of academic mobility on intercultural competence: A mixed-methods perspective. *The Language Learning Journal*, 44(3): 304-322.

Kinginger, C. 2009. *Language Learning and Study Abroad: A Critical Reading of Research*. Houndsmills, BA: Palgrave Macmillan.

Klak, T. & P. Martin, P. 2003. Do university-sponsored international cultural events help students to appreciate "difference"? *International Journal of Intercultural Relations*, 27(4): 445-465.

Knight, J. 2004. Internationalization remodeled: Definition, approaches, and rationales. *Journal of Studies in International Education*, 8(1): 5-31.

Knight, S. M. & B. C. Schmidt-Rinehart. 2002. Enhancing the homestay: Study abroad from the host family perspective. *Foreign Language Annals*, 35(2): 190-201.

Kolb, D. A. 1984. *Experiential Learning: Experience as the Source of Learning and Development.* Englewood Cliffs, NJ: Prentice Hall.

Kozinets, R. V. 2010. *Netnography: Doing Ethnographic Research Online.* London: Sage.

Kramsch, C. 1991. Culture in language learning: A view from the United States. In K. de Bot, R. B. Ginsberg & C. Kramsch eds. *Foreign Language in Cross-cultural Perspective: Studies in Bilingualism.* Amsterdam: John Benjamins, pp. 217-240.

Kurokawa, I., et al. 2013. The plurilingual lounge: Creating new worldviews through social interaction. *International Journal of Intercultural Relations,* 37(1): 113-126.

La Brack, B. 2003. What's up with culture? Retrieved from http://www2.pacific.edu/sis/culture/.

Lederman, D. 2007. Quality vs. quantity in study abroad. Retrieved from http://insidehighered.com.

Lewin, R. (ed.). 2009. *The Handbook of Practice and Research in Study Abroad: Higher Education and the Quest for Global Citizenship.* New York: Routledge.

Lily, A. A. 2015. Research in intercultural communication: Reviewing the past decade. *Journal of International and Intercultural Communication,* 8(4): 290-310.

Lou, K. & G. W. Bosley. 2012. Facilitating intercultural learning abroad: The intentional, targeted intervention model. In M. Vande Berg, R. M. Paige & K. H. Lou eds. *Student Learning Abroad: What Our Students Are Learning, What They're Not, and What We Can Do About It,* pp. 335-359.

Lustig, M. W. & J. Koester. 1993. *Intercultural Competence: Interpersonal Communication Across Cultures.* New York: HarperCollins.

Lynne, M. & A. Paras. 2018. When difference creates dissonance: Understanding the "engine" of intercultural learning in study abroad. *Intercultural Education*, 29(3): 321-339.

Mark, P. O. & I. P. Orbe. 2018. Intercultural theorizing for a global communication curriculum: A short-term study abroad pedagogical template. *Journal of International Communication Research*, 47(5): 392-398.

Masgoret, A., M. Bernaus & R. C. Gardner. 2000. A study of cross-cultural adaptation by English-speaking sojourners in Spain. *Foreign Language Annals*, 33(5): 548-558.

Medina-Lopez-Portillo, A. 2004. Intercultural learning assessment: The link between program duration and the development of intercultural sensitivity. *Frontiers: The Interdisciplinary Journal of Study Abroad*, 10: 179-200.

Meeusen, C. & M. Hooghe. 2013. How does education have an impact on Ethnocentrism? A structural equation analysis of cognitive, occupational status and network mechanisms. *International Journal of Intercultural Relations*, 37(5): 507-522.

Meyer-Lee, E. 2005. Bringing it home: Follow-up courses for study abroad returnees. In L. C. Anderson eds. *Internationalizing Undergraduate Education: Integrating Study Abroad into the Curriculum*. Minneapolis, MN: University of Minnesota, pp. 114-116.

Mezirow, J. 1994. *Transformative Dimensions of Adult Learning*. San Francisco: Jossey-Bass.

Mezirow, J. 2000. *Learning as Transformation: Critical Perspectives on a Theory in Progress*. San Francisco: Jossey-Bass.

Naoko, T., S. Li & F. Xiao. 2016. Effects of intercultural competence and social contact on speech act production in a Chinese study abroad context. *The Modern Language Journal*, 100: 4.

Norton, B. 2013. *Identity and Language Learning: Extending the Conversation (2nd edn.)*. Bristol: Multilingual Matters.

OECD (Organisation for Economic Cooperation and Development). 2009. *Higher Education to 2030, Volume 2,* Globalisation. Paris: OECD.

Paige, M. & M. Vande Berg. 2012. Why students are and are not learning abroad: A review of recent research. In *Student Learning Abroad: What Our Students Are Learning, What They're Not, and What We Can Do About It*. Sterling, VA: Stylus, pp. 29-59.

Paige, R., et al. 2004. Assessing the impact of a strategies-based curriculum on language and culture learning abroad. *Frontiers: The Interdisciplinary Journal of Study Abroad*, 10: 253-276.

Paige, R., A. D. Cohen, B. Kappler, J. C. Chi & J. P. Lassegard. 2006. *Maximizing Study Abroad: A Student's Guide to Strategies for Language and Culture Learning and Use (2nd edn.)*. Minneapolis: University of Minnesota.

Passarelli, A. M. & D. A. Kolb. 2012. Using experiential learning theory to promote student learning and development in programs of education abroad. In M. Vande Berg, R. M. Paige & K. H. Lou eds. *Student Learning Abroad: What Our Students Are Learning, What They're Not, and What We Can Do About It*. Sterling, VA: Stylus, pp. 137-161.

Pat, D., S. Larmar & J. Clark. 2019. Transformative intercultural learning: A short-term international study tour. *Journal of Social Work Education*, 55(3): 565-578.

Pedersen, P. J. 2009. Teaching towards an ethnorelative worldview through psychology study abroad. *Intercultural Education*, 20: 73-86.

Pedersen, P. J. 2010. Assessing intercultural effectiveness outcomes in a year-long study-abroad program. *International Journal of Intercultural Relations,* 34: 70-80.

Pitts, M. J. (ed.). 2005. The role of communication in cross-national adjustment and identity transitions among student sojourners (PhD dissertation). Pennsylvania State University.

Quinlan, K. M. 2014. Leadership of teaching for student learning in higher education: What is needed? *Higher Education Research & Development,* 33(1): 32-45.

Rhodes, G. 2011. Global scholar: Online learning for study abroad. Retrieved from http://www. globalscholar.us/.

Sakurai, T. & E. S. Kashima. 2010. Building intercultural links: The impact of a multicultural intervention programme on social ties of international students in Australia. *International Journal of Intercultural Relations,* 34(2): 176-185.

Salisbury, M. H. (ed.). 2011. The effect of study abroad on intercultural competence among undergraduate college students (PhD dissertation). University of Iowa.

Salisbury, M. H., et al. 2013. The effect of study abroad on intercultural competence among undergraduate college students. *Journal of Student Affairs Research and Practice,* 50(1): 1-20.

Savicki, V. (ed.). 2008. *Developing Intercultural Competence and Transformation: Theory, Research, and Application in International Education.* Sterling, VA: Stylus.

Spencer-Oatey, H. & C. Harsch. 2016. The critical incident technique. In H. Zhu ed. *Research Methods in Intercultural Communication: A Practical Guide,* pp. 365-389.

Stephan, W. G. & C. W. Stephan. 2013. Designing intercultural education and training programs: An evidence-based approach.

International Journal of Intercultural Relations, 37(3): 277-286.

Stone, M. J. & J. F. Patrick. 2013. The educational benefits of travel experiences: A literature review. *Journal of Travel Research*, 52: 731-744.

Susan, O. & A. Giovanangeli. 2016. Describing undergraduate students' intercultural learning through study abroad in terms of their 'cultural responsiveness'. *International Journal of Bias, Identity and Diversities in Education*,1(2): 29-38.

Tripp, D. 1993. *Critical Incidents in Teaching*. London: Routledge.

United Nations Educational, Scientific and Cultural Organization (UNESCO). 2013. Global flow of tertiary-level students. Retrieved from http://www.unesco.org/new/en/.

Van de Vijver, et al. 2009. Methodological issues in measuring intercultural competence. In D. K. Deardorff ed. *The Sage Handbook of Intercultural Competence*. Thousand Oaks, CA: Sage, pp. 456-476.

Vande Berg, M. 2007a. Interventions. In *Notes from the Field*. Portland, ME: CIEE, pp. 1-3.

Vande Berg, M. 2007b. Intervening in the learning of U.S. students abroad. *Journal of Studies in International Education*, 11(3): 392-398.

Vande Berg, M., R. M. Paige & K. H. Lou. 2012a. Student learning abroad: Paradigms and assumptions. In M. Vande Berg, R. M. Paige & K. H. Lou eds. *Student Learning Abroad: What Our Students Are Learning, What They're Not, and What We Can Do About It*. Sterling, VA: Stylus, pp. 3-28.

Vande Berg, M., R. M. Paige & K. H. Lou (eds.). 2012b. *Student Learning Abroad: What Our Students Are Learning, What They're Not, and What We Can Do About It*. Sterling, VA: Stylus.

Ward, C., et al. (ed.). 2001. *The Psychology of Culture Shock*. Hove: Routledge.

Wu, W. P., et al. 2013. An analysis of the assessment tools for Chinese college students' intercultural competence. *Foreign Language Teaching and Research*, 4: 581-592.

Yang, M., et al. 2011. Travelling a thousand miles: Hong Kong Chinese students' study abroad experience. *International Journal of Intercultural Relations*, 35(1): 69-78.

Yang, Y. & E. P. Zhuang. 2007. Framework for building cross-cultural communicative competence. *Foreign Language World*, 4: 13-21.

Young, T. J. 2016. Questionnaires and surveys. In H. Zhu ed. *Research Methods in Intercultural Communication: A Practice Guide*. West Sussex: John Wiley & Sons, pp. 275-298.

Young, T. J. & A. Schartner. 2014. The effects of cross-cultural communication education on international students' adjustment and adaptation. *Journal of Multilingual and Multicultural Development*, 35(6): 547-562.

Zhao, A. G. & Y. M. Jiang. (eds.). 2003. *Introduction to Applied Language and Cultural Studies*. Shanghai: Shanghai Foreign Language Education Press.

刘世生, 刘梅华. 2014. 出国交换对语言和跨文化交际能力的影响：访谈研究.《山东外语教学》, 35(6): 63-67.

彭仁忠. 2017.《中国大学生跨文化路径研究》. 北京：中国社会科学出版社.

彭仁忠, 吴卫平. 2016. 跨文化能力视域下的中国大学生跨文化接触路径研究.《外语界》, 1: 70-78.

孙有中. 2016. 外语教育与跨文化能力培养.《中国外语》, 3: 17-22.

吴建设, 刘青, 郎建国, 荣永昌. 2017. 短期出国留学与语言熟练程度对跨文化交际恐惧和跨文化敏感性的影响.《外语与外语教学》, 3: 89-99.

吴卫平, 樊葳葳, 彭仁忠. 2013. 中国大学生跨文化能力维度及评价量表分析.《外语教学与研究》, 4: 581-592.

杨盈, 庄恩平. 2007. 构建外语教学跨文化交际能力框架.《外语界》, 4: 13-21.

张红玲. 2012. 以跨文化教育为导向的外语教学：历史、现状与未来.《外语界》, 2: 2-7.

张红玲, 姚春雨. 2020. 建构中国学生跨文化能力发展一体化模型.《外语界》, 4: 35-44.

张红玲, 赵涵. 2018. 民族志跨文化外语教学项目的设计、实施与评价.《外语界》, 3: 2-9, 45.

第十七章

校园第二课堂活动的跨文化教学设计

随着学习者跨文化交际能力的培养不断得到重视,跨文化外语教学理念在学校教育过程中得以进一步传播和推广,但笔者发现,与学校教育相关的跨文化教学设计的研究主要集中在对外语课堂教学的讨论上。外语课堂教学设计中如何设计出体现跨文化交际能力培养的教学模式得到了广泛的讨论,而校园外语第二课堂活动作为外语学习的重要组成部分,如何实现跨文化教育的目的和功能还有待进一步的探讨。

一、外语第二课堂活动跨文化教学设计的研究背景

随着全球化进程的不断加快,中国参与国际合作越来越频繁,对国内高校人才培养也提出了更高的要求。2010年颁布实施的《国家中长期教育改革和发展规划纲要(2010－2020年)》明确提出,要"培养大批具有国际视野、通晓国际规则、能够参与国际事务和国际竞争的国际化人才"。跨文化交际能力是国际化人才的一

项重要的素质表现，所以在我国的外语教育领域，从基础教育阶段的课程标准、学生发展核心素养的界定到高等教育阶段的人才培养大纲，都对学习者的跨文化交际能力培养提出了具体的要求。跨文化交际能力培养是跨文化教育的主要目标，张红玲（2012：4）将跨文化教育定义为"一项由学校通过培养目标确定、课程设置、教学内容和材料选择、教学理念更新、教学方法和教学活动设计、学校教育与社会实践有机结合等途径进行的关于个人世界观、价值观、身份认同、跨文化意识和能力的教育活动"。由此可见，跨文化交际能力培养是一个系统的工程，它应当贯穿于学校教育的整个过程中，课堂教学和第二课堂学习都应该给予足够的关注。第一课堂是教师按照教学计划和教学大纲课堂的课堂教学活动，而第二课堂则是在教学单位统一管理下、由教师指导的与学生教育相关的课外活动。针对在外语教学中对课内和课外的重视程度失衡的现实，黄源深（2007：13）指出了语言教学中课内与课外的辩证关系，"课堂教学主要传授基本技巧与理论，是十分重要的；课外是课堂的延伸，对于语言学习来说，是更重要的课堂，因为掌握课堂上所传授的基本技巧与理论，主要是由学生在课外完成的。"在现有的研究文献中，跨文化交际能力培养方面的探讨主要集中在课堂教学方式上，校园外语第二课堂开展与跨文化能力培养相结合的研究还未得到足够的重视。在跨文化交际能力的培养过程中，第二课堂是不能被忽视的环节，培养学习者的跨文化交际能力，需要在强调课堂教学效果的基础上，充分发挥校园外语第二课堂活动对跨文化交际能力培养的重要作用。

二、外语第二课堂活动的跨文化教育功能

培养学习者的跨文化交际能力可以理解为跨文化教育理念在学校教育中的贯彻和实施。跨文化教育由联合国教科文组织多年以来一直倡导并大力推进。该组织于1992年在"第四十三届国际

教育大会"上发布了《教育对文化发展的贡献》，正式提出了"跨文化教育"的概念，并给予了相应的解释："跨文化教育是面向全体学生和公民设计的，旨在促进对文化多样性的尊重与理解的教育。……跨文化教育包括了为全体学习者所设计的计划、课程或活动，而这些计划、课程或活动，在教育环境中能促进尊重文化的多样性，增强对于可以确认的不同文化的理解。"

学校作为育人的平台，学习者在校园里的学习活动不仅发生在课堂教学中，校园第二课堂活动是学校教育体系中不可或缺的一个有机组成部分，在育人目标的实现过程中发挥着重要的作用。第二课堂活动可为学习者提供丰富的跨文化学习机会，校园活动的跨文化教学不是一门具体的课程，而是在课堂教学外组织学生自愿参加的所有跨文化学习活动的总称。相较于课堂教学，校园第二课堂具有开放性、自主性、灵活性、实践性、创造性等特点，在学习者的跨文化能力培养过程中，可以承载更为丰富多彩的跨文化学习内容。英国的跨文化研究学者 Byram（1997）特别指出在非课堂教学环境下跨文化学习的可能性和重要性，学习者可以在课堂外的学习活动中积累跨文化知识、培养自身对文化差异的开放态度，掌握在跨文化交际活动中所需的行为技能。美国的跨文化研究学者 Paige（2015）强调了跨文化学习过程中自主学习能力的重要性，学生应当积极发挥主观能动性，对文化现象进行反思和总结。校园第二课堂活动中学习者的角色定位符合自主能力培养的要求，学习者在活动参与过程中自主地进行文化探索。体验式学习方式在跨文化教学中被广泛使用，在跨文化交际能力培养中发挥着重要的作用，以跨文化教育主题为载体，搭建有利于跨文化交际能力培养的校园第二课堂活动，可以帮助学习者在实践中运用跨文化交际知识，特别符合跨文化教学中所强调的体验式学习理念。

跨文化交际能力培养已经成为我国学校教育育人目标中的重要内容之一，但是传统的校园外语第二课堂活动设计在培养学习者跨文化交际能力上具有一定的局限性,未能充分发挥出校园活动的跨文化教育功能。本章按照跨文化教学的设计理念,结合校园外语第二课堂活动的特点,探讨如何设计以跨文化交际能力培养为导向的校园外语第二课堂活动。

三、外语第二课堂活动研究现状分析

校园第二课堂活动的开展并不是一件新鲜事,很多高校已在开展校园第二课堂活动上积累了丰富的经验,为了进一步了解与之相关的研究现状,笔者对 CNKI 中有关外语第二课堂被引率较高的部分研究文献进行梳理,发现这些研究主要从以下几个方面对该主题展开讨论。

1. 论述第二课堂在外语教学中的地位和作用

这些研究论文强调外语第二课堂的开展在创造宽松、自由、真实的外语语言环境中所发挥的作用,学习者能进行真正意义上的外语交流,在参与第二课堂活动中将所学知识加以运用,不仅能弥补课堂教学的不足,还能调动学习者的积极性与主动性,加强了以学生为主的主动式学习,促进了课堂教学改革。这方面的研究论文包括葛利友和王传金(1994)的《高师院校开展大学英语第二课堂活动的必要性及可行性》,刘春丽(2003)的《第二课堂在大学英语口语教学中的重要性》,郭玉洁(2005)的《"第二课堂"——高校英语教学的重要一环》以及尹静、王虹和张晓南(2006)的《英语第二课堂活动是课堂教学有效的延伸》。

2. 试图构建外语第二课堂理论体系的研究

此类研究将目标定位于理论体系的构建,具体的探讨内容包括第二课堂活动中的角色定位、内容规划和活动层面等。

王绍钦(2000)在《对第二课堂活动定位的思考》中提出开

展第二课堂活动，应该对第二课堂活动的性质、活动中师生的角色、活动的内容等进行准确的定位。第二课堂活动是涵盖课堂学习和其他各种学习领域的人类学习体系的子系统。在活动中，学生的角色也由被动、互动逐步强化为主动。邓琪（2007）在《基于建构主义理论的大学英语第二课堂建设实践》中以建构主义理论为基础，从认知论的角度，提出大学英语第二课堂建设的理论和实践框架。高燕（2007）在《开辟大学英语教学第二课堂的思考》中提出从三个层面来认识和把握英语"第二课堂"教学实践活动：第一层面是以教学大纲为基础，改革现在的教学模式，增强学校教育的针对性和实效性；第二层面是让学生直接参与教学改革的策划，组织开展各种活动，锻炼和提高学生实际应用语言的能力，加快学生社会化、国际化的步伐；第三层面是根据语言的习得原理，把第二课堂活动分成信息输入和输出两个部分。输入部分强调让学生接触大量地道的、高质量的、多题材的英语语言与文化材料，输出部分着重于学生自我能力的训练与展示。刘永安（2011）在《英语第二课堂多元化体系的构建》中提出第二课堂多元化体系是指突破传统的第二课堂模式，建立一种以网络、调频广播、视听材料为基础的多种活动的综合与循环过程。英语知识、语言文化知识在这个过程中不断地循环出现，在多元化的第二课堂活动中得到实践和强化。

3. 结合研究者的校本实践，介绍外语第二课堂在各高校的开展方式以及对教学的启示

梁文武和白树勤（2003）在《第二课堂大学英语教学的思考与实践》中提到第二课堂实施过程中遵循阶段侧重、适度推进的策略，疏导和注入新的学习理念和学习方法，使得优、中、差三类学生分别得到不同程度的课外教学资源的支持。李凤荣、安晓灿和孙东菱（2005）在《大学英语第二课堂教学体系的研究与实践》中谈到根据学生英语水平和兴趣爱好实际情况组建的英语俱乐部的运行情况及取得的效果。李岩和王桂敏（2005）在《强化第二课堂教学提高英语听说教学水平》中从听力教学的改进入手，探索了在英语第二课堂弥补和增强听力的一些尝试。沈菊芬和章晶（2006）在《开展第二课堂活动，提高大学英语教学质量》中介绍了第二课堂教学活动开展情况，将第一、第二课堂有机结合起来，活动的形式有听力第二课堂、定期开办的"英语角"、英语课外阅读、英语课外写作以及英语知识竞赛等，在学生中形成一个"学中用，用中学"的氛围。

从以上这些研究文献中我们可以发现，现有第二课堂活动方面的研究主要以提高学习者的外语运用能力为主，强调外语听、说、读、写等语言技能在第二课堂活动中的培养，缺乏对跨文化交际能力层面的讨论，明确指出跨文化交际能力培养目标的研究不多，所以运用跨文化教育理念来开发和设计校园外语第二课堂活动具有一定的现实意义，将跨文化学习的平台从课堂延伸到课外，打破时空限制，为学生提供更多学以致用、参与跨文化外语学习活动的机会，既能促进学习者外语运用能力的提高，也能有效地提升学习者进行跨文化对话的能力。

四、外语第二课堂活动的跨文化教学设计目标和原则

校园第二课堂的跨文化学习活动与课堂教学中的跨文化设计不同，有其自身的特点，所以在讨论校园活动的跨文化教学设计前，需要对其目标和原则进行界定，这样在实际操作过程中就可以做到目的明确，有章可循。

1. 活动目标

结合跨文化交际能力的定义以及校园第二课堂活动的特点，笔者将活动的目标设定为以下几点。

（1）跨文化知识层面：提高学习者对本国文化以及外国文化知识的掌握，帮助其熟练地通过文化对比等方法发掘并理解文化间的差异，同时掌握跨文化交际的普遍规律。

（2）跨文化态度层面：培养学习者对不同文化尊重、包容、理解和欣赏的态度，增强学习和了解其他文化的信心，在交流中愿意站在对方的角度去考虑问题。

（3）跨文化行为层面：培养学习者在跨文化语境中有效而得体的跨文化交际行为，在跨文化交际实践中能有效地运用跨文化知识并且保持正确的跨文化态度。

2. 活动原则

与课堂教学不同，第二课堂活动的开展有其自身特有的运行特点，与跨文化交际能力培养相结合的开展过程中，笔者认为需要遵循以下几点原则。

（1）与课堂教学相结合。校园跨文化学习活动的开展，不能完全独立于课堂教学，要基于课堂教学，对课堂教学进行拓展和延伸。组织者可以将课堂教学中所涉及的跨文化主题融入活动设计中，实现课堂教学主题与第二课堂活动的有机融合，充分发挥第二课堂在育人方面的独有优势。

（2）校园跨文化学习活动的开展无须拘泥于课堂教学模式，活动的设计可以不拘一格，发挥其灵活性和趣味性的特点。在跨文化研究的发展过程中，积累下了丰富的跨文化培训实践经验，校园第二课堂活动的开展可以广泛结合跨文化培训的理念和方法。

（3）活动的设计要与跨文化交际能力培养目标相结合，以跨文化交际能力培养的相关理论为基础，保证活动设计的科学性。学习者跨文化交际能力的培养需要科学理论的指导，始终坚持与跨文化交际能力的理论框架相结合。

（4）强调学习者是课外跨文化学习活动的主体，充分调动学生的自主学习能力，提高学习者把握自己跨文化学习的能力。

如何有效地开展跨文化学习对于学习者来说非常关键，学习者需要在第二课堂的开展过程中，积累提高跨文化交际能力的方法和策略。

五、外语第二课堂跨文化教学设计案例

基于跨文化交际能力培养理念，遵循上文中讨论的活动开展目标和原则，笔者将结合具体的设计案例来讨论如何设计以跨文化交际能力培养为导向的课外第二课堂活动。

活动案例一
活动主题：多元文化展示活动
活动内容分析：该活动围绕"多元文化展示"的主题进行，参与该活动的小组负责介绍各个国家的主要文化特点，通过对具体国家相关文化信息的收集和整理，在活动中采用各种呈现方式展示出该国家具有代表性的文化特征。
活动目的：（1）提高学习者自主开展文化探索的能力；
（2）培养学习者对文化差异的洞察能力；
（3）锻炼学习者用外语介绍和展示具体文化的能力。
活动操作步骤：
（1）将参与者划分为若干组，选取不同的国家作为研究对象，通过深入地进行相关文化信息收集和整理，找出该国家的一些具有代表性的文化特征，为完成该国家的文化展示做好准备。
（2）在校园内设置文化展台。各小组可以通过文化展台，在条件允许的范围内，通过多种方式展现该国文化。展示的内容可以包括食物、传统服装、传统节日介绍、传统舞蹈以及文化名人等。在有来华留学生学习和生活的大学校园，还可以邀请留学生参与该活动，加入代表他们国家文化的小组里，这可以有效地

提高活动的真实性和趣味性。

活动案例二

活动主题：模拟联合国教科文组织青年论坛

活动内容分析：联合国教科文组织青年论坛是由联合国教科文组织举办的面向全球青年代表的活动，论坛召集全球青年代表讨论并制定联合国教科文组织关于青年和青年组织发展的相关政策，已成为各国青年表达自身关切、参与全球治理事务最重要的渠道之一。这个论坛的形式非常符合跨文化教育所倡导的理念，即通过平等对话交流增强对文化多样性的理解，促进不同文化间的交流合作，在校园中模拟该项活动具有较强的可操作性，可以有效地使学习者置身于模拟出的跨文化语境中。

活动目的：（1）提高学习者文化移情能力；
（2）提升学习者在跨文化语境中解决问题的能力；
（3）减少学习者所持有的文化偏见。

活动操作步骤：

（1）确定模拟活动的参会代表，选定论坛的讨论主题，代表根据讨论主题准备发言材料。该模拟活动适合选用一些国际社会普遍关注的话题进行讨论，比如消除贫困、可持续发展等方面的主题。

（2）围绕论坛的讨论主题，开展演讲和辩论的活动。比如针对消除贫困的话题，可以将"发展中国家的扶贫工作"作为模拟活动中代表们的演讲题目。

活动案例三

活动主题：关键事件（critical incidents）设计及展示

活动的内容分析：关键事件法是跨文化培训中广泛采用的方法，即针对来自不同文化的人在交流过程中出现的冲突性事件或场景的分析。这些冲突性的事件需要提供详细的背景信息、对冲突过程的详细描述以及解决该冲突的可行性方案解读。在第二课堂活动运用关键事件法可以帮助学习者更加深刻地理解跨文化冲突形成的原因以及有效的解决方法和策略，在激发学习者参与兴趣的同时，提升学习者运用跨文化知识分析具体案例的能力。该活动的开展形式主要包括关键事件设计以及基于关键事件的角色扮演活动。

活动目的：
（1）提高学习者对跨文化冲突产生之原因的认识；
（2）提高解决跨文化冲突的能力；
（3）增强学习者的文化思辨能力。

活动操作步骤：
（1）教师向学习者讲解"关键事件"（critical incidents）的定义，并结合相关例子对关键事件的特点以及设计技巧进行详细说明。
（2）学习者以小组为单位表演自编的关键事件，每一组表演结束后，其他组对这一关键事件出现的跨文化冲突进行解读和评价。

六、结语

培养学习者跨文化交际能力是新时代外语教育的重要内容，第二课堂活动作为外语课堂教学的延伸和拓展，在跨文化人才的培养上可以发挥出更为积极的作用。以跨文化交际能力培养为导向的校园外语第二课堂活动设计需要在传统课外活动的基础上，遵循跨文化交际能力的培养目标，开发出有利于培养学习者跨文化知识、技能以及态度的活动内容与形式。本章是跨文化教学理念在外语第二课堂活动设计上的思考和探索，希望能为通过校园第二课堂活动提高学习者跨文化能力的实践活动提供一些参考。

参考文献

Byram, M. 1997. *Teaching and Assessing Intercultural Communicative Competence.* Clevedon, UK: Multilingual Matters.

Paige, R. M. 2015. Culture learning. In J. M. Bennett ed. *The SAGE Encyclopedia of Intercultural Competence.* Thousand Oaks, CA: Sage Publications, pp. 200-204.

United Nations Educational, Scientific and Cultural Organization, International Bureau of Education (IBE). 1992. *International Conference on Education* (43rd session), Geneva, pp. 14-19.

邓琪. 2007. 基于建构主义理论的大学英语第二课堂建设实践.《重庆大学学报（社会科学版）》, 6: 135-140.

高燕. 2007. 开辟大学英语教学第二课堂的思考.《教育理论与实践》, 6: 62-64.

葛利友, 王传金. 1994. 高师院校开展大学英语第二课堂活动的必要性及可行性.《黑龙江高教研究》, 6: 30-31.

郭玉洁. 2005. "第二课堂"——高校英语教学的重要一环.《内蒙古财经学院学报（综合版）》, 2: 33-36.

黄源深. 2007. 英语学习的功夫主要在于课外.《外语界》, 6: 12-14, 85.

李凤荣, 安晓灿, 孙东菱. 2005. 大学英语第二课堂教学体系的研究与实践.《长春工程学院学报（社会科学版）》, 3: 72-75.

李岩, 王桂敏. 2005. 强化第二课堂教学提高英语听说教学水平.《山东外语教学》, 6: 56-58.

梁文武, 白树勤. 2003. 第二课堂大学英语教学的思考与实践.《太原师范学院学报（社会科学版）》, 4: 115-116.

刘春丽. 2003. 第二课堂在大学英语口语教学中的重要性.《宁波大学学报（教育科学版）》, 1: 90-91.

刘永安 . 2011. 英语第二课堂多元化体系的构建 .《教学与管理》, 3: 122-123.

沈菊芬, 章晶 . 2006. 开展第二课堂活动, 提高大学英语教学质量 .《江苏工业学院学报（社会科学版）》, 2: 75-77.

王绍钦 . 2000. 对第二课堂活动定位的思考 .《解放军外国语学院学报》, 6: 70-72.

尹静, 王虹, 张晓南 . 2006. 英语第二课堂活动是课堂教学有效的延伸 .《教育与职业》, 24: 157-158.

张红玲 . 2012. 以跨文化教育为导向的外语教学：历史、现状与未来 .《外语界》, 2: 2-7.